电子商务类专业
创新型人才培养系列教材

U0647152

微课版
★
第 2 版

Excel 商务数据
处理与分析

王薇 刘亚男 陈悦 / 主编 **梁巧桥 李瑶 郝容 佘惜花** / 副主编

人民邮电出版社

北 京

图书在版编目（ＣＩＰ）数据

Excel商务数据处理与分析：微课版 / 王薇，刘亚男，陈悦主编. -- 2版. -- 北京：人民邮电出版社，2023.7
电子商务类专业创新型人才培养系列教材
ISBN 978-7-115-61334-9

Ⅰ．①E… Ⅱ．①王… ②刘… ③陈… Ⅲ．①表处理软件－应用－商业统计－统计数据－数据处理－教材
Ⅳ．①F712.3-39

中国国家版本馆CIP数据核字(2023)第044571号

内 容 提 要

本书主要讲解商务数据的处理与分析，深入浅出地介绍了使用Excel编辑、分析和管理商务数据的方法，帮助读者快速、高效地完成商务数据的处理与分析工作。全书共11章：第1章主要介绍商务数据分析的基础知识；第2~5章主要介绍编辑与处理数据的方法；第6~11章主要介绍实际工作中不同类型数据的分析方法，并对Excel的常用函数、公式和数据分析工具等进行详细讲解。本书内容翔实、结构清晰、图文并茂，通过实际工作中的案例讲解知识点，并设计"本章实训"板块，帮助读者对所学知识进行巩固。

本书不仅可以作为高等职业院校电子商务、市场营销、工商管理专业数据分析相关课程的教材，也可以作为从事商务数据分析相关工作人员的参考书。

◆ 主　编　王　薇　刘亚男　陈　悦
　　副主编　梁巧桥　李　瑶　郝　容　佘惜花
　　责任编辑　白　雨
　　责任印制　王　郁　彭志环

◆ 人民邮电出版社出版发行　　北京市丰台区成寿寺路 11 号
　　邮编　100164　电子邮件　315@ptpress.com.cn
　　网址　https://www.ptpress.com.cn
　　山东华立印务有限公司印刷

◆ 开本：787×1092　1/16
　　印张：12.25　　　　　　　　　2023 年 7 月第 2 版
　　字数：319 千字　　　　　　　2024 年 11 月山东第 3 次印刷

定价：54.00 元

读者服务热线：(010)81055256　印装质量热线：(010)81055316
反盗版热线：(010)81055315
广告经营许可证：京东市监广登字 20170147 号

前言
FOREWORD

党的二十大报告指出："加快发展数字经济，促进数字经济和实体经济深度融合，打造具有国际竞争力的数字产业集群。"表明未来经济中网络经济、数字经济、电子商务新业态的重要地位和作用。随着互联网技术的不断发展，大数据的运用越来越普遍，数据与信息已成为企业的智力资产和资源。面对这些不计其数且具有无限潜在价值的数据，企业需要一款数据分析工具来进行数据的处理与分析。目前，适用于各个行业的数据分析工具很多，其中常用且使用方法比较简单的便是Excel。

本书主要以商务数据分析的理论知识为基础，结合Excel统计、分析和管理数据的强大功能，对电商行业中常见的市场环境、产品销售、订单与库存、销售费用、财务、营销决策等方面的商务数据进行分析，让管理者或决策者可以从数据中发现问题，从而使企业健康、持续地发展。

※ 本书内容

本书共11章，可分为以下3个部分。

- **第1章**：主要讲解商务数据分析的基础知识，包括商务数据的定义和作用、商务数据的清洗，以及商务数据分析的基本步骤、数据分析方法、常用的数据分析工具及数据分析报告等。

- **第2~5章**：主要讲解使用Excel进行数据分析的基础知识，包括数据的输入与编辑、数据的突出显示与可视化、数据的排序、数据的筛选与分类汇总、数据透视表的应用、切片器及数据透视图的应用等。

- **第6~11章**：主要讲解Excel在市场环境分析、产品销售数据分析、订单与库存分析、销售费用分析、财务数据分析及营销决策分析等方面的应用。

※ 本书特色

本书具有以下特色。

（1）讲解深入浅出，实用性强

本书在注重系统性和科学性的基础上，突出实用性及可操作性，对重点概念和操作技巧进行详细讲解，具有语言流畅、内容丰富、深入浅出的特点，且每个实例都有详细的步骤解析，确保零基础读者快速入门、有一定经验的读者提高得更快。

（2）注重提升读者的职业素养与技能，培养复合型人才

本书在每章开头除了给出明确的知识目标外，还指出通过学习读者应具备的能力与素养，并在讲解过程中通过"职业素养"板块介绍职业的相关规范与要求，从而提升读者的综合能力。本书还通过各章的实训内容，帮助读者巩固理论知识，拓展实践技能。

此外，本书还通过"经验之谈"板块为读者提供实用性极强的工作技巧和更多解决问题的

方法，以帮助读者掌握更为全面的知识，并引导读者更好、更快地完成数据分析工作。

（3）配有微课视频，供读者随时随地学习

本书部分操作步骤配套微课视频进行讲解，读者扫描书中的二维码，便可观看相应的微课视频，轻松掌握相关知识。

（4）配有丰富的教学资源

本书提供精美PPT课件，还提供电子教案、题库练习软件等教学资源。为方便教学，读者可以登录人邮教育社区（www.ryjiaoyu.com）下载本书的素材文件和效果文件等教学资源。

※ 本书编者

本书由王薇、刘亚男、陈悦担任主编，梁巧桥、李瑶、郝容、佘惜花担任副主编。由于编者水平有限，书中难免存在不足之处，敬请广大读者批评指正。

编　者

2023年5月

目录
CONTENTS

第1章 商务数据分析基础 ········ 1

1.1 商务数据概述 ················· 2
  1.1.1 商务数据的定义 ··········· 2
  1.1.2 商务数据的作用 ··········· 3
  1.1.3 商务数据的采集 ··········· 4
  1.1.4 将商务数据导入 Excel ······ 6

1.2 商务数据的清洗 ············· 7
  1.2.1 清洗缺失数据 ············· 8
  1.2.2 清洗重复数据 ············· 9
  1.2.3 清洗错误数据 ············ 12

1.3 商务数据的分析 ············ 14
  1.3.1 数据分析的基本步骤 ······ 14
  1.3.2 数据分析方法 ············ 15
  1.3.3 常用的数据分析工具 ······ 18
  1.3.4 数据分析报告 ············ 18

本章实训 ······················ 18

第2章 数据的输入与编辑 ······ 20

2.1 输入数据 ··················· 21
  2.1.1 输入数据的一般方法 ······ 21
  2.1.2 输入特殊字符 ············ 22
  2.1.3 快速填充数据 ············ 23

2.2 计算表格中的数据 ·········· 24
  2.2.1 输入公式 ··············· 24
  2.2.2 复制公式 ··············· 24
  2.2.3 插入函数 ··············· 25
  2.2.4 应用嵌套函数 ············ 27

2.3 常用函数介绍 ·············· 28
  2.3.1 求和函数 SUM ··········· 28
  2.3.2 平均值函数 AVERAGE ····· 28
  2.3.3 取整函数 INT ············ 28
  2.3.4 排名函数 ··············· 28
  2.3.5 逻辑函数 IF ············· 29
  2.3.6 统计函数 COUNTIF ······· 29
  2.3.7 查找函数 VLOOKUP ······ 29
  2.3.8 查找函数 MATCH ········· 29
  2.3.9 查找与引用函数 INDEX ···· 30
  2.3.10 其他函数 ·············· 31

2.4 智能表格 ··················· 33
  2.4.1 创建智能表格 ············ 33
  2.4.2 在智能表格中添加数据 ····· 34
  2.4.3 分析智能表格中的数据 ···· 35

本章实训 ······················ 37

第3章 数据的突出显示与 可视化 ···················· 40

3.1 添加条件格式 ·············· 41
  3.1.1 突出显示数据 ············ 41
  3.1.2 按规则显示数据 ·········· 43
  3.1.3 修改条件格式 ············ 46

3.2 数据可视化 ················ 47
  3.2.1 数据可视化的种类 ········ 47
  3.2.2 创建图表 ··············· 48
  3.2.3 编辑图表 ··············· 49

3.2.4 美化图表 ·········· 51

3.3 分析图表数据 ·········· 53

3.3.1 添加趋势线 ·········· 53

3.3.2 添加误差线 ·········· 54

本章实训 ·········· 56

第4章 数据的排序、筛选与分类汇总 ·········· 57

4.1 数据的排序 ·········· 58

4.1.1 简单排序 ·········· 58

4.1.2 单一字段排序 ·········· 59

4.1.3 多重字段排序 ·········· 60

4.1.4 自定义排序 ·········· 62

4.2 数据的筛选 ·········· 63

4.2.1 自动筛选 ·········· 63

4.2.2 自定义筛选 ·········· 64

4.2.3 高级筛选 ·········· 65

4.3 数据的分类汇总 ·········· 66

4.3.1 创建分类汇总 ·········· 66

4.3.2 创建嵌套分类汇总 ·········· 67

4.3.3 分级查看分类汇总 ·········· 68

本章实训 ·········· 70

第5章 数据透视表、切片器与数据透视图的应用 ·········· 72

5.1 数据透视表的应用 ·········· 73

5.1.1 创建数据透视表 ·········· 73

5.1.2 设置数据透视表 ·········· 74

5.1.3 使用数据透视表 ·········· 76

5.1.4 美化数据透视表 ·········· 78

5.2 切片器的应用 ·········· 80

5.2.1 插入切片器 ·········· 80

5.2.2 更改切片器样式 ·········· 81

5.2.3 设置切片器 ·········· 82

5.2.4 使用切片器 ·········· 84

5.3 数据透视图的应用 ·········· 85

5.3.1 创建数据透视图 ·········· 85

5.3.2 使用数据透视图 ·········· 86

5.3.3 设置和美化数据透视图 ·········· 88

本章实训 ·········· 89

第6章 市场环境分析 ·········· 91

6.1 竞争产品市场份额分析 ·········· 92

6.1.1 使用公式计算市场占有率 ·········· 92

6.1.2 使用函数实现多条件求和 ·········· 94

6.1.3 创建市场占有率对比图 ·········· 96

6.2 竞争对手价格差异分析 ·········· 98

6.2.1 定义名称 ·········· 99

6.2.2 创建动态图表 ·········· 100

本章实训 ·········· 103

第7章 产品销售数据分析 ·········· 105

7.1 单款产品销售生命周期分析 ·········· 106

7.1.1 统计对应日期的销售额 ·········· 106

7.1.2 判断单款产品的销售生命周期 ·········· 107

7.2 产品畅滞销款分析 ·········· 110

7.2.1 使用公式计算库销比 ·········· 110

7.2.2 突出显示滞销产品 ·········· 111

7.2.3 创建饼图查看库存金额 ·········· 112

7.3 多店铺销售数据分析 ·············114

  7.3.1 计算各店铺的成交率和
客单价 ···············115

  7.3.2 使用迷你图展示各店铺
的销量 ···············116

  7.3.3 使用柱形图对比各店铺的
销售额 ···············119

7.4 历年销售数据分析 ·············121

  7.4.1 分析历年上半年整体
销售数据···············122

  7.4.2 分析历年上半年各月
销售数据···············124

本章实训···············126

第 8 章　订单与库存分析 ·········128

8.1 客户订单记录统计分析 ·········129

  8.1.1 按产品名称汇总订单
利润···············129

  8.1.2 使用函数统计销售总额·········131

  8.1.3 创建销售额动态图表···········132

8.2 产品库存明细表分析 ·········134

  8.2.1 计算产品的出入库金额·········134

  8.2.2 多条件排序数据···········136

  8.2.3 计算安全库存、最大库存
和最小库存···············137

  8.2.4 设置条件格式进行预警
提示···············138

8.3 产品库龄分析 ·············140

  8.3.1 计算产品库龄···········140

  8.3.2 突出显示库龄大的
产品···············141

本章实训···············142

第 9 章　销售费用分析 ·············144

9.1 销售收入与销售成本分析·········145

  9.1.1 计算销售收入、销售成本、
销售费用和销售税金·········145

  9.1.2 销售收入与销售成本回归
分析···············148

  9.1.3 使用图表展示销售收入与销售
成本之间的变化·········150

9.2 产品费用结构表分析 ·········151

  9.2.1 创建数据透视表统计
各项费用···············152

  9.2.2 使用数据透视图分析
人工成本···············154

本章实训···············156

第 10 章　财务数据分析 ·········158

10.1 利润预测与分析 ·············159

  10.1.1 利润预测 ···············159

  10.1.2 动态分析产品利润 ·········161

10.2 利润表比率分析 ·············164

  10.2.1 利润表比率的计算 ·········165

  10.2.2 利润表比率变化趋势
分析 ···············166

本章实训···············169

第 11 章　营销决策分析 ·········171

11.1 市场需求量分析 ·············172

  11.1.1 添加分析工具库·········172

  11.1.2 利用指数平滑工具分析
市场需求量·········173

11.2　产品定价策略分析⋯⋯⋯⋯⋯ 175

11.2.1 创建客户可接受价格比例

图表 ⋯⋯⋯⋯⋯⋯⋯⋯⋯ 176

11.2.2 建立求解变量模型⋯⋯⋯⋯ 177

11.2.3 计算并分析最优定价⋯⋯⋯ 179

11.3　销售成本预测分析⋯⋯⋯⋯⋯ 180

11.3.1 创建散点图 ⋯⋯⋯⋯⋯⋯ 181

11.3.2 添加线性预测趋势线⋯⋯⋯ 182

11.3.3 INT 函数和 FORECAST.

LINEAR 函数的使用 ⋯⋯⋯ 183

11.4　客户消费能力分析⋯⋯⋯⋯⋯ 184

11.4.1 不同年龄段客户的消费能力

分析 ⋯⋯⋯⋯⋯⋯⋯⋯⋯ 185

11.4.2 不同性别客户的消费能力

分析 ⋯⋯⋯⋯⋯⋯⋯⋯⋯ 186

本章实训⋯⋯⋯⋯⋯⋯⋯⋯⋯⋯⋯ 187

第1章 商务数据分析基础

知识目标

◆ 掌握商务数据的采集与导入方法。

◆ 掌握商务数据的清洗与分析方法。

能力目标

◆ 能够对商务数据有清晰且全面的认知。

◆ 能够从商务数据中读取出有利于企业发展的信息。

素养目标

◆ 培养实事求是、客观公正的工作作风。

◆ 养成尊重数据、务实严谨的科学态度。

◆ 具备相关的法律意识，能够在数据采集过程中做到不侵权、不违法。

随着计算机技术的不断发展和普及，各行各业都开始采用计算机及相应的信息技术进行商务数据的采集、存储、分析和管理等工作。那么，究竟什么是商务数据？商务数据分析又包含哪些内容呢？本章主要介绍商务数据分析的基础知识，包括商务数据的采集、商务数据的导入、商务数据的清洗和商务数据的分析等。

1.1 商务数据概述

在信息化时代下，数据已经渗透到各个行业的业务职能领域中，成为人们日常生活和工作不可缺少的重要组成部分。尤其是电子商务领域，通过商务数据分析，不仅可以发现企业内部管理的不足、营销手段安排不当等问题，还可以帮助企业了解客户的内在需求。

1.1.1 商务数据的定义

商务数据主要是指记载商业、经济等活动领域的重要信息的数据。电商运营过程中会积累大量数据，对这些数据进行采集、存储和分析是电商企业经营和发展的首要任务。不同行业、不同企业在数据的获取途径、分析目的和分析方法上都有所不同，而"大数据"概念的提出则使数据处理的理论和方法都有了较大的变化。既然说到数据，首先就要弄清楚数据、信息和大数据的含义。

1. 数据

数据是指对客观事件进行记录并可以鉴别的符号，是构成信息或知识的原始材料。数据并不是单纯的各种 Excel 表格或数据库，图书、图片及视频等都属于数据的范畴。由此可见，数据不仅指狭义上的数字，还可以是具有一定意义的文字、字母和数字符号的组合。

2. 信息

数据是符号，是物理性的；信息是对数据进行加工所得到的，是逻辑性的。信息与数据既有区别，又有联系。数据本身并没有价值，有价值的是从数据中提取出来的信息。数据是信息的表达形式和载体，而信息则是数据的内涵，数据与信息不可分离，它们之间是形与质的关系，如图 1-1 所示。

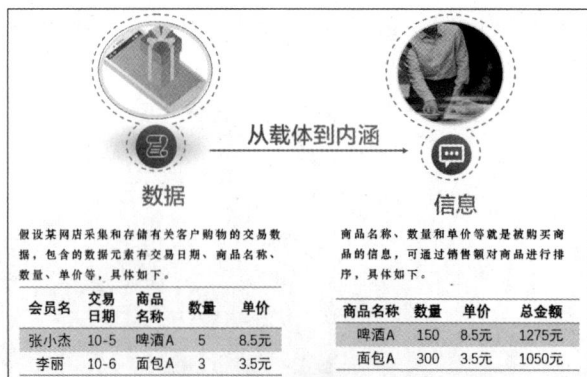

图1-1 | 数据与信息的关系

3. 大数据

近年来，大数据在互联网和信息行业的发展引起了广泛关注。相对于数据而言，大数据究竟大在哪里？首先，大数据的"大"主要体现在数据量多；其次，体现在数据范围大，大数据不仅包括机构内部的数据，还包括机构外部的数据；最后，大数据不仅涉及结构化的数据，还涉及非结构化的数据。通过分析大数据，企业可以更加精准地提取信息。

1.1.2 商务数据的作用

无论是传统企业还是新型互联网企业，在其发展的不同阶段，数据都起着至关重要的作用。尤其是在电商行业中，数据的井喷式增长从未停歇，这些庞大的数据使得电商的运营更加高效、精准。大数据在电子商务中的作用主要体现在以下5个方面，如图1-2所示。

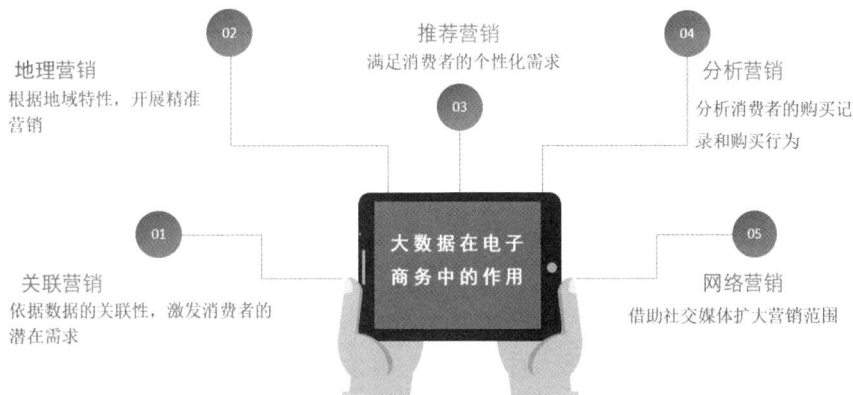

图1-2 | 大数据在电子商务中的作用

- **关联营销** | 通过大数据挖掘技术，保证数据之间具有有效的关联性，从而更好地激发消费者的潜在需求。例如，在产品详情页添加其他主打产品的图片或链接，这样不仅可以给消费者展现更多的产品，提高产品的曝光率，还可以达到推广店铺的作用，从而提高产品和店铺的访问量，促进店铺销售额的增加。

- **地理营销** | 利用大数据的技术优势，可以对交易数据进行充分且有效的分析。例如，根据某一特定区域人们的喜好，电商企业可以有针对性地开展相应的营销活动。

- **推荐营销** | 在市场运作的调查分析中，满足消费者的个性化需求变得越来越重要。基于大数据的海量数据挖掘与分析功能，电商企业可以根据消费者的个性化需求制定产品的推荐活动及产品分类等销售策略。同时，电商企业还可以采用赠送购物券等方式邀请消费者关注感兴趣的产品，并在后续进行个性化信息的展示和推荐。

- **分析营销** | 分析消费者的购买记录和购买行为可以获得消费者的消费习惯。例如，消费者的心理、行为轨迹可以通过浏览网页时停留在具体页面上的时间进行判断，从而发现潜在的消费者，并进行具有针对性的产品广告投放，提高广告的转化率。

- **网络营销** | 在网络营销飞速发展的时代，电商企业应该充分利用大数据对网络传播媒介和消费者偏好进行分析，在相关的社交媒介上积极开展分享活动，扩大营销信息的传播范围，从而有效提高营销效率。

1.1.3 商务数据的采集

目前，大数据已经渗透到电商、金融、交通、医疗、旅游及零售业等多个领域，但大数据应该从哪里获取？又该如何进行数据采集呢？下面以商务数据为例，介绍商务数据的具体采集流程和采集方法。

1. 商务数据的采集流程

在进行数据采集之前，商家应该先弄清楚自己需要采集什么样的数据和采集数据的目的，从而保证数据采集和分析工作更具针对性。下面讲解具体的数据采集流程。

（1）明确采集要求

明确采集要求是确保数据分析过程有效的首要条件，它可以让数据的采集更有针对性和目的性，使执行效率更高。对于电商企业而言，其主要业务是销售产品，通过数据分析来提升销售额是其首要目标。因此，采集数据的要求应十分明确，即采集与销售额相关的数据，如访问量、导购率、转化率和客单价等。

（2）明确分析对象

商家在采集数据前需要明确目标消费者有哪些、目标消费者的特征是什么、目标消费者的关注点和痛点是什么，从而确定分析对象。分析对象可从以下 4 个方面进行考虑。

- **人口属性**｜可以从性别、年龄、职业、爱好、地区及国家等方面进行考虑。
- **设备属性**｜可以从平台类型、浏览器类型、设备品牌、设备型号及屏幕尺寸等方面进行考虑。
- **流行属性**｜可以从访客来源、广告来源、搜索词及页面来源等方面进行考虑。
- **用户属性**｜可以从消费者是否注册、消费者是否下单及消费者是否支付等方面进行考虑。

（3）按需求采集数据

明确分析对象后，接下来就可以进行数据的采集。首先由数据专员整理出需求指标和分析维度，然后由技术人员根据明确的需求和分析目标去采集数据，这样既避免了数据冗余带来的采集困难，也避免了不知道如何分析数据的尴尬。

2. 商务数据的采集方法

在这个信息化时代，大数据越来越受重视，数据采集的挑战也变得更加突出。数据主要包括定性数据和定量数据。其中，定性数据主要采用问卷调查和用户访谈的方式获取；而定量数据则是确定的数据内容，可分为内部数据和外部数据。各种数据的采集方法如图 1-3 所示。

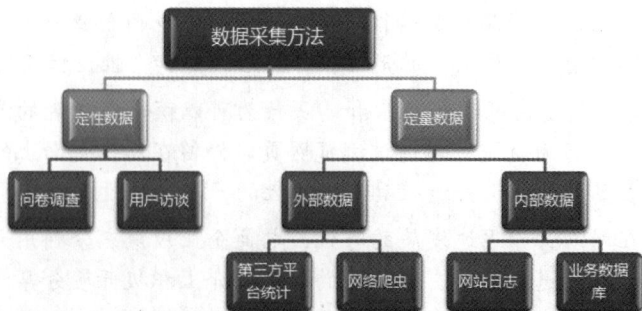

图1-3｜数据的采集方法

- **问卷调查**│问卷调查是一项有目的的研究实践活动，其调研的信息一般是不确定的用户信息或无法通过后台数据获取的信息。问卷调查需要用有限的问题来获取有价值的信息，因此，在进行问卷调查时，应先考虑样本的容量，然后设计具体内容，最后按照确定的目标进行问卷投放、收集汇总和结果分析等工作。

- **用户访谈**│在访谈之前，商家要先确定访谈目标；其次要设计访谈提纲，选择访谈对象；最后对访谈结果进行整理和分析。在分析访谈结果时，一般采取关键词提炼法，即对每位用户、每个问题的反馈进行关键词提炼，然后对所有访谈对象反馈的共性关键词进行汇总分析。

- **第三方平台统计**│第三方数据统计分析平台有很多，如百度统计、友盟（CNZZ）和神策数据等。前两个平台是免费的，主要用于采集前端数据，其优点是操作简单，缺点是采集的数据比较粗糙。最后一个平台是收费的，可用于采集前后端数据，其优点是采集的数据准确，缺点是操作比较复杂。

- **网络爬虫**│网络爬虫（Web Crawler）是一种按照一定的规则自动抓取互联网数据的程序或脚本，它们可以自动采集所有能够访问到的页面内容，以获取或更新这些网站的内容和检索方式。例如，八爪鱼采集器是一款通用的网页数据智能采集器，它可以采集网络中所有公开的网页数据，并且该工具的使用方法简单，可进行完全可视化操作，同时可将采集的数据导出为多种格式。图1-4所示为使用八爪鱼采集器采集网页数据的效果，单击右上角的"采集"按钮，便可进行数据采集操作。需要注意的是，八爪鱼采集器需要先安装到计算机中才能正常使用。

图1-4│使用八爪鱼采集器采集网页数据的效果

- **网站日志**│网站日志是网站的用户点击信息和其他访问信息的汇总。通过网站日志，可以清楚得知用户在何时用何种操作系统和浏览器访问了网站的哪一个页面。网站日志的优点是保证了用户的使用行为可以被查询，同时针对用户的一些误操作还可以通过日志文件进行恢复。

- **业务数据库**│一般的互联网平台后端都有业务数据库，里面存储了订单详情、用户注册信息等数据。通过业务数据库获得的数据都是实时的、准确的，可以直接用于衡量网站的绩效水平和目标完成情况。但过多的数据表单增加了分析难度，可能会导致数据的使用价值变低。

经验之谈

为了应对企业业务人员对大数据分析的需求，市面上涌现出一批自助式商业智能（Business Intelligence，BI）工具，如Tableau、PowerBI和神策分析等。自助式BI工具实质上就是大数据前端分析工具，它不仅可以帮助业务人员快速响应业务需求，还可以将业务和数据快速结合，从而提高决策效率。需要注意的是，每一个数据分析工具都有其优缺点，应根据具体情况和工作的侧重点选择合适的工具。

职业素养

采集数据的方式有很多，任何组织或者个人在采集数据时，一定要采取合法、正当的方式，不得通过窃取等非法手段采集数据，更不得非法使用数据。

1.1.4 将商务数据导入Excel

微课视频

将商务数据导入Excel

成功采集数据后，接下来就需要用相应的数据分析工具对采集的数据进行分析和总结，为企业的战略、投资和营销等决策提供支持。

Excel不仅可以存储和处理计算机中的数据，还可以导入外部的数据。Excel可以导入的数据类型有很多，如Access数据、网站数据和文本内容等。下面将介绍在Excel中导入网站数据的方法，具体操作如下。

（1）启动Excel 2016后，新建一个空白工作簿，然后在【数据】/【获取外部数据】组中单击"自Web"按钮，如图1-5所示。

（2）打开"新建Web查询"对话框，在"地址"栏中输入需要导入数据的网站地址，然后单击"转到"按钮，如图1-6所示。

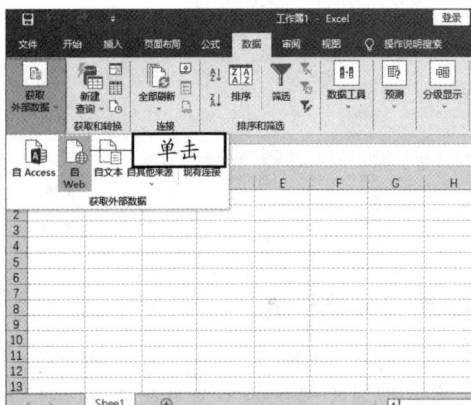

图1-5 | 单击"自Web"按钮　　　　图1-6 | 输入需要导入数据的网站地址

（3）单击要导入的表格左上角的 ⏵ 按钮，当该按钮变为蓝色的 ☑ 按钮后，单击"导入"按钮，如图1-7所示。

（4）打开"导入数据"对话框，在"Sheet1"工作表中选择A1单元格，然后单击"确定"按钮，如图1-8所示。

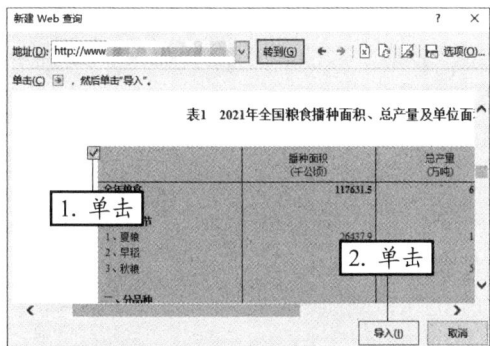

图1-7｜导入网页中的表格数据　　　　图1-8｜选择导入数据的放置位置

经验之谈

在"新建 Web 查询"对话框中如果不单击➡按钮，而是直接单击"导入"按钮，则会导入网页中的全部内容。在实际操作中，一般都是导入网页中的表格内容，这样才能方便在 Excel 中编辑和处理数据。

（5）网页中的表格数据被导入"Sheet1"工作表中，效果如图 1-9 所示。

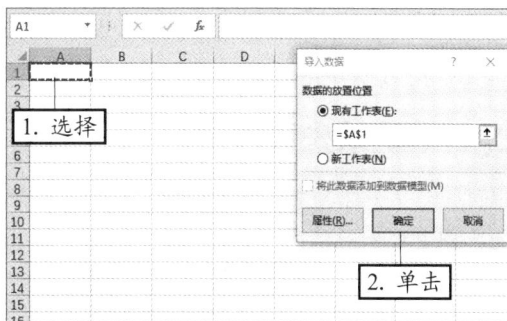

图1-9｜将网页中的表格数据导入工作表中

经验之谈

在 Excel 中导入各种外部数据的方法十分相似，都是通过【数据】/【获取外部数据】组来完成的，只是单击的按钮有所不同。例如，导入 Access 数据时，应在"获取外部数据"组中单击"自 Access"按钮。以此类推，单击"自文本"按钮可以导入文本内容。

1.2 商务数据的清洗

在挖掘数据的过程中，海量的原始数据可能会存在不完整、不一致或有异常等情况，严重时甚至会影响数据分析的最终结果。因此，在数据分析前对采集到的数据进行数据清洗尤为重要。

数据清洗是指发现并纠正数据文件中可识别错误的最后一道程序，是对数据的完整性、一致性和准确性进行重新审查和校验的过程。数据清洗主要是对多余或重复的数据进行筛选清除，将缺失的数据补充完整，对错误的数据进行纠正或删除。

1.2.1 清洗缺失数据

在采集数据的过程中，缺失数据常常表示为空值或错误标识符（#DIV/0!）。一般情况下，Excel 中出现错误标识符大多是公式使用不当造成的，可以利用 Excel 的定位功能查找到数据表中的空值和错误标识符。

清洗缺失数据的方法一般有以下 4 种。

（1）用样本统计数据代替缺失数据。

（2）用统计模型计算出来的数据代替缺失数据。

（3）删除有缺失数据的记录。

（4）保留有缺失数据的记录。

下面将采用"用样本统计数据代替缺失数据"的方法来清洗缺失数据，具体操作如下。

（1）启动 Excel 2016，打开素材文件"店铺人均销售额统计表 .xlsx"工作簿（素材参见：素材文件 \ 第 1 章 \ 店铺人均销售额统计表 .xlsx），如图 1-10 所示。

（2）由表可知，第 8 行支付金额的缺失导致平均销售金额为 0，因此需要对缺失的数据进行清洗，这里使用平均值代替缺失数据。在【开始】/【编辑】组中单击"查找和选择"按钮，在打开的下拉列表中选择"定位条件"选项，如图 1-11 所示。

图1-10｜打开工作簿 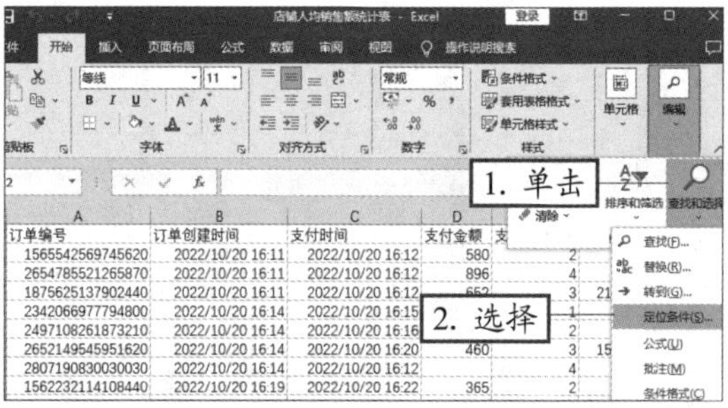　　图1-11｜选择"定位条件"选项

（3）打开"定位条件"对话框，单击选中"空值"单选项，然后单击"确定"按钮，如图 1-12 所示。

（4）返回工作表后，Excel 将自动定位至 D8 单元格（如果工作表中有多个空值单元格，那么使用"定位条件"功能后，Excel 将自动选择工作表中所有的空值单元格），然后在编辑栏中输入公式"=(D7+D9)/2"，如图 1-13 所示，表示计算该笔订单前后两笔订单支付金额的平均值，并按【Enter】键得出计算结果。

（5）此时，D8 单元格中的数据将不再为 0，而是"412.5"。选择 D2:D14 和 F2:F14 单元格区域，在【开始】/【数字】组中，单击"数字格式"列表框右侧的下拉按钮 ▾，在打开的下拉列表中选择"货币"选项，如图 1-14 所示。

（6）所选单元格区域的数据将以货币格式显示，并且自动保留小数点后两位，最终效果如图 1-15 所示（效果参见：效果文件 \ 第 1 章 \ 店铺人均销售额统计表 .xlsx）。

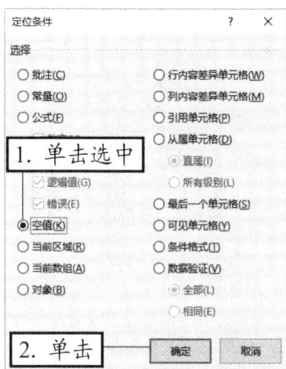

图1-12 | 选择定位条件

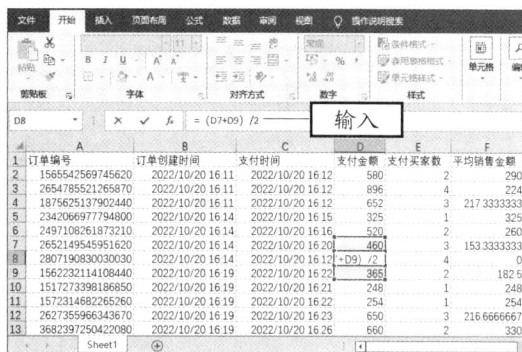

图1-13 | 计算平均值

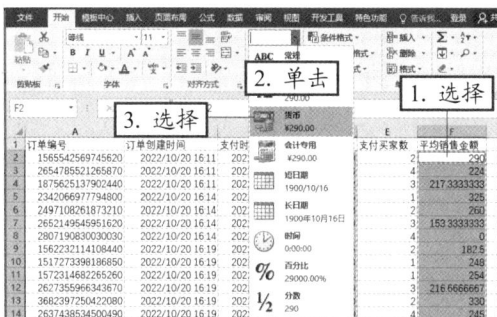

图1-14 | 设置数字格式

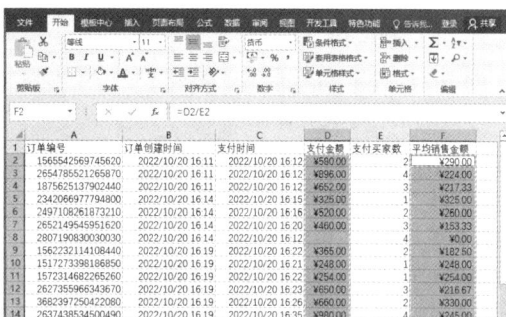

图1-15 | 设置数字格式后的效果

经验之谈

在清洗数据时，如果数据量较大且空值较多，则可在"定位条件"对话框中单击选中"空值"单选项，选择数据区域中的所有空值单元格，然后在活动单元格内输入平均值，最后按【Ctrl+Enter】组合键一次性在选择的空值单元格中输入样本平均值。

1.2.2 清洗重复数据

重复数据一般可分为实体重复和字段重复两种。其中，实体重复是指所有字段完全重复；字段重复是指某一个或多个不该重复的字段重复。为了保证数据的一致性，在获取数据后，需要对重复数据进行处理。

1. 查找重复数据

在清洗重复数据前，应该先查找重复数据，一般可采用数据透视表法、函数法、高级筛选法和条件格式法。

（1）数据透视表法

打开要清洗的数据，插入数据透视表，在"数据透视表字段"任务窗格中拖曳相应的字段到"行"列表框、"列"列表框和"值"列表框中，完成数据透视表的创建。通过数据透视表，可以统计出各数据出现的次数，出现两次及两次以上的数据就属于重复数据，图1-16所示为利用数据透视表查找重复数据的效果。需要注意的是，"值"列表框中的字段要设置为"计数"汇总方式才能查找到重复数据。

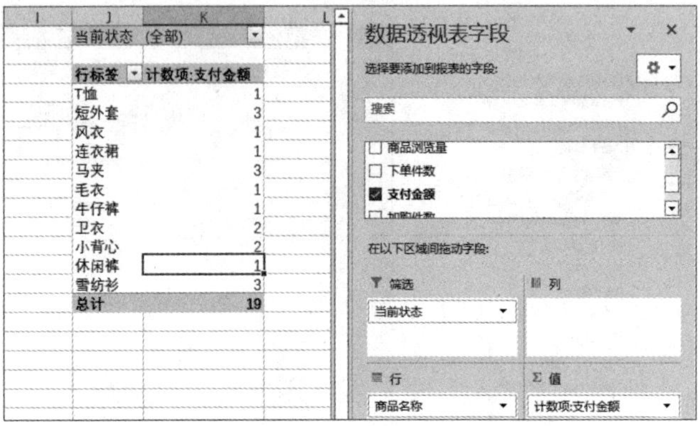

图1-16｜利用数据透视表法查找重复数据

（2）函数法

利用 Excel 提供的统计函数 COUNTIF，可以对指定区域中符合指定条件的单元格进行计数，并以此识别重复数据。

COUNTIF 函数的语法结构为：COUNTIF(range,criteria)。其中，range 表示计算非空单元格数目的区域，criteria 表示以数字、表达式或文本形式定义的条件。在 I2 单元格中输入公式“=COUNTIF($A$2:A2,A2)”，按【Enter】键得出计算结果，商品名称“T 恤”无重复。将公式向下填充，查询区域将以 A2 单元格为起始单元格，结束单元格是不断增加的动态区域，即公式每向下填充一行，查询区域就向下增加一个单元格，如图 1-17 所示，当“辅助列”中出现大于“1”的数值时就表示对应的商品名称有重复。

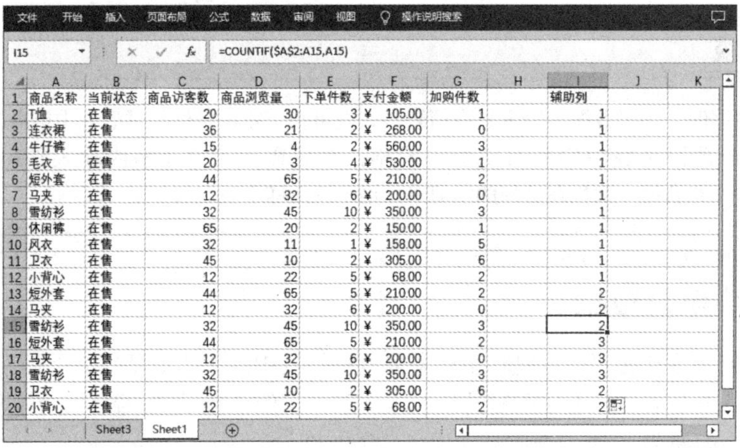

	商品名称	当前状态	商品访客数	商品浏览量	下单件数	支付金额	加购件数	辅助列
2	T恤	在售	20	30	3	¥ 105.00	1	1
3	连衣裙	在售	36	21	2	¥ 268.00	0	1
4	牛仔裤	在售	15	4	2	¥ 560.00	3	1
5	毛衣	在售	20	3	4	¥ 530.00	1	1
6	短外套	在售	44	65	5	¥ 210.00	2	1
7	马夹	在售	12	32	6	¥ 200.00	0	1
8	雪纺衫	在售	32	45	10	¥ 350.00	3	1
9	休闲裤	在售	65	20	2	¥ 150.00	1	1
10	风衣	在售	32	11	1	¥ 158.00	5	1
11	卫衣	在售	45	10	2	¥ 305.00	6	1
12	小背心	在售	12	22	5	¥ 68.00	2	1
13	短外套	在售	44	65	5	¥ 210.00	2	2
14	马夹	在售	12	32	6	¥ 200.00	0	2
15	雪纺衫	在售	32	45	10	¥ 350.00	3	2
16	短外套	在售	44	65	5	¥ 210.00	2	3
17	马夹	在售	12	32	6	¥ 200.00	0	3
18	雪纺衫	在售	32	45	10	¥ 350.00	3	3
19	卫衣	在售	45	10	2	¥ 305.00	6	2
20	小背心	在售	12	22	5	¥ 68.00	2	2

图1-17｜利用COUNTIF函数查找重复数据

（3）高级筛选法

利用 Excel 提供的“高级筛选”功能可以快速查找并删除大量重复数据。打开带有重复数据的工作簿，在【数据】/【排序和筛选】组中单击“高级筛选”按钮，打开“高级筛选”对话框，在其中设置筛选结果的存放位置、参与筛选的数据区域和筛选条件等参数后，单击选中“选择不重复的记录”复选框，然后单击“确定”按钮，便可在查找重复数据的同时自动删除重复数据，如图 1-18 所示。

图1-18｜利用"高级筛选"功能查找并删除重复数据

（4）条件格式法

利用 Excel 处理数据时，如果要突出显示数据区域中的重复数据，则可通过"突出显示单元格规则"选项来实现。在工作表中选择要突出显示重复数据的单元格区域，在【开始】/【样式】组中单击"条件格式"按钮，在打开的下拉列表中选择"突出显示单元格规则"选项，在打开的子列表中选择"重复值"选项，如图 1-19 所示，打开"重复值"对话框，保持默认设置并单击"确定"按钮后，所选区域中的重复数据会以"浅红填充色深红色文本"样式显示，最终效果如图 1-20 所示。

图1-19｜选择条件格式

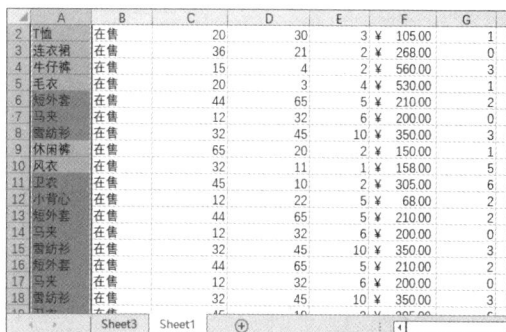

图1-20｜突出显示重复数据的效果

2. 删除重复数据

上述 4 种方法，只有高级筛选法可以删除重复数据，其他 3 种方法都只是查找出重复数据，不能同时删除重复数据。下面将介绍删除重复数据的具体操作。

删除重复数据的操作很简单，只需要选择数据区域中的任意一个单元格，在【数据】/【数据工具】组中单击"删除重复项"按钮，如图 1-21 所示，在打开的"删除重复值"对话框中单击"确定"按钮。

图1-21｜删除重复数据

1.2.3 清洗错误数据

除了缺失数据和重复数据外，其他的数据不规范现象还有很多，如错误数据。错误数据可能是人工录入错误导致的，也可能是被调查者输入的信息不符合要求导致的。因此，为了尽可能地保证数据的准确性，需要对错误数据进行处理。

1. 清洗人工录入的错误数据

利用 Excel 提供的"条件格式"功能可以快速查找出人工录入的错误数据。假设某一表格中只能输入数字"0"和"1"，除此之外的数字为错误数据。下面将对工作表中除数字"0"和"1"以外的错误数据进行清洗，具体操作如下。

（1）打开"人工录入的数据.xlsx"工作簿（素材参见：素材文件＼第1章＼人工录入的数据.xlsx），在"Sheet1"工作表中选择B3:H6单元格区域，如图1-22所示。

（2）在【开始】/【样式】组中单击"条件格式"按钮，在打开的下拉列表中选择"新建规则"选项，如图1-23所示。

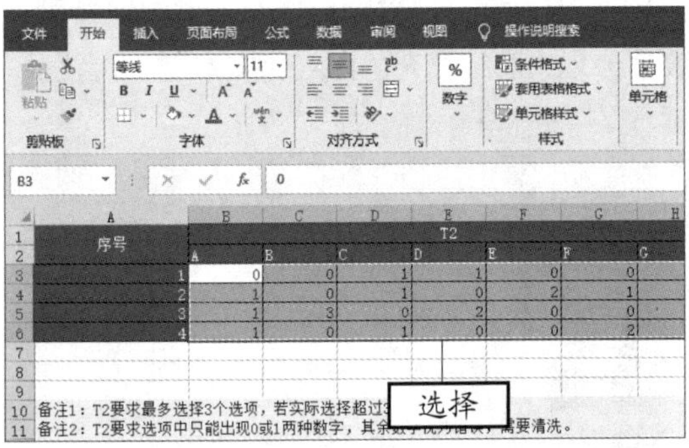

图1-22 | 选择单元格区域

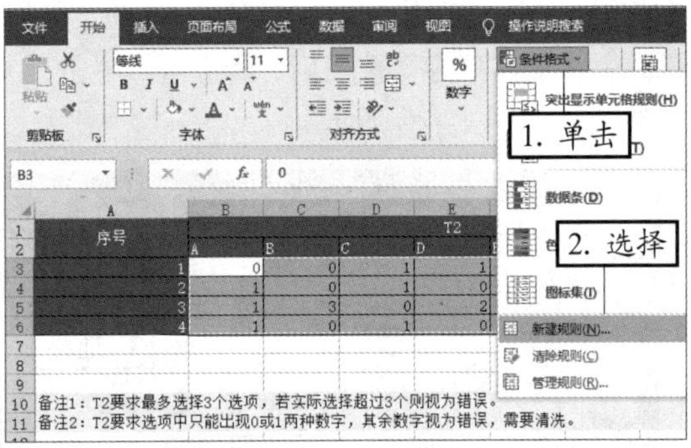

图1-23 | 选择"新建规则"选项

（3）打开"新建格式规则"对话框，在"选择规则类型"栏中选择"使用公式确定要设置格式的单元格"选项，在"编辑规则说明"栏的"为符合此公式的值设置格式"文本框中输入"=OR(B3=1,B3=0)=FALSE"（表示同时不等于0和1两个数字的数据为错误数据），然后单击"格式"按钮，如图1-24所示。

（4）打开"设置单元格格式"对话框，单击"字体"选项卡，在"颜色"下拉列表中选择"标准色"栏中的"红色"选项，如图1-25所示，然后单击"确定"按钮。

图1-24 | "新建格式规则"对话框

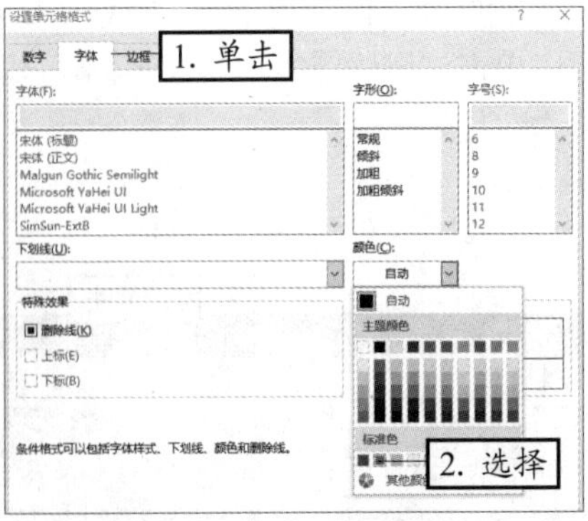

图1-25 | 设置字体颜色

（5）返回"新建格式规划"对话框，单击"确定"按钮，返回"Sheet1"工作表，所选单元格区域中不符合规则的数据将呈红色显示，最终效果如图1-26所示（效果参见：效果文件\第1章\人工录入的数据.xlsx）。

图1-26 | 清洗错误数据后的效果

经验之谈

　　Excel提供的"条件格式"功能可以基于指定条件更改单元格或单元格区域的外观，实现突出显示单元格或单元格区域、强调异常值、直观显示数据等效果。

2. 清洗被调查者输入的错误数据

　　在进行问卷调查时，如果其中的多项选择题最多可选3项，而被调查者却选择了4项及以上，那么就可以综合利用Excel提供的COUNTIF函数和IF函数来判断数据的正确性。下面将以客户满意度调查中的多项选择题为例来介绍这类错误数据的清洗方法，具体操作如下。

　　（1）打开"被调查者输入的数据.xlsx"工作簿（素材参见：素材文件\第1章\被调查者输入的数据.xlsx），在"Sheet1"工作表中选择I3单元格，在编辑栏中输入公式"=IF(COUNTIF(B3:H3,"<>0")>3,"错误","正确")"，如图1-27所示。

　　（2）按【Enter】键得出计算结果，然后重新选择I3单元格，将鼠标指针移至该单元格的右下角，当鼠标指针变成+形状后向下拖曳，如图1-28所示，直至将公式填充至I21单元格后再释放鼠标。

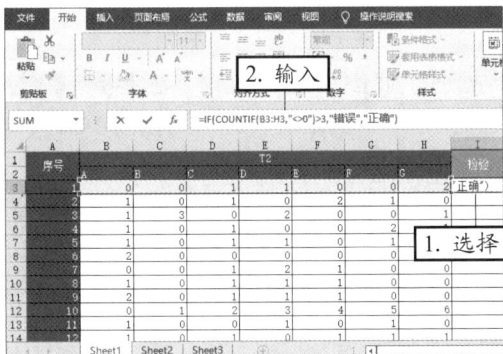

图1-27 | 输入公式

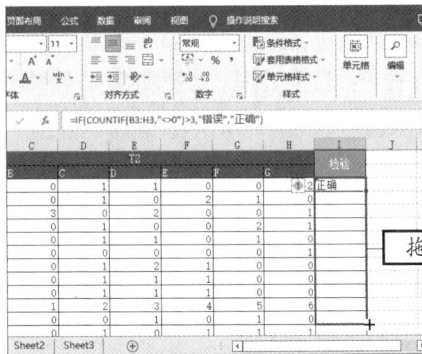

图1-28 | 拖曳填充公式

　　（3）I3单元格中的公式将快速复制到I4:I21单元格区域中，并显示图1-29所示的计算结果（效果参见：效果文件\第1章\被调查者输入的数据.xlsx）。由计算结果可知，显示为"错误"的单元格就是被调查者输入的错误数据。

序号	A	B	C	D	E	F	G	检验
1	0	0	1	1	0	0	2	正确
2	1	0	1	0	2	1	0	错误
3	1	3	0	2	0	0	1	错误
4	1	0	1	0	0	2	1	错误
5	1	0	1	1	0	1	0	错误
6	2	0	0	0	0	0	1	正确
7	0	0	0	2	1	0	0	正确
8	0	0	1	1	1	0	0	错误
9	2	0	1	1	1	0	0	错误
10	0	1	2	3	4	5	6	错误
11	0	0	1	0	0	0	1	正确
12	1	0	1	0	1	1	1	错误
13	1	0	1	0	1	1	1	错误
14	2	1	0	0	0	1	0	正确
15	2	2	2	2	2	2	2	错误
16	0	1	0	2	0	0	0	正确
17	0	0	0	0	0	0	0	正确
18	0	0	0	0	0	0	1	正确
19	0	2	4	1	0	0	0	正确

图1-29 | 计算结果

1.3 商务数据的分析

认识到什么是数据，以及了解了数据的采集方法和清洗方法后，下面将让数据"说话"，即通过对商务数据的分析来发现问题和解决问题，并不断优化、提升用户体验，创造更多的价值。

1.3.1 数据分析的基本步骤

商务数据分析的目的是利用大数据辅助所有职场人员做出高质量、高效率的决策，并提供可行的解决方案。那么在面对海量的数据时，该从何入手呢？怎么判断先做什么、后做什么呢？下面总结了商务数据分析的6个基本步骤以供参考。

第一步：明确分析目标。首先要明确分析目标，然后梳理分析思路并搭建分析框架，把分析目标分解成若干个不同的分析要点，最后针对每个要点确定分析方法和分析指标。

第二步：数据采集。数据采集建立在数据分析目标之上，数据采集的方法包括使用数据库、问卷调查和使用第三方数据统计工具等。在数据采集阶段，数据分析师一定要注意数据采集过程中的异常情况，以便更好地追本溯源。

第三步：数据处理。数据处理是对采集到的数据进行加工处理，其处理方法主要包括数据清洗、数据转化、数据抽取和数据计算等。数据处理的基本目的是从大量的、杂乱无章的、难以理解的数据中抽取并推导出对解决问题有价值、有意义的数据。

第四步：数据分析。数据分析是选用适当的方法和工具对处理过的数据进行分析，并从中提取出有价值的信息，最终形成有效结论的过程。常用的数据分析工具包括 Excel、结构化查询语言（Structured Query Language，SQL）、Tableau、Power BI、Python、Hive 和统计产品与服务解决方案（Statistical Product and Service Solutions，SPSS）等。Excel 的"数据透视表"功能能解决大多数的数据分析问题。

第五步：数据可视化。一般而言，能用图形说明问题的就不用表格，能用表格说明问题的就不用文字。因此，在大多数情况下，通过表格和图形来呈现数据将更加使人容易理解。常用的数据图表类型包括饼图、柱状图、条形图、折线图、XY（散点图）和雷达图等。

第六步：撰写数据分析报告。数据分析报告是对整个数据分析过程的总结和呈现，它可以把数据分析的起因、过程、结果及建议完整地展示出来，以供决策者参考。

1.3.2 数据分析方法

数据分析是指选择合适的分析方法和分析思路，从大量的原始数据中抽取出有价值的数据，并对数据加以详细研究和概括总结的过程。数据分析并不是一劳永逸的，产品在不断迭代，业务在不断更新，从认知到决策，数据更多的是起辅助作用。下面基于互联网产品的运营，介绍5种常见的数据分析方式。

1. 分析订单状态数据

订单状态数据通常按照一定的时间进行划分，显示某一时间段内各种订单情况，图1-30所示为某网店最近60天的运营情况表。

订单统计分析					
时间周期	新客户	老客户	未付款客户	付款客单价	全部订单金额
1~30天	3921	280	1135	¥210.55	¥1,295,345.00
31~60天	3069	222	855	¥194.55	¥917,149.00

图1-30 | 某网店最近60天的运营情况表

由图1-30可知，订单状态数据主要包括新客户、老客户、未付款客户、付款客单价和全部订单金额，各项数据的分析情况如下。

（1）新客户、老客户

新客户、老客户的数量保持增长状态，说明该网店不断有新客户购买产品，并且多次购买产品的老客户的数量也在上升。由此可见，该网店在吸引客流、提高客户忠诚度及发展新客户方面取得了不错的效果。

（2）未付款客户

未付款客户数量增加，说明更多的客户在下单后没有付款。由此可以推测，这些下单客户当时的购买意愿并不强，或是他们在最后付款时对比了其他网店的产品后改变了购买决定。这个数据的上升意味着该网店应该在客户下单后积极与其沟通，通过介绍一些优惠活动来提升客户的购买意愿。

（3）付款客单价

付款客单价的提升说明单个客户所消费的金额有所上升，这可能是由于客户购买产品的数量增加，也可能是客户购买了单价更高的产品。这两种情况都能反映出客户对该网店的产品有一定的认同感，产生了更多的消费。此时，网店可以考虑趁热打铁，推出各种新品，并开展各类优惠活动，以逐步提高客户的忠诚度，不断提高店铺的成交额。

（4）全部订单金额

全部订单金额上升，说明该网店的整体运营情况良好，消费者稳定，所售产品占有一定的市场份额。

2. 分析订单时间数据

分析订单时间数据时主要是针对一周或某一天的订单数据进行分析。下面将通过一天的订单时间数据推测一天的销售时段分布。图1-31所示为通过客户关系管理系统得到的某网店一天中各个时间段的店铺运营数据。

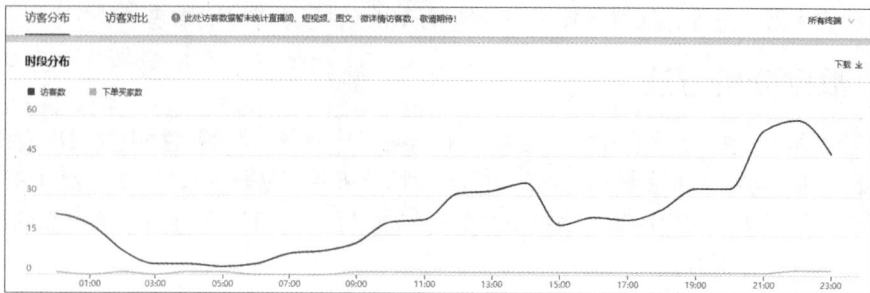

图 1-31 | 某网店一天中各个时间段的店铺运营数据

观察发现：该网店在凌晨 3～5 点这个时间段的销售情况最差，晚上 9～11 点这个时间段的销售情况最佳。因此，该网店可以选择在晚上 9～11 点这个时间段推出更多的优惠活动，从而吸引更多消费者的注意。

3. 分析销售额数据

销售额数据主要包括总销售额、新客户销售额和回头客销售额。下面将通过图 1-32 所示的某服装网店的支付金额数据来分析该网店的总支付金额、老买家支付金额和客单价数据。

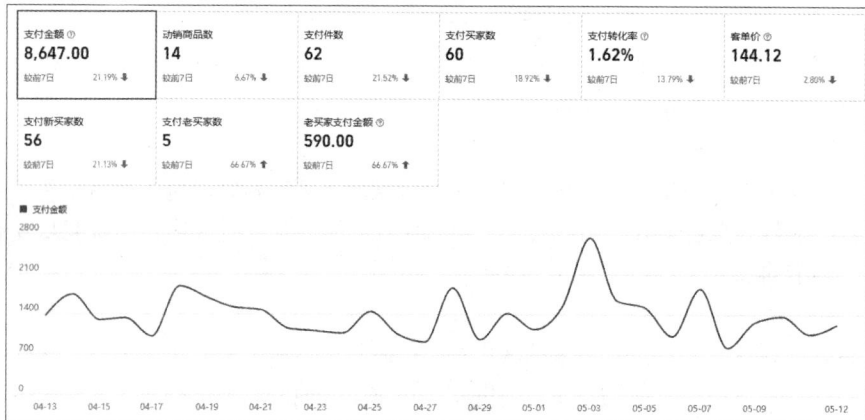

图1-32 | 某服装网店的支付金额数据

（1）分析总支付金额

由图 1-32 可知，总支付金额由新买家支付金额和老买家的支付金额构成，整个网店的支付金额环比下降了 21.19%。支付金额环比下降，说明这一周与上一周相比，支付金额减少。此时，该网店的工作人员应该寻找支付金额下降的原因，并及时解决问题。

（2）分析老买家支付金额

由图 1-32 可知，老客户支付金额环比上升了 66.67%，说明该网店在提升老客户的忠诚度和购买意愿方面的工作较为成功。可以推测出，该网店在与老客户积极沟通，了解其需求后，适当给予了优惠。

（3）分析客单价数据

由图 1-32 所知，客单价环比下降了 2.80%，说明客户购物的活跃度不高或是他们的购买意愿不强。此时，该网店的工作人员应该积极与客户沟通，并适当给予优惠，从而激发他们的购买意愿。

经验之谈

> 环比和同比都是统计术语。本期统计数据与上期统计数据比较，如2022年11月的数据与2022年12月的数据比较，称为环比；本期统计数据与历史同期的数据比较，如2022年8月的数据与2021年8月的数据比较，则称为同比。

4. 分析关联订单数据

关联订单就是购买某一关联产品所产生的订单。做好网店的关联销售，不仅能降低网店的跳出率，还能有效提升客户转化率，达到网店利益最大化的目的。假设以"韩式喜糖盒"为产品A，其关联产品为产品B，抽取出一张产品A、B的关联数据图，如图1-33所示。

图1-33 | 产品A、B的关联数据图

从产品的关联数据图可以看出，同时购买"韩式喜糖盒"和"糖果盒185"的订单数为2，与同时购买"韩式喜糖盒"和"创意喜帖1001"的订单数一样多，排名第一。

从订单数的角度来看，与"韩式喜糖盒"一起购买得最多的产品是"糖果盒185"和"创意喜帖1001"。因此，在这5件产品中，"韩式喜糖盒"与"糖果盒185""创意喜帖1001"的关联度最高，可以考虑在产品详情页中推荐这两款产品，或将它们与"韩式喜糖盒"进行捆绑销售。

5. 分析运营数据

运营是商家经营店铺的核心环节，商家必须充分了解自己店铺的运营数据，并利用这些数据分析店铺运营的各个方面，才能有效提升店铺的营业额。下面将通过图1-34所示的某服装网店的整体数据来分析运营状况。从图中可以看出，整体交易金额与同行同层平均相比，优势比较明显；与同行同层优秀相比，略显不足，但从第18周开始支付金额明显有持平同行同层优秀的趋势。

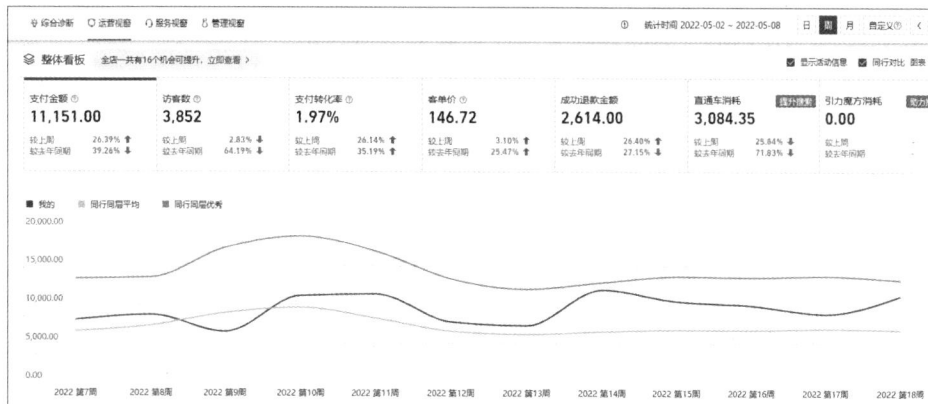

图1-34 | 某服装网店的整体数据

1.3.3 常用的数据分析工具

数据分析最关键的就是工具，再好的数据分析方法也需要用分析工具的支撑。选择什么样的分析工具与工作岗位、分析场景息息相关，每种场景都有若干种工具可以选择。图1-35所示为一些常用的数据分析工具。

应用领域	适用工具
数据采集	Python、Google Analytics、数极客等
数据清洗	Excel、SQL、Hives、Hadoop等
数据可视化	Excel、Echart、Power BI、Tableau等
统计分析	Excel、Python、SAS、Stata、Eviews等

图1-35 | 常用的数据分析工具

上述数据分析工具中，Excel是最基本，也是最常见的一种数据分析工具，其功能强大，无论是数据处理、数据可视化还是统计分析，它都能够提供很好的支持。

Excel可进行的数据处理包括数据排序、数据筛选、数据分类汇总、去除重复项、数据分列、处理异常值及创建数据透视图表等。

数据可视化是指利用Excel提供的图表对数据进行可视化展示，如柱状图、条形图、饼图、折线图、XY（散点图）、面积图、曲面图和雷达图等。

在Excel中添加"分析工具库"选项卡后，便可看到丰富的统计分析功能，如描述统计、假设检验、方差分析和回归分析等。

1.3.4 数据分析报告

数据分析完成后，一般还要撰写工作总结和数据分析报告。其中，数据分析报告是项目可行性判断的重要依据，也是数据分析过程和思路的最后呈现。一般情况下，一份完整的数据分析报告应具备以下3个要素。

- **总体分析**｜从项目的实际需求出发，对该项目的财务、业务数据进行总量分析，从而把握全局。

- **确定重点，合理配置资源**｜在对项目全局把握的基础上，根据项目的特点，通过具体的趋势分析、对比分析等手段合理确定分析重点，协助分析人员做出正确的项目分析决策，并调整人力、物力等资源，以得到最好的效果。

- **建立模型**｜针对不同的分析项目建立具体的分析模型，将主观的经验固化为客观的分析模型，从而为指导以后项目实践中的数据分析打下良好的基础。

本章实训

电子商务数据分析工作都是围绕数据展开的，而数据又根据消费者和企业的行为实时产生，且类型多样。因此，只有经过采集与整理后，商家才能将大量离散的数据有目的地整合在一起，从而发现隐藏在数据背后的价值。下面将用Excel采集商务数据。

本实训将用Excel对"国家统计局"网页中的商务数据进行采集，通过

微课视频

采集网页数据

本实训，读者可以熟悉并巩固采集网页数据的方法。

1. 实训目标

① 了解常用的获取外部数据的渠道。

② 使用 Excel 获取外部数据。

2. 实训要求

启动 Excel 2016，单击"自 Web"按钮，在打开的对话框中输入外部数据的网站地址（如政府部门发布的统计数据、权威网站提供的企业数据、电子商务平台展示的数据等），这里输入"国家统计局"网站中电子商务数据所在的网页，然后开始采集数据。

3. 实训步骤

① 打开"新建 Web 查询"对话框。启动 Excel 2016 后，在【数据】/【获取外部数据】组中单击"自网站"按钮，打开"新建 Web 查询"对话框，如图 1-36 所示。

图 1-36 | "新建 Web 查询"对话框

② 采集外部数据。在"地址"栏中输入"国家数据"官方网站中电子商务类数据的采集地址，然后单击"转到"按钮，在打开的网页中单击要导入的表格左上角的 ➡ 按钮，当其变为蓝色的 ✓ 按钮后，单击"导入"按钮，如图 1-37 所示。

③ 下载外部数据。返回 Excel 后，将自动打开"导入数据"对话框，在其中选择导入数据的存放位置，单击"确定"按钮，如图 1-38 所示，便可将网页数据导入 Excel 表格中（效果参见：效果文件\第 1 章\采集网页数据 .xlsx）。

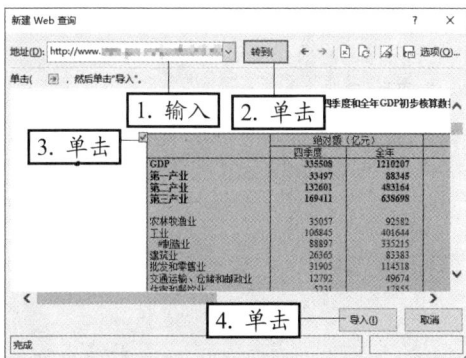

图 1-37 | 选择要导入的数据

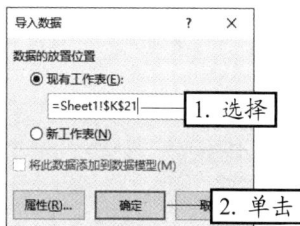

图 1-38 | 设置导入数据的存放位置

第2章

数据的输入与编辑

知识目标

◆ 掌握输入与填充数据的方法。
◆ 掌握公式与函数的使用方法。
◆ 熟悉常用函数的使用方法。
◆ 掌握表格的创建方法。

能力目标

◆ 能够轻松输入不同类型的数据。
◆ 能够美化和计算表格中的数据。

素养目标

◆ 培养和拓展计算思维。
◆ 培养发现问题和解决问题的能力。
◆ 培养一丝不苟、精益求精的工匠精神。

知识导入

在使用 Excel 处理数据之前，需要先在表格中输入一些数据，然后才能根据实际需求对这些数据进行编辑。本章主要介绍输入数据、计算表格中的数据及创建智能表格等操作，帮助读者提高编辑数据的效率。

2.1 输入数据

数据是 Excel 的灵魂，如果一个表格中没有数据，那么该表格也就失去了存在的意义。表格中的数据并不只是单纯的数字，还包括文本、特殊符号和日期等其他类型的数据。下面将对输入数据的方法进行介绍。

2.1.1 输入数据的一般方法

在工作表中输入数字、文本和日期等数据时，首先需要选择单元格或双击单元格，然后直接输入数据，并按【Enter】键确认输入；也可以在选择单元格后，在编辑栏中输入数据，然后按【Enter】键确认输入。下面将在"店铺周销售数据统计 .xlsx"工作簿中输入一般数字、文本、日期、小数等普通数据，具体操作如下。

微课视频

输入数据的一般方法

（1）打开素材文件"店铺周销售数据统计 .xlsx"工作簿（素材参见：素材文件 \ 第 2 章 \ 店铺周销售数据统计 .xlsx），选择 A3 单元格，直接输入数字"1"，然后按【Enter】键查看输入结果，如图 2-1 所示。

（2）选择 A1 单元格，将鼠标指针定位至编辑栏中，切换至中文输入法后，输入文本"汇总日期："，然后输入日期"2023/2/16"，其中的连接符可直接按小键盘中的【/】键输入，最后按【Enter】键查看输入结果，如图 2-2 所示。

图2-1 | 在单元格中输入数字

图2-2 | 在单元格中输入文本和日期

（3）选择 D8 单元格，输入小数"1368.2"，如图 2-3 所示。其中小数点可通过按小键盘中的【.】键直接输入。若输入的小数位数过多，则单元格中可能显示不完全，此时可在编辑栏中进行查看，也可以在【开始】/【单元格】组中单击"格式"按钮，在打开的下拉列表中选择"自动调整列宽"选项，将单元格中的数据全部显示出来。

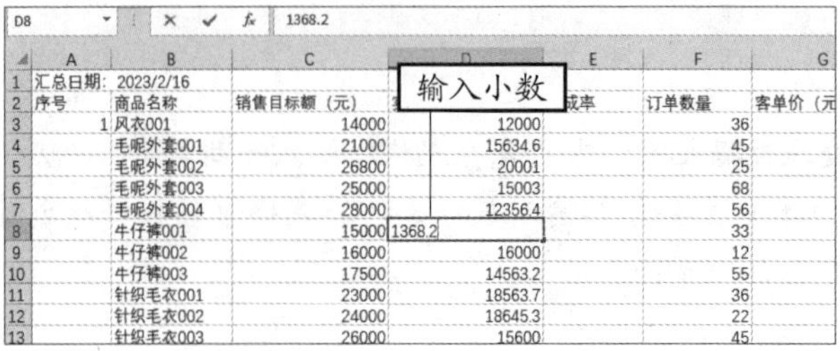

图2-3 | 在单元格中输入小数

经验之谈

默认状态下，Excel中的数值型数据都会以右对齐方式显示在单元格中。单元格中可显示的最大数值为99999999999，当输入的数据超过该值时，Excel就会自动以科学记数方式显示数据。另外，对于身份证号码这种特殊类型的数据，若想将其全部显示在单元格中，则需要使用单引号来处理。其方法为：选择要输入身份证号码的单元格，先输入一个英文状态下的单引号"'"，再输入身份证号码。

2.1.2 输入特殊字符

除了可以在单元格中输入普通数据外，用户还可以利用"插入符号"功能输入特殊字符。下面将在"店铺周销售数据统计.xlsx"工作簿中为订单数量大于50的单元格添加特殊符号，具体操作如下。

微课视频

输入特殊字符

（1）选择I6单元格，在【插入】/【符号】组中单击"符号"按钮，如图2-4所示。

（2）打开"符号"对话框，在"符号"选项卡的"字体"下拉列表中选择"Wingdings"选项，在其下方的列表中选择空心竖大拇指的符号，然后单击"插入"按钮，如图2-5所示。

职业素养

符号既是一种象征物，又是一种载体，它承载着交流双方发出的信息。因此，要想读懂符号所传递的信息，首先就要理解符号背后的含义，即我们要善于透过现象看本质。

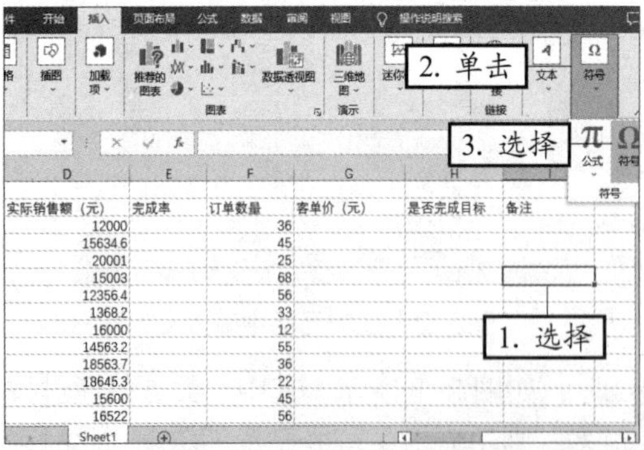

图2-4 | 单击"符号"按钮

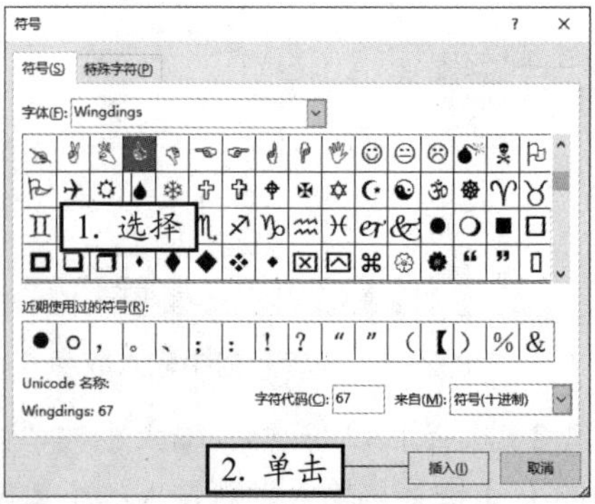

图2-5 | 选择要插入的符号

（3）连续单击两次"插入"按钮插入另外两个相同的符号，然后单击"关闭"按钮关闭"符号"对话框，如图2-6所示。

（4）返回工作表后，按照相同的方法分别在I7、I10、I14和I16这4个单元格中插入相同的特殊符号，最终效果如图2-7所示。

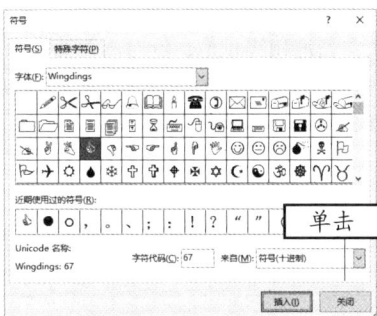

图2-6｜关闭对话框

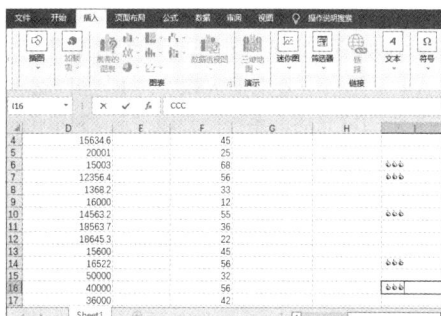

图2-7｜插入特殊符号的效果

2.1.3 快速填充数据

一般来说，没有规律的数据都需要手动输入，但对于一些相同或有规律的数据（如序号、日期、性别等）而言，则可通过填充的方式快速输入。下面将在"店铺周销售数据统计.xlsx"工作簿中快速填充"序号"列的数据，具体操作如下。

微课视频

快速填充数据

（1）选择A3单元格，将鼠标指针移到A3单元格右下角，当鼠标指针变为➕形状时，按住鼠标左键不放并向下拖曳至A22单元格，如图2-8所示。

（2）释放鼠标后，可以看到选择的单元格区域中已填充了相同的数据"1"，效果如图2-9所示。

图2-8｜拖曳填充柄

图2-9｜快速填充相同的数据

（3）单击A22单元格右下角的"自动填充选项"按钮，在打开的下拉列表中单击选中"填充序列"单选项，如图2-10所示。

（4）拖曳填充数据时，将以"1"为单位进行递增填充，最终效果如图2-11所示。

图2-10｜选择填充方式

图2-11｜填充序列的效果

在单元格区域中填充编号时，可在按住【Ctrl】键的同时拖曳鼠标，系统便会直接以"1"为单位进行递增填充；或在相邻的两个单元格中分别输入步长值和终止值，针对本例而言，可以在A3和A4单元格中分别输入数字"1"和"2"，然后选择A3:A4单元格区域，向下拖曳A4单元格右下角的填充柄，系统便会以"1"为单位进行递增填充。

2.2 计算表格中的数据

使用Excel的"数据计算"功能可以使复杂的数据计算变得简单。在Excel中计算数据时，公式起到了至关重要的作用。下面将通过公式和函数（函数实质上就是一些预定义的公式，即"特殊公式"）两种方式计算表格中的数据。

2.2.1 输入公式

微课视频

在Excel中，既可以在编辑栏或单元格中输入公式，也可以结合键盘和鼠标来输入公式。下面将在"店铺周销售数据统计.xlsx"工作簿中计算"完成率"，具体操作如下。

输入公式

（1）选择E3单元格，输入公式"=D3／C3"，如图2-12所示。

（2）引用的两个单元格"D3"和"C3"将自动被标记为不同的颜色，然后按【Enter】键得出计算结果，如图2-13所示。

图2-12｜输入公式

图2-13｜查看计算结果

在单元格或编辑栏中输入公式后，如果发现数据输入错误，则可以拖曳鼠标选择要修改的部分数据，然后重新输入正确的数据并按【Enter】键确认；也可以选择单元格，通过重新引用单元格的方法进行修改。

2.2.2 复制公式

微课视频

计算数据时，若需要在不同的单元格中输入多个结构相同的公式，则可以对公式进行复制或填充操作，这是计算同类数据的最快方法。下面将在"店铺周销售数据统计.xlsx"工作簿中复制公式，具体操作如下。

复制公式

（1）选择 E3 单元格，按【Ctrl+C】组合键复制公式，如图 2-14 所示。

（2）选择 E4 单元格，按【Ctrl+V】组合键粘贴公式，如图 2-15 所示。

（3）将鼠标指针移至 E4 单元格右下角的填充柄上，然后按住鼠标左键不放并向下拖曳至 E22 单元格，如图 2-16 所示。

（4）释放鼠标后，E4:E22 单元格区域中将自动显示计算结果，如图 2-17 所示。

图2-14 | 复制公式

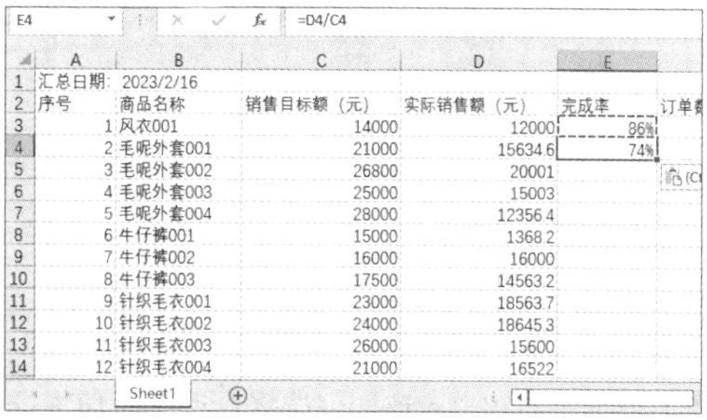

图2-15 | 粘贴公式

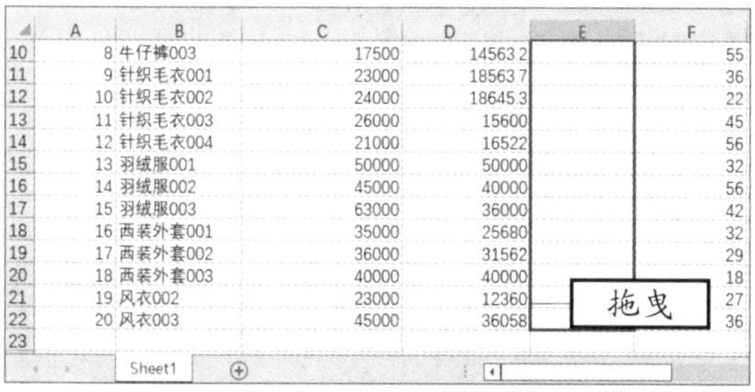

图2-16 | 快速填充公式

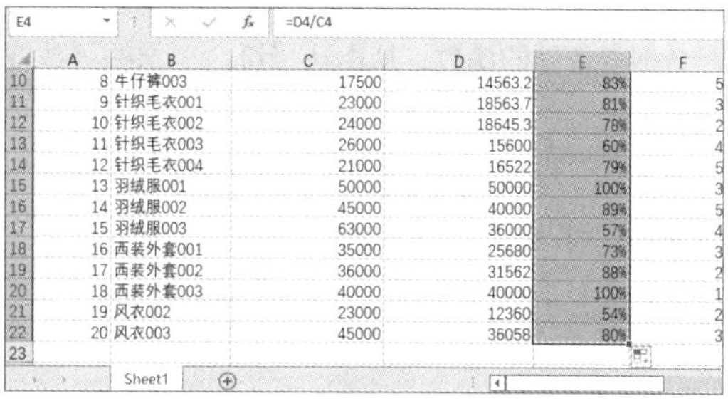

图2-17 | 查看计算结果

经验之谈

如果工作表中的某一列需要使用相同的公式，则可以批量插入公式。其方法为：选择需要输入公式的单元格区域，在编辑栏中输入公式后，按【Ctrl+Enter】组合键批量填充公式并显示相应的计算结果。针对本例而言，可以先选择 E4:E22 单元格区域，在编辑栏中输入公式"=D4/C4"后，按【Ctrl+Enter】组合键批量填充公式并查看计算结果。

2.2.3 插入函数

在 Excel 中插入函数的方法主要有两种：一种是通过"插入函数"对话框插入函数，另一种是通过功能面板插入函数。下面将在"店铺周销售数据统计 .xlsx"工作簿中利用"插入函数"对话框插入 IF 函数，具体操作如下。

（1）选择 H3 单元格，在【公式】/【函数库】中单击"插入函数"按钮或按【Shift+F3】组合键，如图 2-18 所示。

（2）打开"插入函数"对话框，在"或选择类别"下拉列表中选择"常用函数"选项，在"选择函数"列表框中选择"IF"选项，然后单击"确定"按钮，如图 2-19 所示。

微课视频

插入函数

图2-18 | 单击"插入函数"按钮

图2-19 | 选择函数

经验之谈

　　当用户不知道应该如何选择合适的函数来计算表格数据时,可以使用 Excel 的"搜索函数"功能缩小范围,从而挑选出合适的函数。其方法为:在"插入函数"对话框的"搜索函数"文本框中输入函数的功能关键词,如查询,然后单击"转到"按钮,便可在"选择函数"列表框中看到符合搜索条件的函数,从中选择符合要求的函数便可进行数据计算了。

　　(3)打开"函数参数"对话框,单击"Logical_test"参数框右侧的"收缩"按钮⬆,如图 2-20 所示。

　　(4)"函数参数"对话框将缩小,在"Sheet1"工作表中选择 E3 单元格后,然后输入判断条件">60%",最后在"函数参数"对话框中单击"展开"按钮▦,如图 2-21 所示。

图2-20 | "函数参数"对话框

图2-21 | 设置引用单元格

　　(5)返回"函数参数"对话框,确认"Logical_test"参数框引用的单元格地址无误后,在"Value_if_true"参数框中输入"是",在"Value_if_false"参数框中输入"否",然后单击"确定"按钮,如图 2-22 所示。

　　(6)返回工作表后,可在 H3 单元格中看到使用 IF 函数判断出的销售目标完成情况,如图 2-23 所示,然后拖曳 H3 单元格右下角的填充柄,将该函数复制到 H4:H22 单元格区域中。

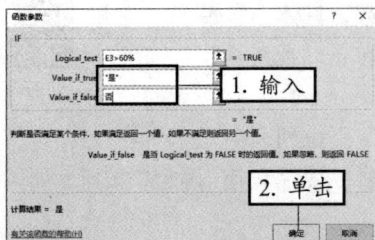

图2-22 | 设置其他函数参数

图2-23 | 查看计算结果

2.2.4 应用嵌套函数

微课视频

应用嵌套函数

嵌套函数是指某个函数或公式以函数参数的形式参与计算。下面将在"店铺周销售数据统计 .xlsx"工作簿中利用 INT 函数（将数值向下取整为最接近的整数）对客单价进行取整计算，具体操作如下。

（1）选择 G3 单元格，将鼠标指针定位至编辑栏中，然后输入嵌套函数"=INT(D3/F3)"，如图 2-24 所示。

（2）按【Enter】键得出计算结果，重新选择 G3 单元格，将鼠标指针移至该单元格右下角的填充柄上，按住鼠标左键不放并向下拖曳到 G22 单元格，释放鼠标后，G4:G22 单元格区域中将批量填充函数并显示计算结果，如图 2-25 所示。

图2-24 | 输入嵌套函数　　　　　　　图2-25 | 填充函数

（3）选择【文件】/【另存为】命令，打开"另存为"界面，单击"浏览"按钮，打开"另存为"对话框，在上方的地址栏中选择工作簿的保存位置，在"文件名"下拉列表框中输入"店铺周销售数据统计——计算"，在"保存类型"下拉列表中选择"Excel 工作簿"选项，然后单击"保存"按钮，如图 2-26 所示。

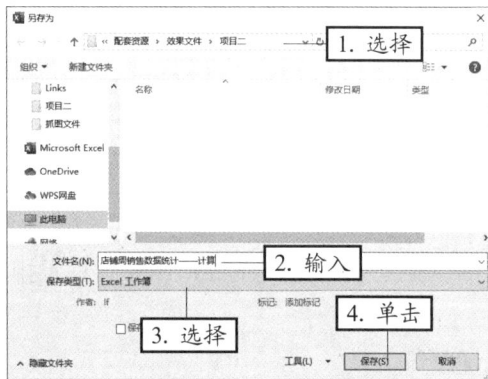

图2-26 | 另存为工作簿

（4）返回工作表后，单击工作界面右上角的"关闭"按钮关闭工作簿（效果参见：效果文件\第 2 章\店铺周销售数据统计——计算 .xlsx）。

经验之谈

　　无论是在公式还是在函数中，都经常需要引用单元格或单元格区域中的数据，单元格或单元格区域的引用可分为相对引用、绝对引用和混合引用 3 种。假设某个嵌套函数的参数为"$D$2*C4-D4"，其中，"C4"和"D4"就属于单元格的相对引用；"$D$2"则属于单元格的绝对引用；整个嵌套函数中既有相对引用又有绝对引用，属于混合引用。

2.3 常用函数介绍

Excel为用户提供了多种函数，每种函数的功能、语法结构和参数含义各不相同，下面重点介绍以下10种常用函数的使用方法。

2.3.1 求和函数SUM

SUM函数属于数学与三角函数。它可返回所有参数之和，其语法结构为：SUM(number1,number2,number3,…)。使用此函数时需注意以下3点。

- 参数的数量范围为1~255个。
- 若参数均为数值，则直接返回计算结果，如SUM(10,20)，将返回"30"；若参数中包含文本型数字和逻辑值，则系统将会把文本型数字判断为对应的数值，将逻辑值TRUE判断为"1"，如SUM(10,20,TRUE)，将返回"31"。
- 若参数为引用的单元格或单元格区域，则系统将只计算单元格或单元格区域中数字的和，空白单元格、文本、逻辑值和错误值等都将被忽略。

2.3.2 平均值函数AVERAGE

AVERAGE函数属于统计函数。它可返回所有参数的算术平均值，其语法结构为：AVERAGE(number1,number2,number3,…)。使用此函数时需注意的地方与SUM函数完全相同。

2.3.3 取整函数INT

INT函数属于数学与三角函数。它可返回指定的数字取整后小于或等于它的整数，其语法结构为：INT(number)。使用此函数时需注意以下两点。

- 此函数只会返回小于或等于它的整数，如INT(2.9)将返回2；INT(-8.6)则返回-9。
- 此函数的参数可以为单元格引用，如INT(A3)，系统此时会根据A3单元格中的数据进行取整。

2.3.4 排名函数

Excel为用户提供了RANK、RANK.AVG和RANK.EQ3种排名函数，其中较为常用的是后面两个。

1. 排名函数RANK.AVG

RANK.AVG属于统计函数。它可返回一列数字的排名，数字的排名是根据该列数值与列表中其他数字的比值大小确定的，如果多个数字具有相同的排名，则将返回该组数字的平均排名，其语法结构为：RANK.AVG(number,ref,order)。使用此函数时需注意以下3点。

- number作为第一参数，表示要找到其排名的数字。
- ref作为第二参数，表示数字列表。
- order作为第三参数，表示指定排名方式的数字，省略或为0时表示降序排列，非0时表示升序排列。

2. 排名函数RANK.EQ

RANK.EQ属于统计函数。它可返回一个数字在对应数字列表中的排名，如果多个数字排名相同，则返回该组数字的最佳排名，其语法结构为：RANK.EQ(number,ref,order)。使用此函数时需注意的地方与 RANK.AVG 函数完全相同。

2.3.5　逻辑函数IF

IF 函数属于逻辑函数。它可对第一参数进行判断，并根据判断结果返回不同的值，其语法结构为：IF(logical_test,value_if_true,value_if_false)。使用此函数时需注意以下 5 点。

- logical_test 为第一参数，是 IF 函数进行判断的参照条件。
- value_if_true 为第二参数，是 logical_test 成立时返回的值。
- value_if_false 为第三参数，是 logical_test 不成立时返回的值。
- 第二参数可以省略，如果省略则返回 TURE。
- 第三参数可以省略，如果省略则返回 FALSE。

2.3.6　统计函数COUNTIF

COUNTIF 函数属于统计函数。它可对单元格区域中满足单个指定条件的单元格进行计数，其语法结构为：COUNTIF(range, criteria)。假设 A1:A18 单元格区域为一列任务，B1:B18 单元格区域为任务对应的人员，如果想要计算名为 "王若" 的人员在第 B 列中显示的次数，可使用 =COUNTIF(B1:B18," 王若 ")。使用此函数时需注意如下两点。

- range 为必需参数，表示计算非空单元格数目的区域。
- criteria 为必需参数，表示以数字、表达式或其他形式定义的条件。

2.3.7　查找函数VLOOKUP

VLOOKUP 函数是一个纵向查找函数，属于查找与引用函数。它可在表格或数值数组的首列查找指定的数值，并由此返回表格或数组当前行中指定列处的数值，其语法结构为：VLOOKUP(lookup_value, table_array,col_index_num,range_lookup)。使用此函数时需注意以下 4 点。

- lookup_value 为第一参数，表示要查找的内容，可以是数值，也可以是引用或文本字符串。
- table_array 为第二参数，表示要查找的位置，可以是对单元格区域或单元格区域名称的引用。
- col_index_num 为第三参数，可返回数据在单元格区域中的列号。
- range_lookup 为第四参数，可返回表示为 1（TRUE）或 0（FALSE）的近似或精确匹配项。如果需要返回值的近似匹配，则可以指定为 TRUE；如果需要返回值的精确匹配，则指定为 FALSE。如果没有指定任何内容，默认值将始终为 TRUE。

2.3.8　查找函数MATCH

MATCH 函数也属于查找与引用函数。它可返回符合指定值、特定顺序的项在数组中的相对位置，其语法结构为：MATCH(lookup_value, lookup_array, match_type)。使用此函数时需注意以下 3 点。

- lookup_value 为必需参数，表示在 lookup_array 中匹配的值，该参数可以是数值、文本或逻辑值，也可以是对上述类型数据的引用。例如，如果要在电话簿中查找某人的电话号码，那么就应该将姓名作为查找值，但实际上需要的是电话号码。

- lookup_array 为必需参数，表示要搜索的单元格区域。
- match_type为可选参数，表示Excel 将 lookup_value 与 lookup_array 中的数值进行匹配的方式，用数字"1""0""-1"表示。此参数的默认值为"1"，表示查找小于或等于lookup_value中的最大值；"0"表示查找等于lookup_value中的第一值；"-1"表示查找大于或等于lookup_value中的最小值。

例如，假设单元格区域 A1:A3 包含的值 为 5、25 和 38，则使用公式 =MATCH(25,A1:A3,0) 将返回数字"2"，因为值 25 是单元格区域中的第二项。

2.3.9 查找与引用函数INDEX

INDEX 函数属于查找与引用函数。它可返回表格或单元格区域中的值或值的引用。INDEX 函数有两种形式，分别为数组形式和引用形式。

1. INDEX函数的数组形式

INDEX 函数的数组形式可返回表元素或数组元素的值。其中，表元素可通过行号和列号索引确定。如公式 =INDEX(A2:B5,3,3) 中，表元素为 A2:B5。INDEX 函数的语法结构为：INDEX(array, row_num, column_num)。当 INDEX 函数的第一个参数为数组常量时，应选择数组形式。使用此函数时需注意以下 3 点。

- array为必需参数，表示单元格区域或数组常量。如果数组中只包含一行或一列，则对应的row_num参数或column_num参数为可选参数；如果数组中包含多行和多列，但只使用row_num参数或column_num参数，INDEX函数将返回数组中的整行或整列。
- row_num为第二参数，表示数组中要返回数值的行序号，如果省略row_num，则需要使用column_num参数。
- column_num为第三参数，表示数组中要返回数值的列序号，如果省略column_num，则需要使用row_num。

例如，使用公式 =INDEX(B3:D6,4,3)（其中，单元格区域为B3:D6、行数为4、列数为3），将返回单元格区域（B3:D6）第四行第三列的值。

经验之谈

如果同时使用 row_num 参数和 column_num 参数，则 INDEX 函数将返回 row_num 和 column_num 交叉处单元格中的数值；如果将 row_num 或 column_num 设置为 0，则 INDEX 函数将分别返回整列或整行的值数组。另外，row_num 参数和 column_num 参数必须指向数组中的某个单元格，否则 INDEX 函数将返回错误值 #REF!。

2. INDEX函数的引用形式

INDEX 函数的引用形式可返回指定行列交叉处的单元格引用，如果引用由不连续的选定区域组成，则可以选择某一选定区域，其语法结构为：INDEX(reference, row_num, column_num, area_num)。使用此函数时需注意以下 4 点。

- reference为必需参数，表示对一个或多个单元格区域的引用。
- row_num为必需参数，表示目标单元格在引用区域中的行序号，如果忽略，则必须有column_num参数。
- column_num为可选参数，表示目标单元格在引用区域中的列序号，如果忽略，则必须有row_num参数。

- area_num为可选参数，表示选择引用中的一个区域，从中返回 row_num 参数和 column_num 参数的交叉区域。选择或输入的第一个区域序号为 1，第二个区域序号为 2，依此类推。如果省略 area_num参数，则 INDEX 函数使用区域1。例如，如果引用的单元格区域为 (A1:B6,D1:E6,G1:H6)，则 area_num 1 参数为单元格区域 A1:B6，area_num 2 参数为单元格区域 D1:E6，area_num 3 参数为单元格区域 G1:H6。

2.3.10 其他函数

下面介绍一些其他较常使用的函数。

1. 文本处理函数

文本处理函数是 Excel 中较容易学习的函数类别，并且涉及的参数比较少。下面主要介绍 LEFT、RIGHT 和 MID 这 3 个文本处理函数。

（1）LEFT函数

LEFT 函数可从一个文本字符串的第一个字符开始返回指定个数的字符，其语法结构为：LEFT(text, num_chars)。

- text为必需参数，表示需要提取的字符串。
- number_chars为可选参数，表示提取的字符数量。number_chars参数必须大于或等于零，若省略number_chars参数，则假定其值为1。如果number_chars参数大于文本长度，则LEFT函数将返回全部文本。

（2）RIGHT函数

RIGHT 函数可根据所指定的字符数返回文本字符串中最后一个或多个字符，其语法结构为：RIGHT(text, num_chars)。

- text为必需参数，表示需要提取的字符串。
- number_chars为可选参数，表示提取的字符数量。number_chars参数必须大于或等于零，若省略number_chars参数，则假定其值为1。如果number_chars参数大于文本长度，则RIGHT函数将返回全部文本。

（3）MID函数

MID 函数可返回文本字符串中从指定位置开始的特定数目的字符，该数目由用户指定，其语法结构为：MID(text, start_num, num_chars)。

- text为必需参数，表示需要提取的字符串。
- start_num为必需参数，表示准备提取的第一个字符的位置，第一个字符的 start_num 为 1，以此类推。
- num_chars为必需参数，表示要提取的字符串长度，如果num_chars参数为负数，则 MID 函数将返回错误值#VALUE!。

2. 日期和时间函数

日期和时间在编辑 Excel 表格时会经常用到，如果能够熟练掌握对应函数的语法结构，那么对提高统计效率是有很大帮助的，下面将简要介绍 NOW、TODAY、YEAR、HOUR、TIME 和 WEEKDAY 等 6 个常用的日期和时间函数。

（1）NOW函数

NOW 函数可返回计算机系统当前的日期和时间，其语法结构为：NOW()。此函数没有参数，返回的结果为用户在 Windows 系统中设置的日期和时间。

（2）TODAY函数

TODAY 函数可返回日期格式的当前日期，其语法结构为：TODAY()。此函数没有参数，返回的结果为用户在 Windows 系统中设置的日期。另外，除了可以用 TODAY 函数获取当前日期外，还可以用【Ctrl+；】组合键快速输入当前日期。

（3）YEAR函数

YEAR 函数可返回特定日期所在的年份值，结果将显示为数字，其语法结构为：YEAR(serial_number)，serial_number 参数为一个日期值，其中包含要查找年份的日期。

（4）HOUR函数

HOUR 函数可返回小时数值，其值为 0 （12:00 AM）到 23（11:00 PM）之间的整数，其语法结构为：HOUR(serial_number)，serial_number 参数可以是任何能够表示时刻的日期 – 时间代码，或以时间格式表示的文本，如 13:45:06 或 1:45:06 PM。

（5）TIME函数

TIME 函数可返回特定时间的十进制数字，如果在输入该函数前，单元格格式为"常规"，则结果将使用日期格式，其语法结构为：TIME(hour, minute, second)。

- hour为必需参数，代表小时，表示0到23 之间的数字。 任何大于 23 的值都会除以 24，余数将作为小时值。例如，TIME(28,0,0) = TIME(4,0,0)= 4:00 AM。
- minute为必需参数，代表分钟，表示 0 到 59之间的数字。 任何大于 59 的值将转换为小时和分钟。例如，TIME(0,75,0) = TIME(1,15,0) =1:15 AM。
- second为必需参数，代表秒，表示 0 到59之间的数字。 任何大于 59 的值将转换为小时、分钟和秒。例如，TIME(0,0,2000) = TIME(0,33,22) =12:33:20 AM 。

（6）WEEKDAY函数

WEEKDAY 函数可返回代表一周中第几天的数值，是一个 1 到 7 之间的整数，其语法结构为：WEEKDAY(serial_number, return_type)。

- serial_number为第一参数，表示要返回星期数的日期，它有多种输入方式，如带引号的文本字串符(如"2023/02/26")、序列号（如44890 表示2022/11/25），以及其他公式或函数的结果(如DATEVALUE("2023/1/30"))。
- return_type为第二参数，表示返回值类型的数字。为数字"1"或省略则星期日=1，星期六=7；为数字"2"则星期一=1，星期日=7；为数字"3"则星期一=0，星期日=6。

3. 数学运算函数

数学运算函数也是 Excel 中较为常用的函数类型，如常见的 SUM 函数就属于数学运算函数的范畴，除此之外，还有 ROUND、SUMIF、MAX 和 MIN 等 4 个常见的数学运算函数。

（1）ROUND函数

ROUND 函数属于数学与三角函数。它可返回某个数字按指定位数四舍五入后的数值，其语法结构为：=ROUND(number, num_digits)。

- number参数表示将要进行四舍五入的数字。
- num_digits参数表示进行四舍五入时采用的小数位数，如=ROUND(58.7852, 2)，返回结果是58.79。

（2）SUMIF函数

SUMIF 函数属于数学与三角函数。它可对单元格区域中符合指定条件的值进行求和，其语法结构为 SUMIF(range, criteria, sum_range)。例如，要将A1:A18单元格区域中大于 5 的数值相加，可以使用 =SUMIF(A1:A18,">5") 来计算。使用此函数时需注意以下 3 点。

- range为必需参数，表示要计算的单元格区域。
- criteria为必需参数，表示求和条件，如32、">32"等。
- sum_range为可选参数，表示求和计算的实际单元格，如果省略，则将使用单元格区域中的单元格。

（3）MAX/MIN函数

MAX 函数和 MIN 函数均属于统计函数。其中，MAX 函数为最大值函数、MIN 函数为最小值函数，它们可分别返回所有参数的最大值或最小值，语法结构分别为 MAX(number1,number2,number3,…)、MIN(number1,number2,number3,…)。使用此函数时需注意的地方与 SUM 函数完全相同。

2.4 智能表格

默认的 Excel 表格样式较为单一，且可能无法满足实际使用需求。此时，可利用 Excel 的"智能表格"功能，将默认表格快速转换为智能表格，使表格更美观易懂。

2.4.1 创建智能表格

如果想要创建美观且专业的表格，但又不想一步步地手动设置，则可使用 Excel 的"智能表格"功能来对表格进行快速美化，从而提高工作效率。下面将"店铺旺旺咨询情况 .xlsx"工作簿中的表格转换为智能表格，具体操作如下。

微课视频

创建智能表格

（1）打开素材文件"店铺旺旺咨询情况 .xlsx"工作簿（素材参见：素材文件\第2章\店铺旺旺咨询情况 .xlsx），选择任意一个包含数据的单元格后在【插入】/【表格】组中单击"表格"按钮，如图 2-27 所示。

（2）打开"创建表"对话框，"表数据的来源"参数框中将显示要应用表格样式的单元格区域，保持默认设置，单击"确定"按钮，如图 2-28 所示。

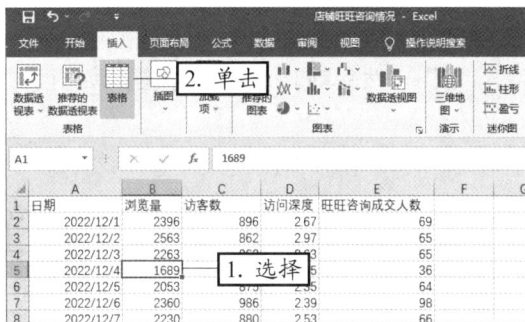

图 2-27 | 单击"表格"按钮

图 2-28 | 确认应用表格样式的单元格区域

（3）返回工作表后，表格将自动转换为智能表格，而且还自动添加了相应的样式，效果如图 2-29 所示。另外，功能区中将自动显示"表格工具 表设计"选项卡，用户可在其中的"表格样式""表格样式选项""外部表数据"组中对表格进行设置。

> 如果用户对创建的智能表格样式不满意，可在【表格工具 表设计】/【表格样式】组中单击"其他"按钮，在打开的样式列表中选择需要的表格样式。

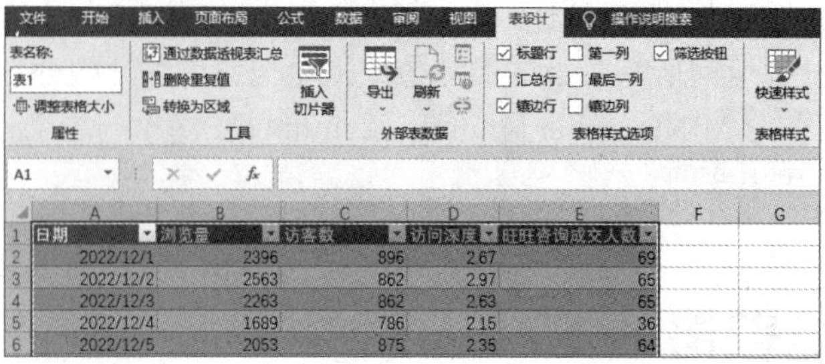

图 2-29 ｜ 创建智能表格后的效果

2.4.2 在智能表格中添加数据

在已经创建好的智能表格中，无论是在表格下方（添加行）添加数据，还是表格右侧（添加列）添加数据，所添加的行和列都会与整个智能表格的样式保持一致，无须再次修改表格格式。下面将在"店铺旺旺咨询情况.xlsx"工作簿的表格最右侧添加一列数据，具体操作如下。

（1）选择 F1 单元格，输入文本"旺旺咨询率"后按【Enter】键，此时 F1 单元格中将显示输入的文本，并自动为 F1:F16 单元格区域应用与表格相同的样式，如图 2-30 所示。

（2）选择 F2 单元格，将鼠标指针定位至编辑栏中，输入公式"=ROUND(E2/C2,3)"，如图 2-31 所示，表示将指定数字（旺旺咨询率=旺旺咨询成交人数÷访客数）进行四舍五入，并保留小数点后 3 位，然后按【Enter】键，此时，F2:F16 单元格区域中将显示计算结果。

（3）选择 F2:F16 单元格区域，在【开始】/【数字】组中单击"展开"按钮，如图 2-32 所示。

（4）打开"设置单元格格式"对话框，在"数字"选项卡的"分类"列表框中选择"百分比"选项，在右侧的"小数位数"数值框中输入"1"，然后单击"确定"按钮，如图 2-33 所示。

（5）返回工作表后，所选单元格区域的数值将变为百分比样式，如图 2-34 所示。

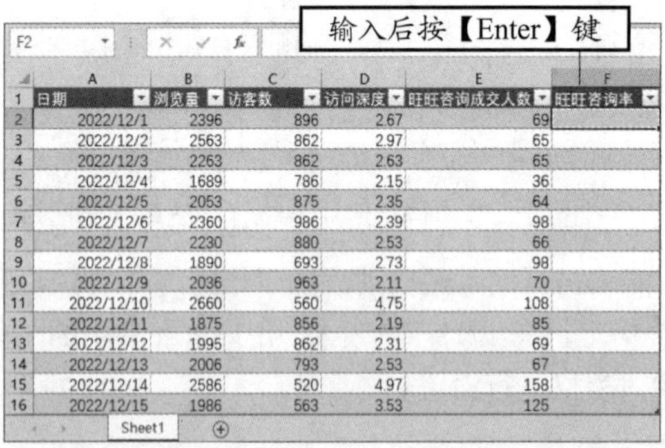

图2-30｜在单元格中输入文本

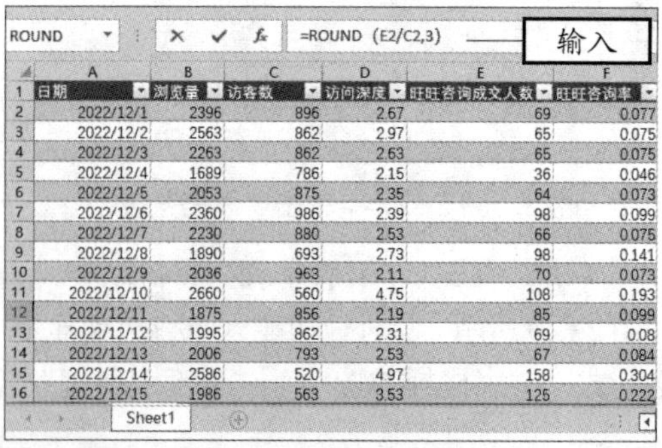

图2-31｜输入公式

微课视频

在智能表格中添加数据

34

图2-32 | 单击"展开"按钮

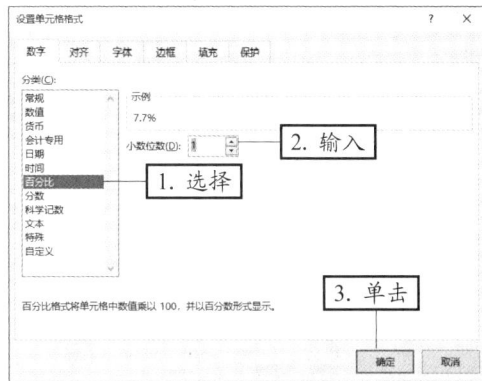

图2-33 | "设置单元格格式"对话框

图2-34 | 百分比样式的数值

经验之谈

　　在智能表格中，如果需要使用公式计算表格数据，则只需选择输出结果所在列中的任意一个单元格，输入正确的公式后按【Enter】键，同一列的其他单元格会自动智能填充该公式，不需要手动拖曳填充柄进行填充。同时，若要修改某一列的公式，则只需选择该列的任意一个单元格，输入新公式后【Enter】键，该列的其他单元格便会按照新公式自动更改数据。

2.4.3 分析智能表格中的数据

　　智能表格拥有普通表格所不具备的数据分析功能，如"自动汇总"功能、"智能筛选"功能等。下面将对"店铺旺旺咨询情况.xlsx"工作簿中的数据进行汇总和筛选，具体操作如下。

微课视频

分析智能表格中的数据

　　（1）选择任意一个包含数据的单元格，在【表格工具 表设计】/【表格样式选项】组中单击选中"汇总行"复选框，此时数据表最后一行的下方将自动新增一个汇总行，效果如图2-35所示。

　　（2）单击F17单元格右侧的下拉按钮 ▼，在打开的下拉列表中选择"最大值"选项，如图2-36所示。

　　（3）单击E1单元格右侧的"筛选"按钮 ▼，在打开的下拉列表中选择"数字筛选"选项，在打开的子列表中选择"大于或等于"选项，如图2 37所示。

（4）打开"自定义自动筛选"对话框，在"大于或等于"下拉列表框右侧的下拉列表框中输入"80"，然后单击"确定"按钮，如图2-38所示。

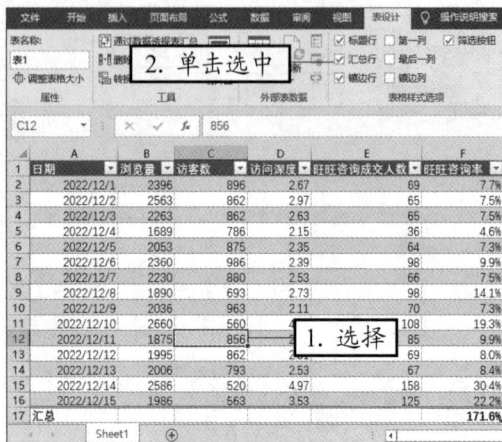

图2-35 | 添加汇总行

图2-36 | 选择汇总方式

图2-37 | 选择筛选条件

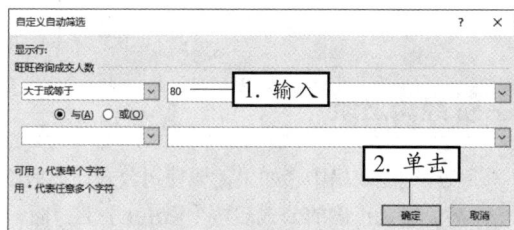

图2-38 | 定义筛选条件

（5）返回工作表后，表格中将只显示符合筛选条件的数据，如图2-39所示。

图2-39 | 查看数据筛选结果

　　创建的智能表格可自动为单元格添加相应的样式，如果用户对自动添加的单元格样式不满意，可以对其进行修改。方法为：选择要设置样式的单元格或单元格区域　，在【开始】/【样式】组中单击"单元格样式"按钮📋，在打开的下拉列表中选择所需样式；也可以在"单元格样式"下拉列表中选择"新建单元格样式"选项，在打开的"样式"对话框自定义单元格样式，最后再应用自定义的样式。

本章实训

　　通过分析店铺的广告投放数据，可以帮助店铺找到问题，从而制定新的调整措施，以达到优化广告投放效果的目的。除此之外，对会员进行全方位的分析，可以帮助店铺进行精准营销。因此，下面将对店铺广告投放数据和会员数据进行分析，包括展现量、点击量、点击率、会员等级和客单价等。

微课视频

分析广告投放数据统计表

　　本实训将在已有的 Excel 表格中对店铺的广告投放数据进行分析，包括展现量、点击量和点击率等。通过本实训，读者可以熟悉并巩固在智能表格中分析数据的具体操作。

1. 实训目标

① 在智能表格中添加数据。

② 利用"自动筛选"功能分析数据。

2. 实训要求

　　首先在已有数据的 Excel 表格中创建智能表格，然后增加一个新列"点击率"，并对"点击率"字段进行汇总，最后筛选出需要的数据。

3. 实训步骤

　　① 创建智能表格。在源数据表（素材参见：素材文件\第2章\广告投放数据统计表.xlsx）中选择任意一个包含数据的单元格，然后在【插入】/【表格】组中单击"表格"按钮，打开"创建表"对话框，保持默认设置，单击"确定"按钮，如图 2-40 所示。

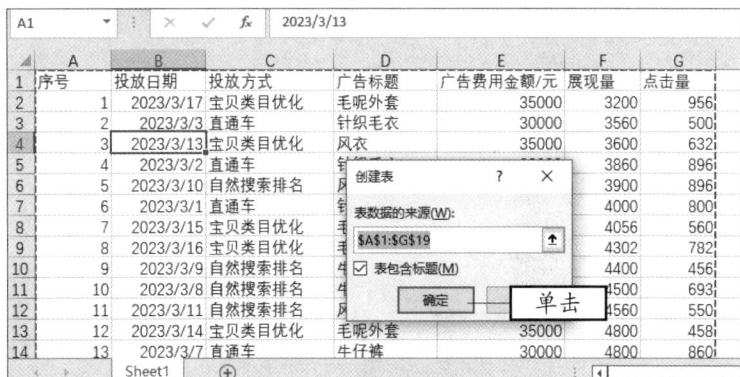

图 2-40 | 创建智能表格

② 添加新列。选择 H1 单元格并输入文本"点击率"，然后按【Enter】键，在编辑栏中输入公式"=G2/F2"，如图 2-41 所示，最后按【Enter】键查看计算结果。

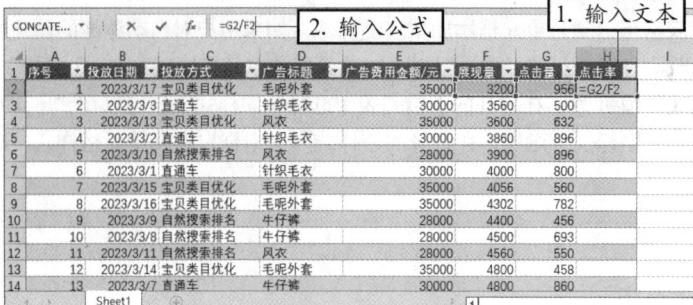

图 2-41 | 添加新列

③ 汇总并美化表格数据。在【表格工具 表设计】/【表格样式选项】组中单击选中"汇总行"复选框，然后在"表格样式"列表框中选择图 2-42 所示的样式。

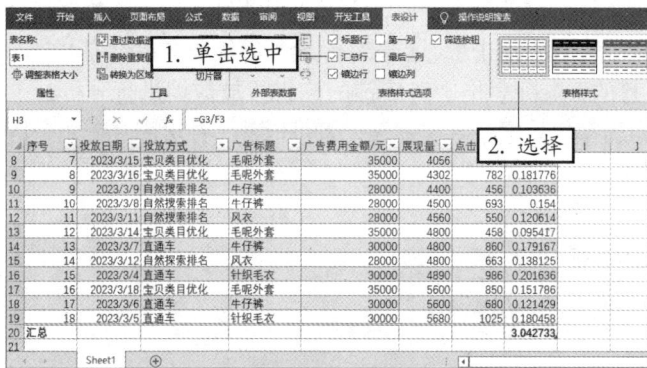

图 2-42 | 汇总并美化表格数据

④分析投放方式数据。单击 C1 单元格右侧的"筛选"按钮，在打开的下拉列表中取消选中"全选"复选框，然后单击选中"直通车"复选框，如图 2-43 所示，筛选出投放方式为"直通车"的数据，最后单击"确定"按钮，返回 Excel 工作表查看筛选结果（效果参见：效果文件\第 2 章\广告投放数据统计表 .xlsx）。

图 2-43 | 分析投放方式数据

经验之谈

如果表格中的格式设置较多（如表格中有背景色、文字颜色、文字加粗和边框等格式），一项项地更改会比较麻烦，此时可以选择一次性清除单元格格式并保留数据。其方法为：选择要清除格式的单元格，在【开始】/【编辑】组中单击"清除"按钮 ，在打开的下拉列表中选择"清除格式"选项，如图2-44所示。

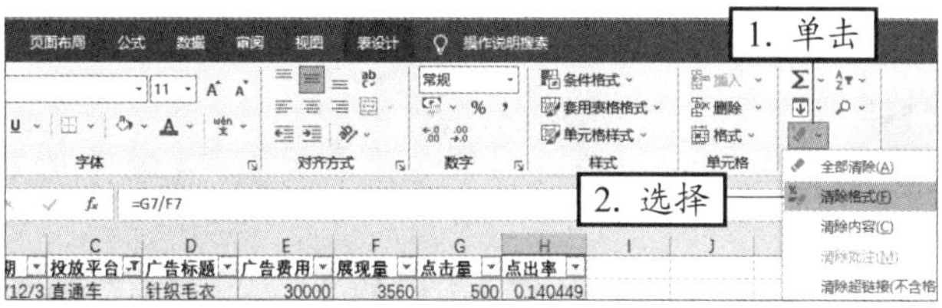

图2-44 | 清除单元格格式的同时保留数据

第3章

数据的突出显示与可视化

知识目标

◆ 掌握条件格式的使用方法。

◆ 掌握创建与分析图表的方法。

能力目标

◆ 能够帮助店铺深度解析有价值的数据。

◆ 能够通过数据可视化分析为企业的商业决策提供有力支持。

素养目标

◆ 提高获取数据与分析数据的效率。

◆ 培养团结协作的意识。

◆ 培养敢于担当、能吃苦、肯奋斗的优良品质。

　　使用 Excel 编辑表格时，除了要对数据进行计算和美化外，有时还需要对表格中的数据进行突出显示或将数据以图表的形式展示出来，以方便用户查阅。本章主要介绍利用 Excel 的"条件格式"功能对数据进行格式标识，以及对数据进行可视化的相关操作，帮助读者提高数据分析能力。

3.1 添加条件格式

　　利用 Excel 提供的"条件格式"功能可以为工作表中某些符合条件的单元格应用特殊格式，如为单元格添加底纹或更改字体颜色等。添加条件格式的方式有多种，主要包括通过色阶、数据条和图标集等方式显示数据、按规定显示数据，以及修改条件格式等，下面将详细介绍。

3.1.1 突出显示数据

　　突出显示数据是指利用 Excel 的"条件格式"功能将指定区域中数值的大小情况通过色阶、图标集和数据条等方式直观地显示出来。下面将在"周年庆活动无线端流量统计表.xlsx"工作簿中应用色阶、数据条和图标集突出显示数据，具体操作如下。

　　（1）打开素材文件"周年庆活动无线端流量统计表.xlsx"工作簿（素材参见：素材文件\第3章\周年庆活动无线端流量统计表.xlsx），选择 C3:C14 单元格区域，在【开始】/【样式】组中单击"条件格式"按钮，在打开的下拉列表中选择"色阶"选项，在打开的子列表中选择"红-白-绿色阶"选项，如图3-1所示。

　　（2）返回工作表后，可看到添加色阶后的效果，如图3-2所示。

图3-1│选择色阶样式

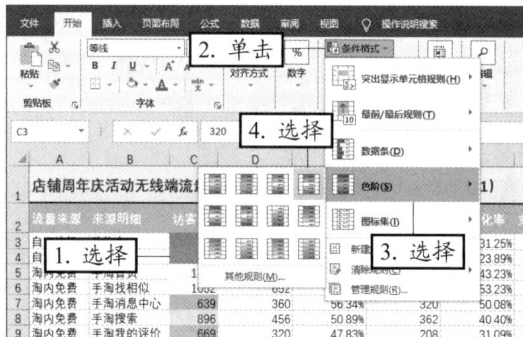

图3-2│添加色阶后的效果

　　（3）选择 E3:E14 单元格区域，在【开始】/【样式】组中单击"条件格式"按钮，在打开的下拉列表中选择"数据条"选项，在打开的子列表中选择"渐变填充"栏中的"红色数据条"选项，如图 3-3 所示。

　　（4）返回工作表后，可看到添加数据条后的效果，如图3-4所示。

　　（5）选择 H3:H14 单元格区域，在【开始】/【样式】组中单击"条件格式"按钮，在打开的下拉列表中选择"图标集"选项，在打开的子列表中选择"其他规则"选项，如图3-5所示。

（6）打开"新建格式规则"对话框，在"选择规则类型"栏中选择"基于各自值设置所有单元格的格式"选项，在"编辑规则说明"栏的"图标样式"下拉列表中选择"3个星形"选项，如图3-6所示。

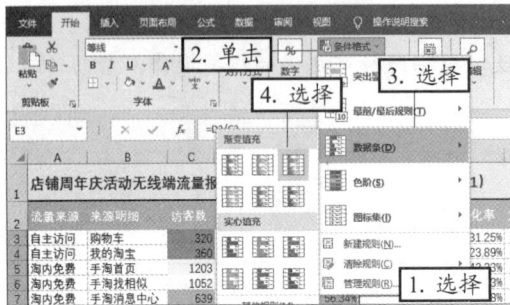

图3-3｜选择数据条样式

图3-4｜添加数据条后的效果

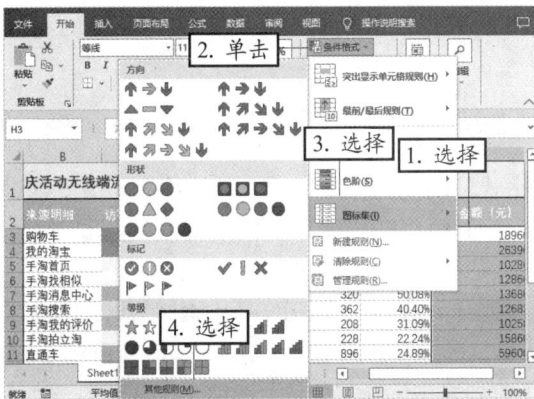

图3-5｜选择"其他规则"选项

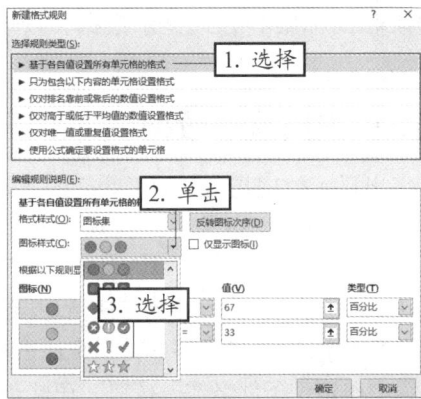

图3-6｜选择图标样式

（7）设置"根据以下规则显示各个图标"区域中的参数，若当前值大于或等于50000，则类型为"数字"的单元格显示为全黄的五角星；若当前值在20000到50000之间（包含20000但不包含50000），则类型为"数字"的单元格显示为半黄的五角星；若当前值小于20000，则类型为"数字"的单元格显示为全灰的五角星，然后单击"确定"按钮，如图3-7所示。

（8）返回工作表后，可看到添加图标集后的效果，如图3-8所示。

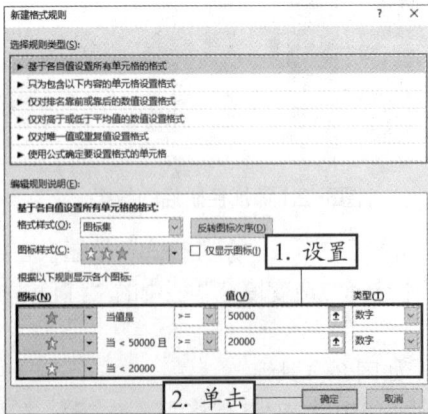

图3-7｜设置显示规则

图3-8｜添加图标集后的效果

添加图标集时，如果只想在单元格中显示相应的图标，则可在"新建格式规则"对话框单击选中"编辑规则说明"栏中的"仅显示图标"复选框，此时所选单元格将只显示图标而不显示数值。

3.1.2 按规则显示数据

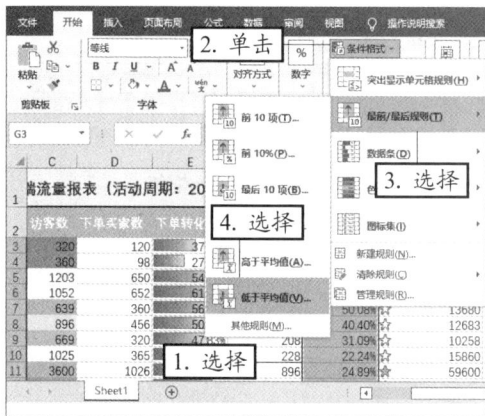

在 Excel 中，不仅可以突出显示单元格中的数值，还可以通过相应的规则突出显示文本，如通过改变文本的字体颜色、字形或特殊效果等方式突出显示某一类具有共性的数据。下面将在"周年庆活动无线端流量统计表 .xlsx"工作簿中突出显示"成交转化率"字段中指定的数据，具体操作如下。

微课视频
按规则显示数据

（1）选择 G3:G14 单元格区域，在【开始】/【样式】组中单击"条件格式"按钮，在打开的下拉列表中选择"最前 / 最后规则"选项，在打开的子列表中选择"低于平均值"选项，如图 3-9 所示。

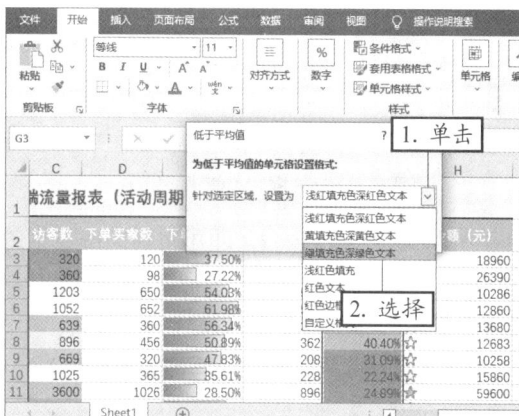

（2）打开"低于平均值"对话框，在"针对选定区域，设置为"下拉列表中选择"绿填充色深绿色文本"选项，如图 3-10 所示，然后单击"确定"按钮。

图3-9｜选择"低于平均值"选项　　　　图3-10｜设置指定区域的格式

（3）返回工作表后，可看到按指定规则应用格式后的效果，如图 3-11 所示。

（4）选择 G3:G14 单元格区域，在【开始】/【样式】组中单击"条件格式"按钮，在打开的下拉列表中选择"清除规则"选项，在打开的子列表中选择"清除所选单元格的规则"选项，如图 3-12 所示。

单击"条件格式"按钮，在打开的下拉列表中选择"清除规则"选项，在打开的子列表中选择"清除整个工作表的规则"选项，可清除当前工作表中应用的所有条件格式。

（5）保持 G3:G14 单元格区域的选择状态，在【开始】/【样式】组中单击"条件格式"按钮，在打开的下拉列表中选择"突出显示单元格规则"选项，在打开的子列表中选择"介于"选项，如图 3-13 所示。

（6）打开"介于"对话框，在参数框中分别输入"40%"和"60%"，在"设置为"下拉列表中选择"浅红色填充"选项，然后单击"确定"按钮，如图 3-14 所示。

图3-11 | 按指定规则应用格式后的效果

图3-12 | 选择"清除所选单元格的规则"选项

图3-13 | 选择"介于"选项

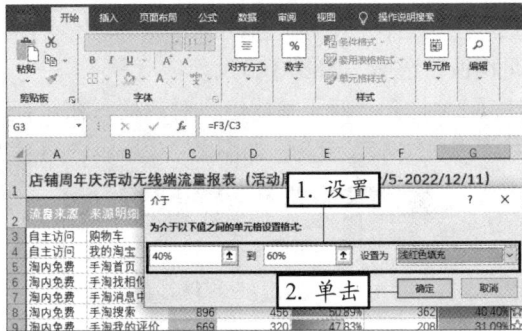

图3-14 | 设置突出显示单元格的条件

（7）返回工作表后，即可看到突出显示效果，如图3-15所示。

（8）选择A3:A14单元格区域，在【开始】/【样式】组中单击"条件格式"按钮，在打开的下拉列表中选择"新建规则"选项，如图3-16所示。

图3-15 | 查看突出显示效果

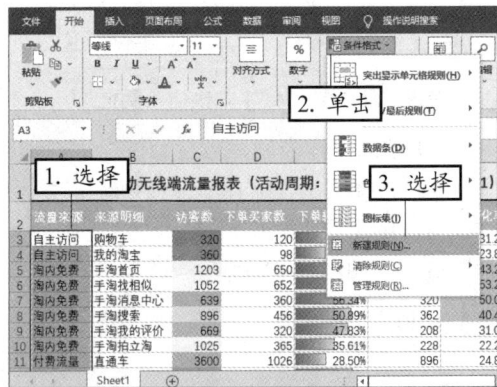

图3-16 | 选择"新建规则"选项

（9）打开"新建格式规则"对话框，在"选择规则类型"栏中选择"只为包含以下内容的单元格设置格式"选项，在"编辑规则说明"栏中将"单元格值"设置为"等于""付费流量"，然后单击"格式"按钮，如图3-17所示。

（10）打开"设置单元格格式"对话框，单击"填充"选项卡，单击"填充效果"按钮，如图3-18所示。

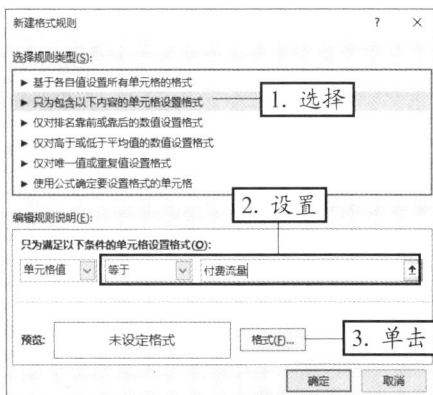

图3-17 | 设置格式规则

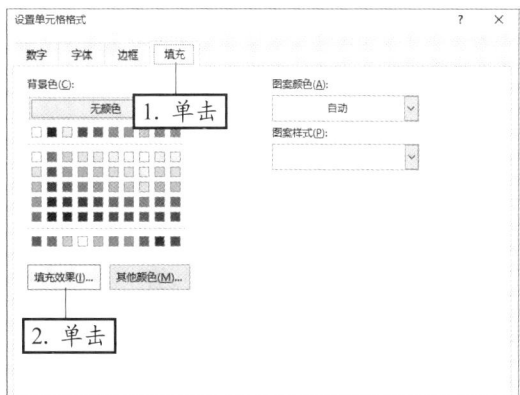

图3-18 | 设置填充效果

（11）打开"填充效果"对话框，在"颜色"栏中单击选中"双色"单选项，在"颜色1"下拉列表中选择"金色，个性色4，淡色80%"选项，在"底纹样式"栏中单击选中"斜上"单选项，在"变形"栏中选择第一排的第一个样式，然后单击"确定"按钮，如图3-19所示。

（12）返回"设置单元格格式"对话框，依次单击"确定"按钮，完成单元格颜色的设置。

（13）返回工作表后，可看到应用新建规则后的效果，如图3-20所示。

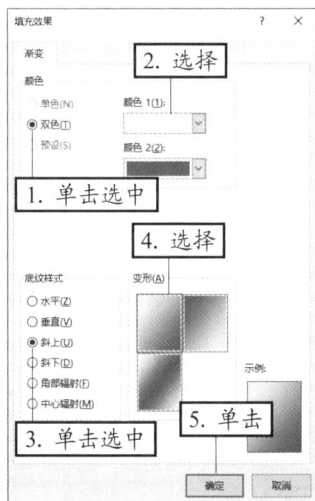

图3-19 | 选择填充效果和样式

图3-20 | 应用新建规则后的效果

职业素养

条件规则的创建可以让信息的传递更加清晰明了，就像生活中的规则可以让社会发展得更加和谐、稳定一样。《孟子·离娄上》中有这样一句话："不以规矩，不能成方圆"。这句话意在告诫人们：无论在哪里，都有各种各样的规则，规则意识是发自内心的，应以规则为自身行动的准则，如遵守校规、遵守法律、遵守社会公德等。只有将规则意识融入日常生活、学习与工作中，才能有效提高自身的责任感、使命感，并具有一定的担当精神。

3.1.3 修改条件格式

微课视频

修改条件格式

对于已经应用条件格式的单元格而言，用户还可以根据需要对条件格式进行修改。下面将在"周年庆活动无线端流量统计表.xlsx"工作簿中修改"访客数"字段的条件格式，具体操作如下。

（1）在【开始】/【样式】组中单击"条件格式"按钮，在打开的下拉列表中选择"管理规则"选项，如图3-21所示。

（2）打开"条件格式规则管理器"对话框，在"显示其格式规则"下拉列表中选择"当前工作表"选项，在下方的规则列表中选择"渐变颜色刻度"选项，然后单击"编辑规则"按钮，如图3-22所示。

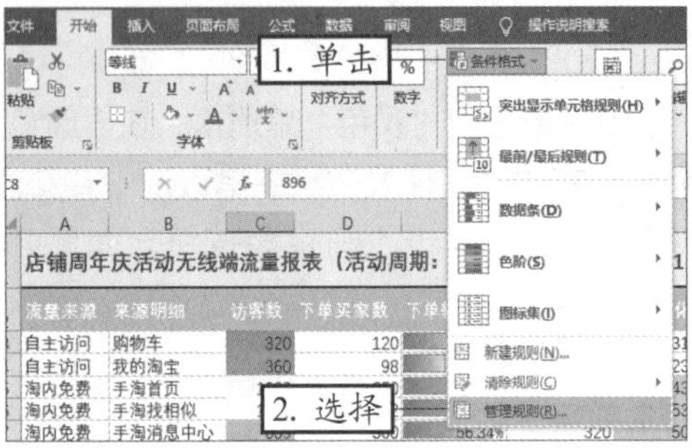

图3-21 | 选择"管理规则"选项

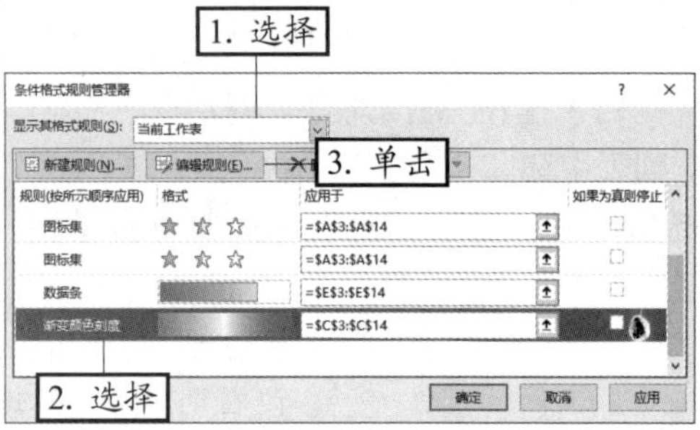

图3-22 | 单击"编辑规则"选项

（3）打开"编辑格式规则"对话框，在"值"对应的"中间值"参数框中输入"60"，然后打开"最大值"对应的"颜色"下拉列表，选择"标准色"栏中的"红色"选项，如图3-23所示。

（4）使用相同的操作将"最小值"栏中的"颜色"设置为"标准色"栏中的"黄色"，然后单击"确定"按钮，如图3-24所示。

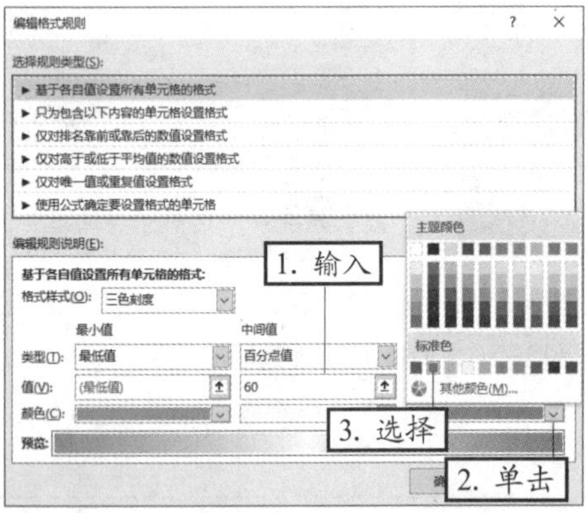

图3-23 | 设置中间值和最大值颜色

图3-24 | 设置最小值颜色

（5）返回"条件格式规则管理器"对话框，此时"渐变颜色刻度"规则按修改后的条件格式显示，如图3-25所示，然后单击"确定"按钮，完成单元格填充颜色的修改。

（6）返回工作表后，可看到修改条件格式后的效果，如图3-26所示（效果参见：效果文件\第3章\店铺周年庆活动流量统计表.xlsx）。

图3-25 | 自定义渐变颜色

图3-26 | 修改条件格式后的效果

经验之谈

在编辑表格时，如果发现某些单元格格式无法手动修改，则说明该单元格应用了相应的条件格式。此时若要修改单元格格式，则需要修改条件格式，或在删除条件格式后，重新设置单元格格式。

3.2 数据可视化

数据可视化是指将庞大的数据通过可视的、可交互的方式进行展示，从而形象、直观地表达数据所蕴含的信息和规律，常用的可视化展示方式便是图表。图表是 Excel 中重要的数据分析工具，它可以通过直观的图形来展示抽象而枯燥的数据，让数据更加容易理解。

3.2.1 数据可视化的种类

由于数据的可视化是通过图表实现的，因此数据可视化的种类也就是图表的种类。Excel 中提供了多种类型的图表供用户选择，如饼图、（XY）散点图、柱形图、折线图、雷达图等。

- **饼图** | 饼图是将一个圆饼分为若干份，用于反映事物的构成情况、大小、比例的图表，如图3-27所示，仅排列在表格的某一行或某一列中的数据能绘制到饼图中。饼图包括二维饼图和三维饼图两种形式。

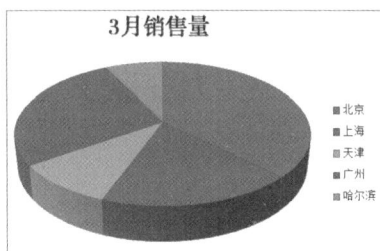

图3-27 | 饼图

- **(XY)散点图** | （XY）散点图可显示若干数据系列中各数值之间的关系，用于判断两变量之间是否存在某种关联。散点图既可以用一系列的点来描述数据，也可以用线段来描述数据，如图3-28所示。

- **柱形图** | 柱形图又称为条形图或直方图，它通过宽度相等的条形以高度或长度的差异来显示一段时间内数据的变化情况，如图3-29所示。柱形图主要包括5种样式的

子图表，分别是二维、三维、圆柱、圆锥和棱锥，而且每种样式都具备3种类型，分别是簇状、堆积和百分比。

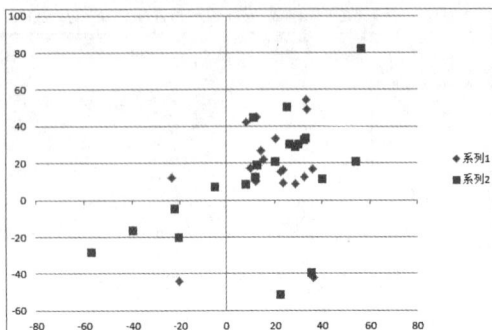

图3-28｜（XY）散点图

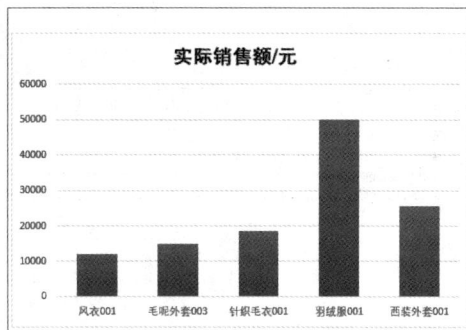

图3-29｜柱形图

- **折线图**｜折线图是点和线连在一起的图表，与柱形图相比，折线图更适合表示增幅、增长值，而不适合表示绝对值。折线图通常用于显示随时间变化的连续数据，尤其适用于显示在相等时间间隔下数据的变化趋势，可直观显示数据的走势情况，清晰地反映数据是递增还是递减，以及递增或递减的规律、周期性和峰值等。同样，折线图也可用于分析多组数据随时间变化的相互作用和相互影响，如图3-30所示。

- **雷达图**｜雷达图主要用于显示数据系列对中心点及彼此数据类别间的变化，如一个运动员各方面能力的得分就可以通过雷达图清晰地表示出来，如图3-31所示，通过该图可以看出这个运动员哪方面能力强、哪方面能力弱。雷达图的每个分类都有各自的坐标轴，这些坐标轴由中心点向外辐射，并用折线将同一系列中的数据值连接起来。

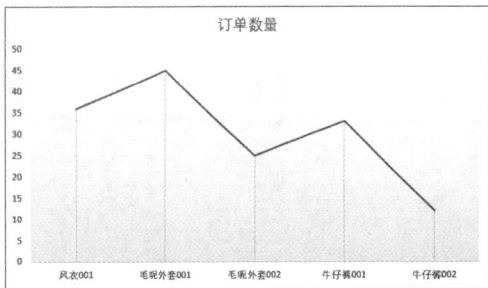

图3-30｜折线图

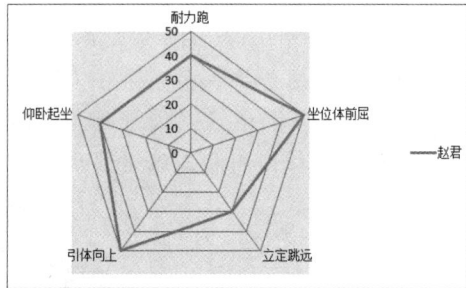

图3-31｜雷达图

3.2.2　创建图表

对图表有了初步认识后，就可以在表格中使用图表，将抽象的数据"翻译"成直观的图形，从而达到分析数据的目的。在使用图表前必须先创建图表，下面将在"商品市场容量分析.xlsx"工作簿中创建图表，具体操作如下。

微课视频

创建图表

（1）打开素材文件"商品市场容量分析.xlsx"工作簿（素材参见：素材文件\第3章\商品市场容量分析.xlsx），选择A1:B11单元格区域，然后在【插入】/【图表】组中单击"插入柱形图或条形图"按钮，在打开的下拉列表中选择"二维条形图"栏中的"簇状条形图"选项，如图3-32所示。

（2）将鼠标指针移至插入的图表上，当鼠标指针变为 形状时，按住鼠标左键不放，将图表拖曳到表格右侧，如图 3-33 所示，使其左上角与 E1 单元格对齐，释放鼠标。

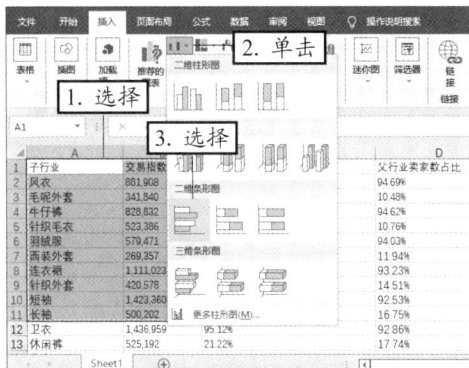

图3-32｜插入二维簇状条形图

图3-33｜移动图表

（3）在【图表工具 图表设计】/【图表布局】组中单击"添加图表元素"按钮，在打开的下拉列表中选择"图表标题"选项，在打开的子列表中选择"居中覆盖"选项，如图 3-34 所示。此时，图表标题将自动调整位置。

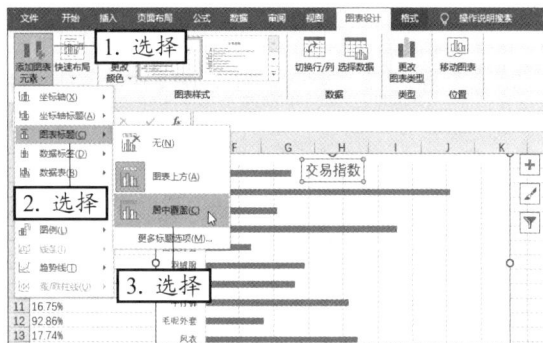

图3-34｜调整图表标题的位置

3.2.3 编辑图表

直接创建的图表的样式并不一定合适或满足实际需求，此时可进行相应的编辑，如更改图表布局、更改图表类型、调整图表中的数据及移动图表等，同时还可以对图表中的数据格式进行修改，最终达到令人满意的效果。下面将在"商品市场容量分析 .xlsx"工作簿中编辑插入的条形图，具体操作如下。

微课视频

编辑图表

（1）选择插入的条形图，在【图表工具 图表设计】/【类型】组中单击"更改图表类型"按钮，如图 3-35 所示。

（2）打开"更改图表类型"对话框，在左侧列表中单击"柱形图"选项卡，在右侧选择图 3-36 所示的图表类型，最后单击"确定"按钮。

（3）返回工作表后，条形图已变为了柱形图，然后在【图表工具 图表设计】/【数据】组中单击"选择数据"按钮，如图 3-37 所示。

（4）打开"选择数据源"对话框，在"水平（分类）轴标签"列表框中取消选中"风衣""针织毛衣""西装外套""连衣裙"4 个复选框，然后单击"确定"按钮，如图 3-38 所示。

图3-35｜单击"更改图表类型"按钮

图3-36｜选择图表类型

图3-37｜单击"选择数据"按钮

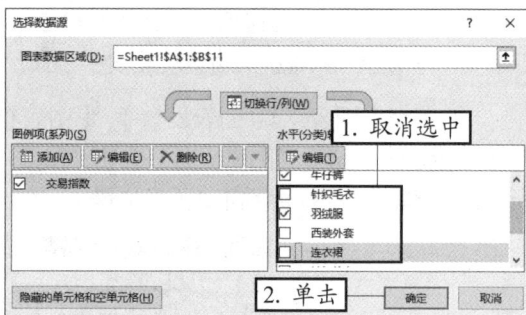

图3-38｜编辑水平轴显示的数据

（5）返回工作表后，柱形图将发生改变，在【图表工具 图表设计】/【图表布局】组中单击"快速布局"按钮，在打开的下拉列表中选择"布局2"样式，如图3-39所示。

（6）选择图表中的图例元素，按【Delete】键将其删除，也可单击图表右侧的"图标元素"按钮，在打开的下拉列表中取消选中"图例"复选框将其删除，如图3-40所示。

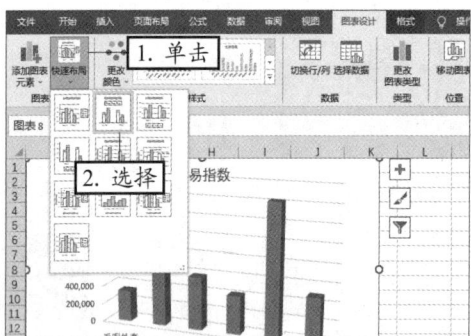

图3-39｜更改图表布局

图3-40｜删除图例元素

经验之谈

组成图表的常见元素有图表标题、图表区、图例、绘图区、水平轴、垂直轴和数据系列等。对于三维图表而言，图表元素还有背景墙、背面墙、侧面墙和基底等。在编辑图表时，手动选择图表元素难免会出错，此时可以通过【图表工具 格式】/【当前所选内容】组中的"选择图表元素"下拉列表来准确选择。

（7）在【图表设计】/【位置】组中单击"移动图表"按钮，如图 3-41 所示。

（8）打开"移动图表"对话框，在"选择放置图表的位置"栏中单击选中"新工作表"单选项，并保持工作表名称的默认设置，然后单击"确定"按钮，如图 3-42 所示。

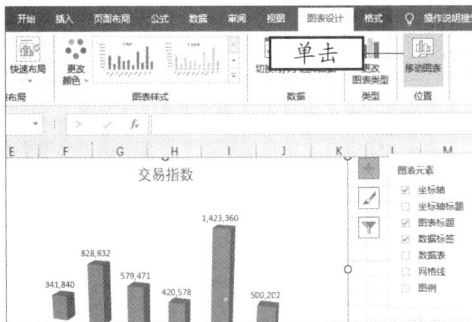

图3-41 | 单击"移动图表"按钮

图3-42 | "移动图表"对话框

（9）在"Chart1"工作表中选择数据标签，然后在【图表工具 格式】/【艺术字样式】组的"样式"列表框中选择"填充 – 黑色，文本 1，阴影"选项，如图 3-43 所示。

（10）保持数据标签的选择状态，在【开始】/【字体】组中设置字号为"16"，如图 3-44 所示。

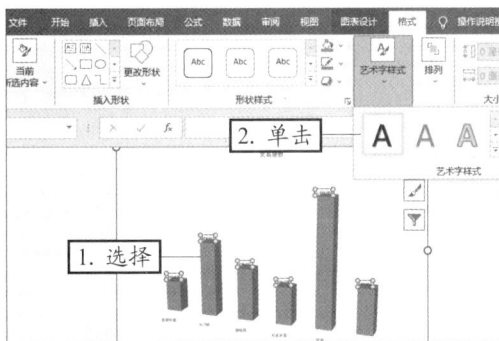

图3-43 | 设置数据标签的文本样式

图3-44 | 更改数字标签的字号

（11）使用相同的操作将图表标题"交易指数"的字号设置为"32"，艺术字样式设置为"填充 – 黑色，文本 1，阴影"。

📝 经验之谈

除了可以在【图表工具 格式】/【艺术字样式】组中应用预设的文本样式外，还可以在"艺术字样式"组中通过"文本填充"按钮 A、"文本轮廓"按钮 A 和"文本效果"按钮 A 分别对文本填充颜色、文本轮廓和文本效果进行自定义设置。

3.2.4　美化图表

设置单元格格式可以美化表格中的数据，同样，在表格中插入图表后，也可以对其进行美化设置。美化图表主要包括图表元素的格式设置和图表样式的应用等方面。下面将在"商品市场容量分析 .xlsx"工作簿的"Chart1"工作表中对插入的柱形图进行美化，具体操作如下。

（1）在"Chart1"工作表中选择图表中的水平轴，在【图表工具 格式】/【艺术字样式】组中单击"文本填充"按钮▲右侧的下拉按钮▼，在打开的下拉列表中选择"主题颜色"栏中的"黑色，文字1"选项，如图3-45所示。

（2）保持水平轴的选择状态，在【图表工具 格式】/【艺术字样式】组中单击"文本效果"按钮▲右侧的下拉按钮▼，在打开的下拉列表中选择"阴影"选项，在打开的子列表中选择"外部"栏中的"偏移：左"选项，如图3-46所示。

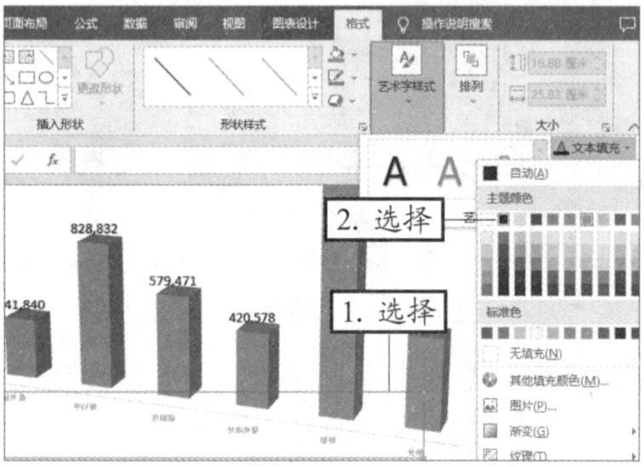

图3-45｜设置水平轴的文本颜色

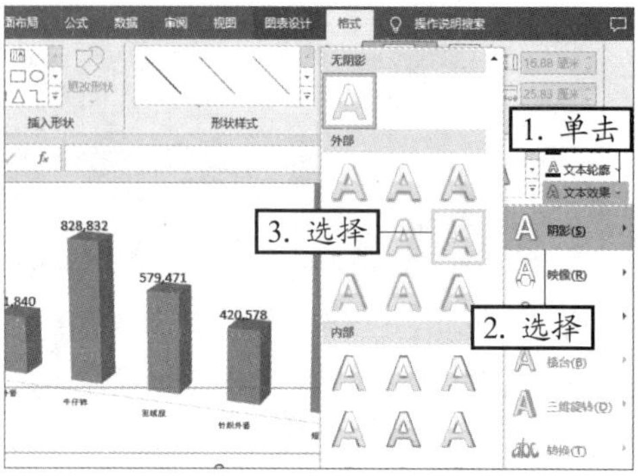

图3-46｜设置水平轴的文本阴影效果

（3）在【开始】/【字体】组中将水平轴文本的字号设置为"18"，然后在【图表工具 格式】/【形状样式】组中单击"形状填充"按钮，在打开的下拉列表中选择"标准色"栏中的"橙色"选项，如图3-47所示。

（4）在【图表工具 格式】/【当前所选内容】组的"图表元素"下拉列表中选择"图表区"选项，如图3-48所示。

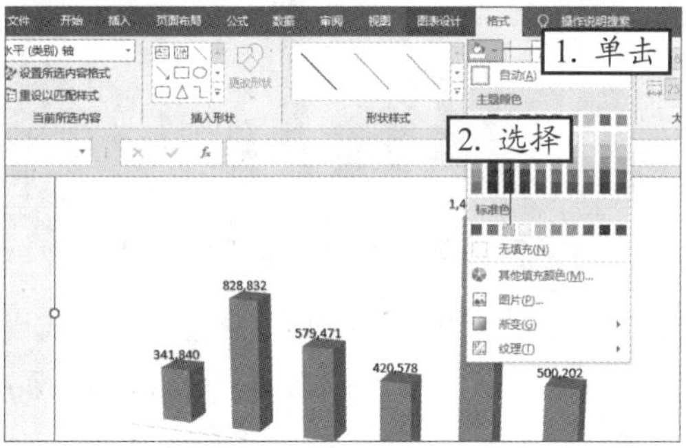

图3-47｜设置水平轴的填充颜色

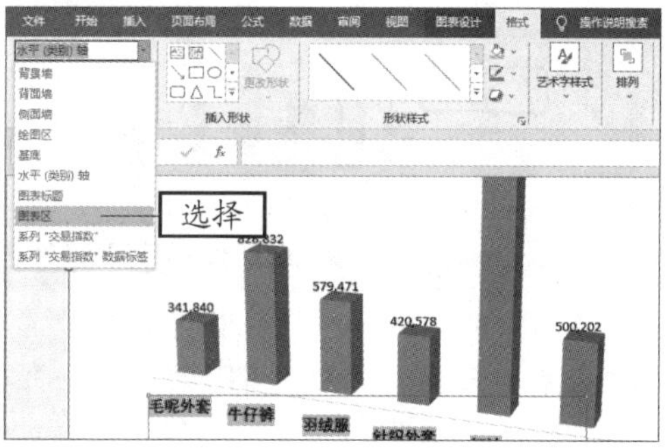

图3-48｜选择图表元素

（5）在【图表工具 格式】/【形状样式】组中单击"形状填充"按钮，在打开的下拉列表中选择"渐变"选项，在打开的子列表中选择"浅色变体"栏中的"线性向上"选项，如图3-49所示。

（6）在【图表工具 格式】/【当前所选内容】组的"图表元素"下拉列表中选择"基底"选项，然后在【图表工具 格式】/【形状样式】组中单击"形状填充"按钮，在打开的下拉列表中选择"主题颜色"栏中的"白色，背景1，深色35%"选项，如图3-50所示。

（7）在【图表工具 格式】/【当前所选内容】组的"图表元素"下拉列表中选择"系列'交易指数'"选项，然后在【图表工具 格式】/【形状样式】组中单击"形状轮廓"按钮，在打开的下拉列表中选择"粗细"选项，在打开的子列表中选择"1.5磅"选项，如图3-51所示。

（8）保持"系列'交易指数'"数据系列的选择状态，在【图表工具 格式】/【形状样式】

组中单击"形状轮廓"按钮 右侧的下拉按钮 ，在打开的下拉列表中选择"标准色"栏中的"黄色"选项，如图 3-52 所示。

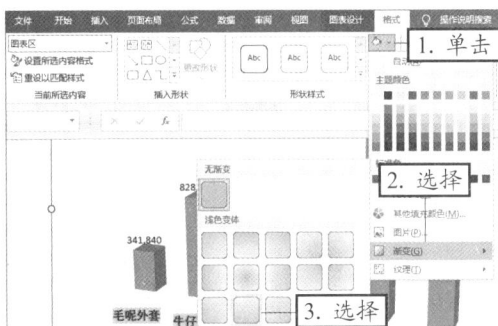

图3-49 | 设置图表区的填充颜色

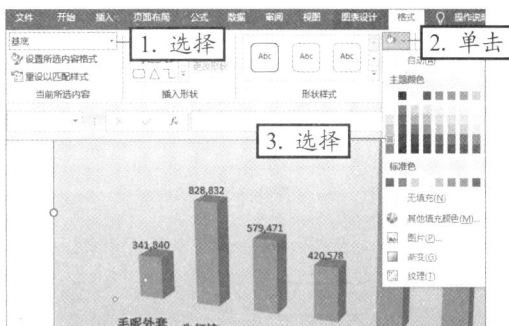

图3-50 | 设置基底的填充颜色

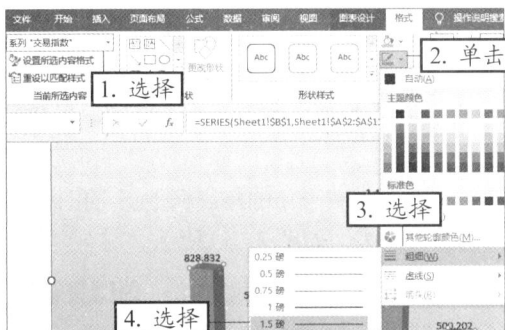

图3-51 | 设置数据标签的轮廓粗细

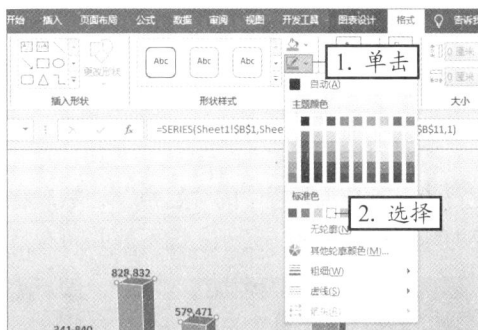

图3-52 | 设置数据标签的轮廓颜色

经验之谈

如果手动美化图表中的各个元素比较麻烦，则可以在【图表工具 图表设计】/【图表样式】组的"样式"列表框中选择预设的图表样式，同时，还能单击该组中的"更改颜色"按钮 ，在打开的下拉列表中选择不同的图表颜色。

3.3 分析图表数据

通过观察图表，用户可以较为直观地查看或比较表格中的数据内容。除此之外，用户还可以在图表中添加各类辅助线（如趋势线、误差线等）来分析图表数据。

3.3.1 添加趋势线

趋势线可以以图形的方式表示数据系列的变化趋势，并对以后的数据进行预测。下面将在"商品市场容量分析.xlsx"工作簿的"Sheet1"工作表中添加趋势线，具体操作如下。

（1）选择 A1:A12 单元格区域，按住【Ctrl】键的同时选择 C1:C12 单元格区域，然后在【插入】/【图表】组中单击"折线图"按钮 ，在打开的下拉列表中选择"二维折线图"栏中的"折线图"选项，如图 3-53 所示。

微课视频

添加趋势线

（2）选择添加的折线图，在【图表工具 图表设计】/【图表样式】组中的"样式"列表框中选择"样式8"选项，如图3-54所示。

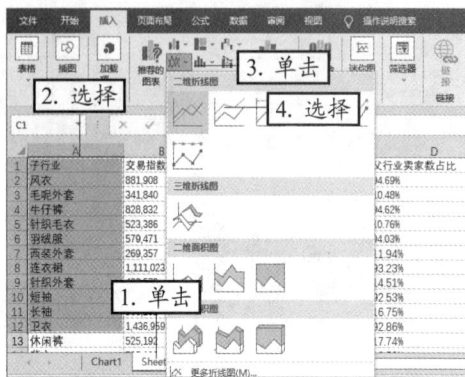

图3-53｜创建折线图

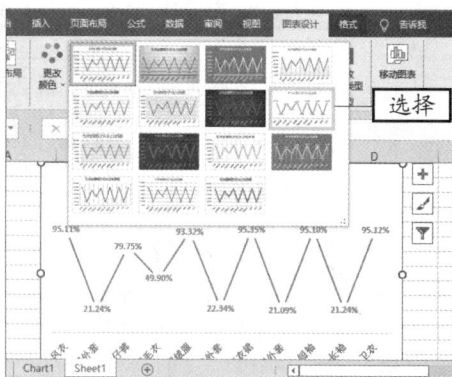

图3-54｜应用预设的图表样式

（3）在【图表工具 图表设计】/【图表布局】组中单击"添加图表元素"按钮，在打开的下拉列表中选择"趋势线"选项，在打开的子列表中选择"移动平均"选项，如图3-55所示。

（4）选择添加的趋势线，在【图表工具 格式】/【形状样式】组中将趋势线的形状轮廓设置为"标准色"栏中的"红色"，然后将鼠标指针移至图表右下角的控制柄上，当鼠标指针变为 形状时，按住鼠标左键不放并向右下角拖曳，放大图表，如图3-56所示。

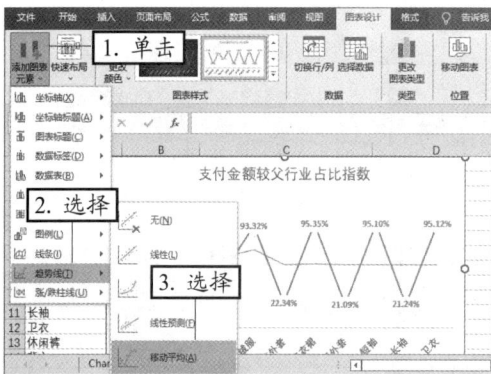

图3-55｜添加趋势线

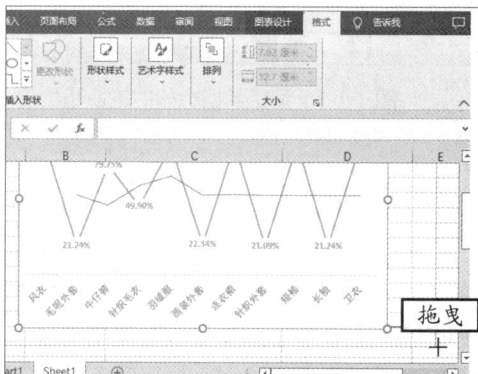

图3-56｜调整图表大小

（5）将鼠标指针定位至图表中的绘图区，当鼠标指针变为 形状时，按住鼠标左键不放将图表移至表格下方，使图表左上角与A20单元格对齐。

经验之谈

　　如果图表中有多个数据系列，那么在为图表添加趋势线时，会打开"添加趋势线"对话框，"添加基于系列的趋势线"列表框中显示了图表中所有的数据系列，选择要设置的数据系列后，单击"确定"按钮便可为指定的某一个数据系列添加趋势线。

3.3.2 添加误差线

　　误差线通常用于显示潜在的误差或相对于同系列中每个数据标识的不确定程度，添加误差线的方法与添加趋势线的方法类似,并且也可以对添加的误差线进行格式设置。下面将在"商品市场容量分析"工作簿的"Sheet1"工作表中添加误差线,具体操作如下。

(1)选择"Sheet1"工作表中的折线图,在【图表工具 图标设计】/【图表布局】组中单击"添加图表元素"按钮,在打开的下拉列表中选择"误差线"选项,在打开的子列表中选择"标准误差"选项,如图 3-57 所示。

(2)选择添加的误差线,在【图表工具 格式】/【形状样式】组中单击"形状轮廓"按钮右侧的下拉按钮,在打开的下拉列表中选择"标准色"栏中的"橙色"选项,如图 3-58 所示。

(3)在"形状样式"组中单击"形状轮廓"按钮右侧的下拉按钮,在打开的下拉列表中选择"粗细"选项,在打开的子列表中选择"1.5 磅"选项,最后按【Ctrl+S】组合键保存工作簿(效果参见:效果文件\第 3 章\商品市场容量分析 .xlsx)。

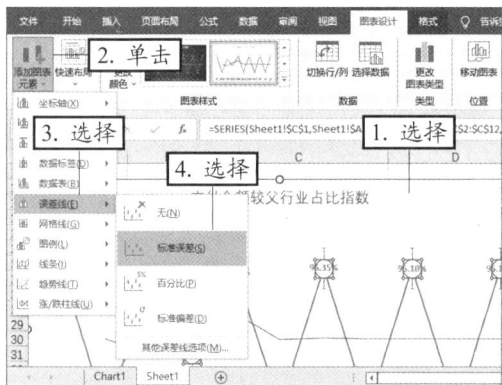
图3-57 | 添加误差线

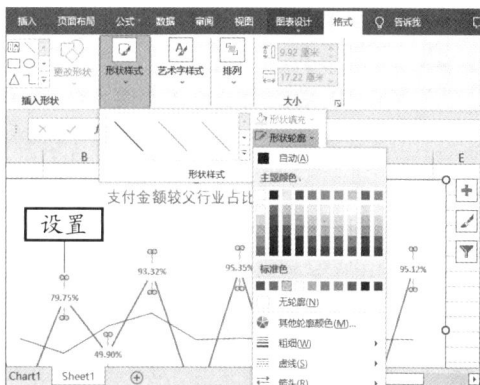
图3-58 | 设置误差线的颜色

经验之谈

在图表中添加趋势线或误差线后,双击添加的趋势线或误差线,可以打开"设置趋势线格式"任务窗格或"设置误差线格式"任务窗格,在其中可对趋势线选项(如趋势线类型、趋势线名称等)或误差线选项(如误差量、方向等)进行精确设置,如图 3-59 所示。

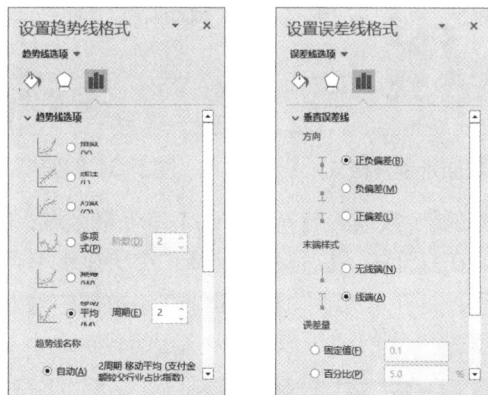
图3-59 | 设置趋势线或误差线

本章实训

流量是衡量一个店铺好坏的重要指标之一，流量越大，说明进店咨询的客户也就越多，那么咨询转化率的提升也就越快。下面将利用 Excel 分析客户咨询转化率数据和店铺客流量数据，帮助读者进一步巩固利用图表直观处理与分析数据的相关操作方法。

> 微课视频
>
> 分析客户咨询转化率数据

本实训将利用 Excel 的"条件格式"功能分析客户咨询转化率数据。通过本实训，读者可以熟悉并巩固突出显示数据的方法。

1. 实训目标

① 熟练使用数据条和图标集条件格式。

② 熟练使用规则来突出显示数据。

2. 实训要求

首先在已有数据的 Excel 表格中利用数据条对"咨询人数"字段中的数据进行突出显示，然后利用图标集对"下单人数"字段中的数据进行突出显示，最后使用自定义规则对"咨询转化询率"字段中大于 60% 的数据进行突出显示。

3. 实训步骤

① 利用数据条突出显示数据。在源数据表（素材参见：素材文件＼第 3 章＼客户咨询转化率数据 .xlsx）中选择 B2:B21 单元格区域，在【开始】/【样式】组中单击"条件格式"按钮，在打开的下拉列表中选择"数据条"选项，在打开的子列表中选择"渐变填充"栏中的"橙色数据条"选项，如图 3-60 所示。

② 利用图标集突出显示数据。选择 C2:C21 单元格区域，在【开始】/【样式】组中单击"条件格式"按钮，在打开的下拉列表中选择"图标集"选项，在打开的子列表中选择"形状"栏中的"三标志"选项，如图 3-61 所示。

图3-60｜添加数据条条件格式

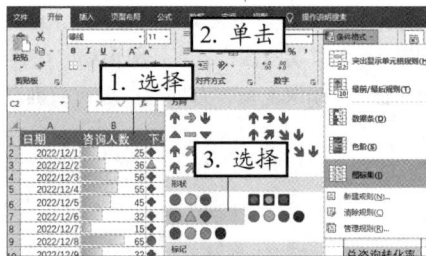

图3-61｜添加图标集条件格式

③ 利用自定义规则突出显示数据。选择 D2:D21 单元格区域，在【开始】/【样式】组中单击"条件格式"按钮，在打开的下拉列表中选择"突出显示单元格规则"选项，在打开的子列表中选择"大于"选项，打开"大于"对话框，在参数框中输入"60%"，然后单击"确定"按钮，如图 3-62 所示。

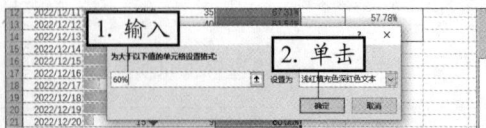

图 3-62｜自定义规则

第 4 章

数据的排序、筛选与分类汇总

知识目标

◆ 掌握排序数据的方法。

◆ 掌握筛选数据的方法。

◆ 掌握分类汇总数据的方法。

能力目标

◆ 能够将数据按照指定要求进行排列和展示。

◆ 能够对复杂的数据进行提取和分类汇总,从而方便管理者使用。

素养目标

◆ 培养自学意识与自主观察能力。

◆ 培养独立思考能力,并提高自主操作能力。

　　在编辑 Excel 表格时，除了常用的输入、计算与美化等操作外，用户还可以根据需要对表格中的数据进行管理，如排序、筛选和分类汇总等。本章主要介绍数据的排序、数据的筛选和数据的分类汇总等知识。其中，自定义排序和自定义筛选是本章的重点和难点，但只要熟练掌握数据的管理方法，便可轻松制作出结构清晰的表格。

4.1 数据的排序

　　数据排序是管理数据的基本方法，它可以使表格中杂乱的数据按照一定的条件排列，如在销售表中按销售额的高低进行排序等，以便用户可以更加直观地查看、理解和查找需要的数据，排序在数据量较多的表格中尤为适用。下面将详细介绍简单排序、单一字段排序、多重字段排序和自定义排序的基本操作方法。

4.1.1 简单排序

微课视频

简单排序

　　下面通过简单排序的方法排列"店铺客户资料管理 .xlsx"工作簿中"Sheet1"工作表中的数据，具体操作如下。

　　（1）打开素材文件"店铺客户资料管理 .xlsx"工作簿（素材参见：素材文件 \ 第 4 章 \ 店铺客户资料管理 .xlsx），在"Sheet1"工作表中选择 E3 单元格，表示以客户类型为依据进行排序，在【数据】/【排序和筛选】组中单击"升序"按钮 ↓，如图 4-1 所示。

　　（2）返回工作表后，可看到表格中的数据将按照客户类型进行升序排列，如图 4-2 所示。由于客户类型中的数据是文本型数据，因此会以首字的拼音进行升序排列，如果首字是英文，则以英文优先。

图4-1｜选择排序方式

图4-2｜查看升序排列效果

　　若想在 Excel 表格中成功排序数据，则首先要保证排列的区域是二维表格。也就是说，如果数据存放在不连续的单元格或单元格区域的结构不是二维表格，那么将无法实现排序操作。同样，后面要介绍的筛选和分类汇总等操作也是如此。

　　（3）选择 C3 单元格，表示以买家姓名为依据进行排序，在【数据】/【排序和筛选】组中单击"降序"按钮 ↓,如图4-3所示。

（4）返回工作表后，可看到表格中的数据记录将按照客户姓名的首字拼音进行降序排列，如图4-4所示。

图4-3｜选择排序方式

图4-4｜查看降序排列效果

4.1.2 单一字段排序

单一字段排序可以人为设置排序依据，而不仅仅只以数值为依据进行排序。下面将在"店铺客户资料管理.xlsx"工作簿的"Sheet1"工作表中按单元格颜色进行排序，具体操作如下。

微课视频
单一字段排序

（1）选择"Sheet1"工作表中任意一个包含数据的单元格，然后在【开始】/【样式】组中单击"套用表格格式"按钮，在打开的下拉列表中选择"中等色"栏中的"红色，表样式中等深色3"选项，如图4-5所示。

（2）打开"创建表"对话框，保持默认设置，单击"确定"按钮，如图4-6所示。

图4-5｜套用表格样式

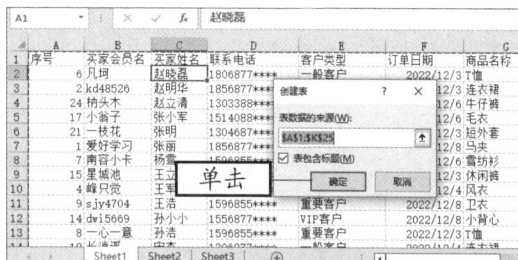

图4-6｜确定数据来源

（3）在【表格工具 表设计】/【工具】组中单击"转换为区域"按钮，如图4-7所示，将表格转换为普通的数字区域。

（4）在打开的提示对话框中单击"是"按钮，如图4-8所示，确定转换设置。

🖱️📄 经验之谈

本例套用表格格式是为了快速设置单元格的填充颜色，为后面单一字段排序创造"单元格颜色"这种排序依据，并不表示进行单一字段排序之前都必须先套用表格格式。

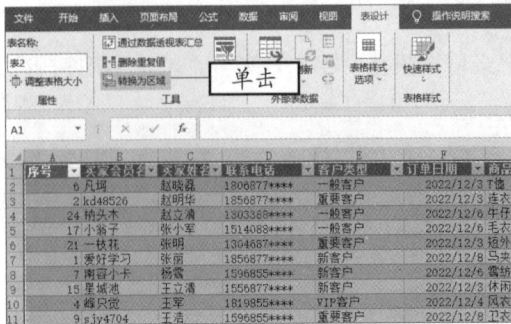

图4-7 | 单击"转换为区域"按钮

图4-8 | 确定转换设置

（5）保持单元格区域的选择状态，在【数据】/【排序和筛选】组中单击"排序"按钮，如图4-9所示。

（6）打开"排序"对话框，在"主要关键字"下拉列表中选择"买家会员名"选项，在"排序依据"下拉列表中选择"单元格颜色"选项，如图4-10所示。

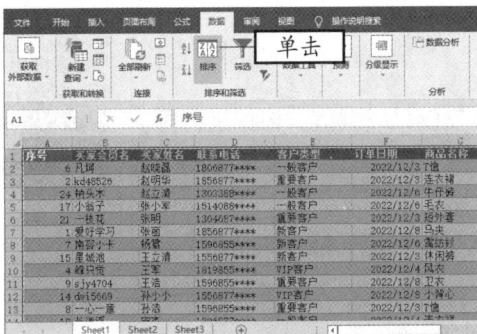

图4-9 | 单击"排序"按钮

图4-10 | 设置排序关键字和依据

（7）在"次序"下拉列表中选择红色色块，在右侧的下拉列表中选择"在顶端"选项，然后单击"确定"按钮，如图4-11所示。

（8）返回工作表后，可看到表格中的数据根据"买家会员名"字段下的单元格填充颜色进行排列，效果如图4-12所示。

图4-11 | 设置排列次序

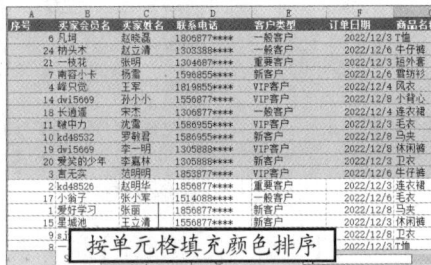

图4-12 | 查看排序效果

4.1.3　多重字段排序

在一些字段较多的表格中，用户可以同时对多个字段进行排序，以此类推，此时若第一个关键字相同，则按第二个关键字进行排序，这样能够更加精确地控制数据的排列次序。下面将在"店铺客户资料管理.xlsx"工

微课视频

多重字段排序

作簿的"Sheet1"工作表中对数据进行多重字段排序，具体操作如下。

（1）在"Sheet1"工作表中选择 A1:K25 单元格区域，然后在【数据】/【排序和筛选】组中单击"排序"按钮 ，如图 4-13 所示。

（2）打开"排序"对话框，将"主要关键字""排序依据""次序"分别设置为"订单日期""单元格值""升序"，然后单击"添加条件"按钮，如图 4-14 所示。

图4-13 | 单击"排序"按钮

图4-14 | 设置主要关键字

（3）"排序"对话框中将增加一行次要关键字的设置参数，将"次要关键字""排序依据""次序"分别设置为"成交金额""单元格值""降序"后，再次单击"添加条件"按钮，如图 4-15 所示。

（4）继续添加排序依据，将"次要关键字""排序依据""次序"分别设置为"购买数量""单元格值""升序"，然后单击"确定"按钮，如图 4-16 所示。

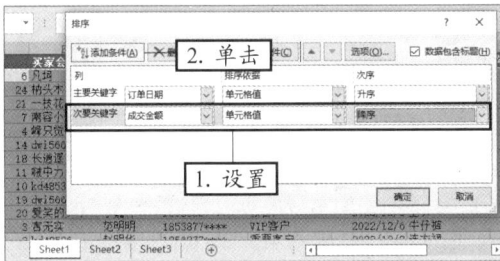

图4-15 | 设置次要关键字（1）

图4-16 | 设置次要关键字（2）

（5）返回工作表后，可看到表格中的数据记录先按照订单日期从小到大排列，如果订单日期相同，则按照成交金额从高到低排列，如果成交金额仍然相同，则按照购买数量从少到多排列，最终排序效果如图 4-17 所示。

图4-17 | 应用多重字段排序后的效果

经验之谈

在"排序"对话框中，不仅可以设置多个字段的排序方式，还可以对已添加的排序方式进行复制或删除，方法为：在"排序"对话框中选择要设置的字段，单击"复制条件"按钮或者"删除条件"按钮。

4.1.4 自定义排序

微课视频

自定义排序

Excel 中的排序方式可满足大多数用户的需要，但对于一些有特殊要求的排序而言，用户可自定义排序依据。如果想按照职务、部门等方式进行排序，便可指定职务和部门的排列顺序。下面将在"店铺客户资料管理.xlsx"工作簿的"Sheet1"工作表中对客户评价进行自定义排序，具体操作如下。

（1）在"Sheet1"工作表中选择 A1:K25 单元格区域，然后在【数据】/【排序和筛选】组中单击"排序"按钮 ，打开"排序"对话框，选择次要关键字"成交金额"后，单击"删除条件"按钮，如图 4-18 所示。

（2）使用相同的操作删除另一个次要关键字"购买数量"，然后在"主要关键字"下拉列表中选择"客户评价"选项，在"次序"下拉列表中选择"自定义序列"选项，如图 4-19 所示。

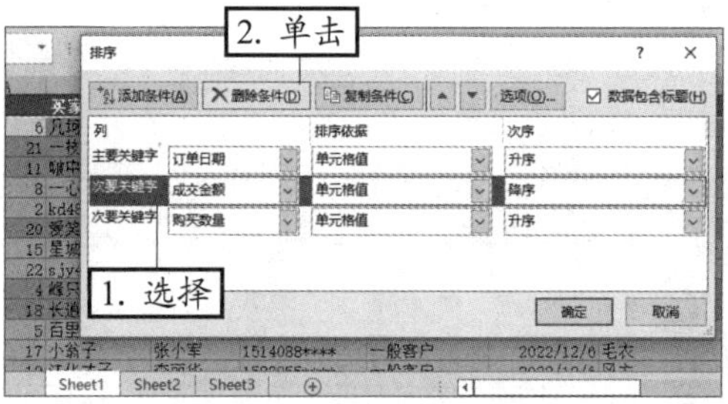

图4-18 | 删除排序条件

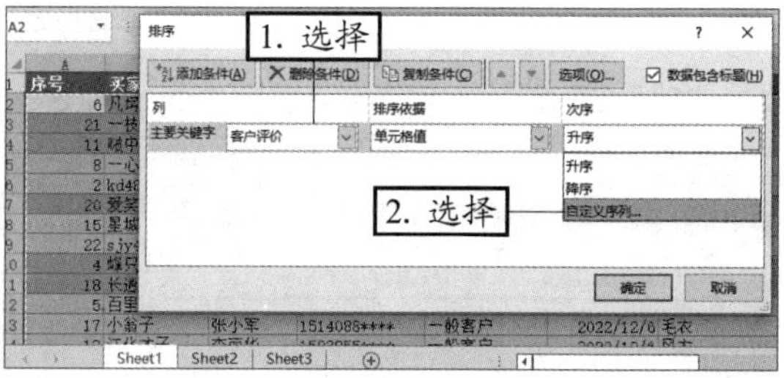

图4-19 | 设置字段和次序

（3）打开"自定义序列"对话框，在"输入序列"栏中输入客户评价的排序方式，按【Enter】键可换行，如图 4-20 所示，然后依次单击"添加"按钮和"确定"按钮。

（4）返回"排序"对话框，确认排列方式无误后，单击"确定"按钮，如图 4-21 所示。

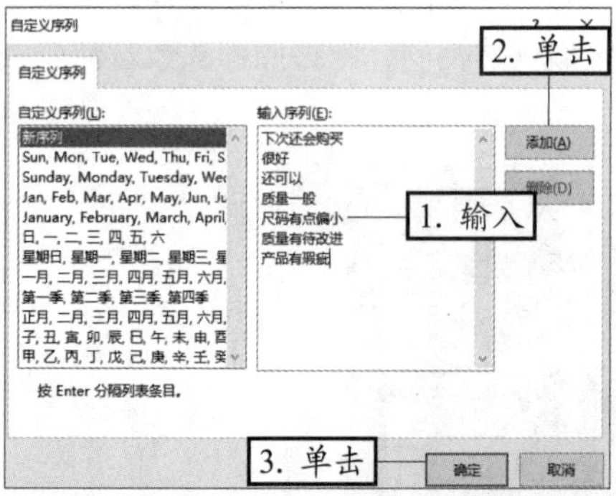

图4-20 | 自定义排序方式

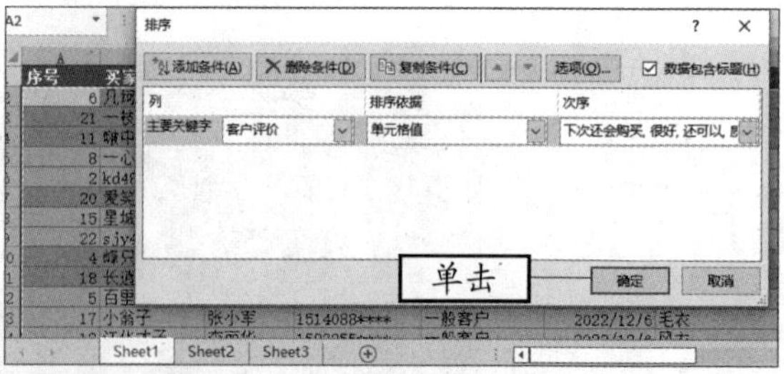

图4-21 | 确认排序方式

（5）返回工作表后，可看到自定义排序效果，如图 4-22 所示。

图4-22 | 自定义排序效果

经验之谈

在对表格中的数据进行排序时，一般情况下，位于第一列的序号会被打乱。如果不想让"序号"列参与排序，则可在"序号"列右侧插入一个空白列（如B列），将"序号"列与数据表隔开后，再对数据区域进行排序，此时"序号"列将不再参与排序。

4.2 数据的筛选

在数据量庞大的工作表中，若手动逐行、逐列地查找某一具体数据，不仅效率低，而且还容易出错，此时可以利用Excel强大的"筛选"功能轻松设置筛选条件筛选出具体的数据。下面简单介绍不同筛选方式的操作方法。

微课视频

自动筛选

4.2.1 自动筛选

自动筛选一般用于简单的条件筛选，当工作表进入筛选状态时，表头字段右侧将出现包含黑色三角形的按钮，称为"筛选"按钮▼，单击该按钮，并在打开的下拉列表中选择相应的选项后，便可实现自动筛选。下面将在"店铺客户资料管理.xlsx"工作簿的"Sheet1"工作表中使用预设的筛选条件筛选数据，具体操作如下。

（1）在"Sheet1"工作表中选择任意一个包含数据的单元格，然后在【数据】/【排序和筛选】组中单击"筛选"按钮▼，如图4-23所示。

（2）单击"成交金额"字段右侧的"筛选"按钮▼，在打开的下拉列表中选择"数字筛选"选项，在打开的子列表中选择"大于"选项，如图4-24所示。

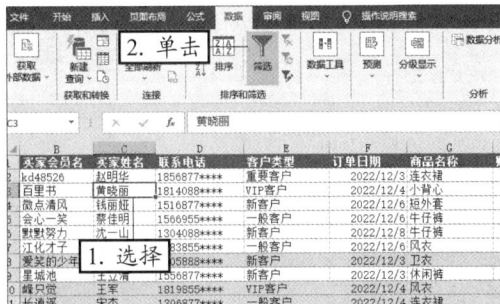

图4-23 | 进入筛选状态

图4-24 | 选择筛选条件

（3）打开"自定义自动筛选"对话框，在"大于"右侧的下拉列表框中输入"150"，然后单击"确定"按钮，如图4-25所示。

（4）返回工作表后，单击"客服人员"字段右侧的"筛选"按钮 ▾，在打开的下拉列表中取消选中"张伟"复选框，如图4-26所示，然后单击"确定"按钮。

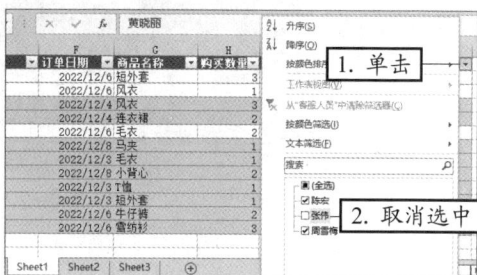

图4-25 | 设置筛选条件（1）

图4-26 | 设置筛选条件（2）

（5）返回工作表后，可看到成交金额大于"150"且客服人员为"周雪梅"和"陈宏"的数据，如图4-27所示。

	客户类型	订单日期	商品名称	购买数量	成交金额	客户评价	客服人员
4	新客户	2022/12/6	短外套	3	¥168.00	下次还会购买	陈宏
7	一般客户	2022/12/6	风衣	1	¥168.00	很好	陈宏
10	VIP客户	2022/12/4	风衣	3	¥300.00	质量一般	周雪梅
11	一般客户	2022/12/4	连衣裙	2	¥288.00	质量一般	周雪梅
12	一般客户	2022/12/6	毛衣	2	¥308.00	质量一般	周雪梅
13	新客户	2022/12/8	马夹	1	¥228.00	质量一般	周雪梅
17	VIP客户	2022/12/8	小背心	2	¥299.00	尺码有点偏小	周雪梅
19	一般客户	2022/12/3	T恤	1	¥168.00	质量有待改进	陈宏
20	重要客户	2022/12/6	短外套	1	¥208.00	质量有待改进	陈宏
24	VIP客户	2022/12/6	牛仔裤	2	¥168.00	产品有瑕疵	周雪梅
25	新客户	2022/12/6	雪纺衫	3	¥168.00	产品有瑕疵	陈宏

图4-27 | 显示筛选结果

经验之谈

如果在表格中设置了字体颜色或单元格颜色，则用户也可以对这些颜色进行筛选，方法为：在【数据】/【排序和筛选】组中单击"筛选"按钮 ▼，然后单击字体颜色或填充颜色字段右侧的"筛选"按钮 ▾，在打开的下拉列表中选择"按颜色筛选"选项，在打开的子列表中指定颜色进行筛选。

4.2.2 自定义筛选

如果Excel预设的筛选条件不能满足用户的筛选需要，则用户可以自定义筛选条件来筛选数据。下面将在"店铺客户资料管理.xlsx"工作簿的"Sheet1"工作表中通过自定义筛选条件筛选需要的数据，具体操作如下。

（1）在【数据】/【排序和筛选】组中单击"清除"按钮，如图4-28所示，退出当前的排序和筛选状态。

（2）单击"客户类型"字段右侧的"筛选"按钮 ▾，在打开的下拉列表中选择"文本筛选"选项，在打开的子列表中选择"自定义筛选"选项，如图4-29所示。

（3）打开"自定义自动筛选"对话框，在"客户类型"栏的第一行中设置筛选方式为"等于""VIP客户"，然后单击选中"或"单选项，并在第二行中设置筛选方式为"等于""重

微课视频

自定义筛选

要客户"，最后单击"确定"按钮，如图4-30所示。

（4）返回工作表后，可看到客户类型为"VIP客户"或者"重要客户"的数据，最终效果如图4-31所示。

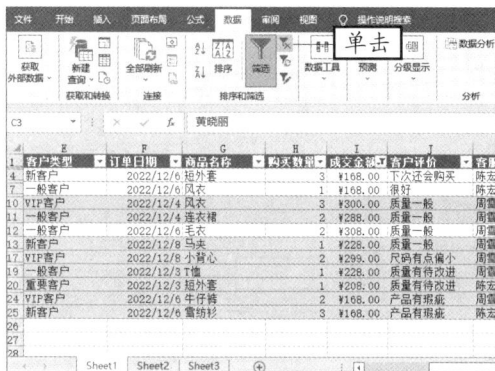

图4-28 | 退出排序和筛选状态

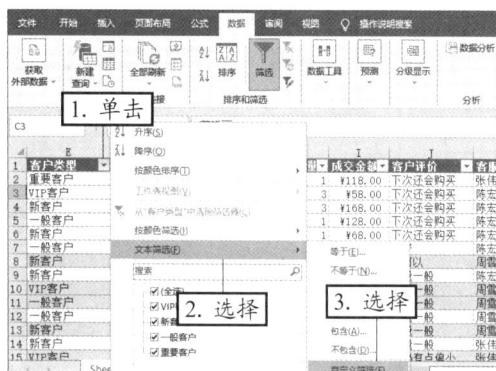

图4-29 | 选择"自定义筛选"选项

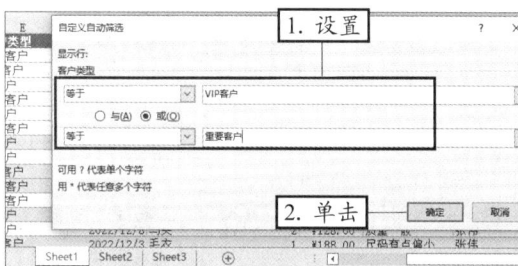

图4-30 | 设置筛选条件

图4-31 | 查看筛选结果

经验之谈

如果知道并确定表格中存在要筛选的数据，则可以使用搜索框进行数据筛选，方法为：在【数据】/【排序和筛选】组中单击"筛选"按钮，单击任意字段右侧的"筛选"按钮，在打开的下拉列表中将鼠标指针定位至搜索文本框中，输入需要查找的内容，单击"确定"按钮，表格中将自动显示相关信息；若搜索内容不存在，则会提示"没有与搜索相匹配的项目"。

4.2.3 高级筛选

当自定义筛选仍不能满足用户筛选数据的需要时，还可以使用 Excel 提供的"高级筛选"功能筛选出需要的数据。下面将在"店铺客户资料管理 .xlsx"工作簿的"Sheet1"工作表中使用"高级筛选"功能筛选数据，具体操作如下。

微课视频

高级筛选

（1）单击"客户类型"字段右侧的"筛选"按钮，在打开的下拉列表中选择"从'客户类型'中清除筛选器"选项，消除字段的筛选条件，如图4-32所示。

（2）在 E27:G28 单元格区域中输入筛选条件，其中上方为与二维表格完全相同的字段名称、下方为具体的限制条件，然后在【数据】/【排序和筛选】组中单击"高级"按钮，如图4-33所示。

（3）打开"高级筛选"对话框，将"列表区域"指定为 A1:K25 单元格区域，将"条件区域"指定为 E27:G28 单元格区域，然后单击"确定"按钮，如图 4-34 所示。

（4）返回工作表后，可看到符合筛选要求的数据，最终效果如图 4-35 所示（效果参见：效果文件\第 4 章\店铺客户资料管理 .xlsx）。

图4-32｜清除字段的筛选条件

图4-33｜输入筛选条件

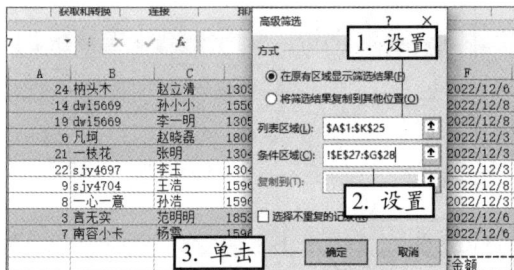

图4-34｜设置高级筛选条件

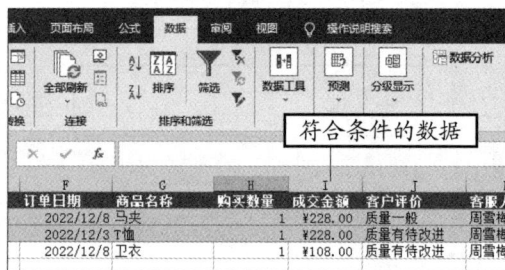

图4-35｜查看筛选结果

职业素养

　　对商务数据进行筛选能帮助商家获得可用的信息资源，而生活在大数据时代下的我们，在面对纷杂的信息时，更应该学会如何筛选与甄别信息，即要主动吸收对自己有利的信息、屏蔽对自己无益的信息，这样才能更好地了解社会的发展变化、才能获得更多的机遇。

4.3 数据的分类汇总

　　数据的分类汇总是指将性质相同或相似的数据放到一起，使其成为"一类"，并对这类数据进行进一步的统计计算。这样不仅能使表格的数据结构更加清晰，还能有针对性地对数据进行汇总。

4.3.1 创建分类汇总

　　要创建分类汇总，首先要对数据进行排序，然后再以排序的字段为汇总依据，进行求和、求平均值或求最大值等计算。下面在"客服销售业绩数据 .xlsx"工作簿的"12月"工作表中对商品的销量额进行汇总，具体

微课视频

创建分类汇总

操作如下。

（1）打开素材文件"客服销售业绩数据.xlsx"工作簿（素材参见：素材文件\第4章\客服销售业绩数据.xlsx），在"12月"工作表中选择C2单元格，然后在【数据】/【排序和筛选】组中单击"降序"按钮，如图4-36所示。

（2）保持C2单元格的选择状态，在【数据】/【分级显示】组中单击"分类汇总"按钮，如图4-37所示。

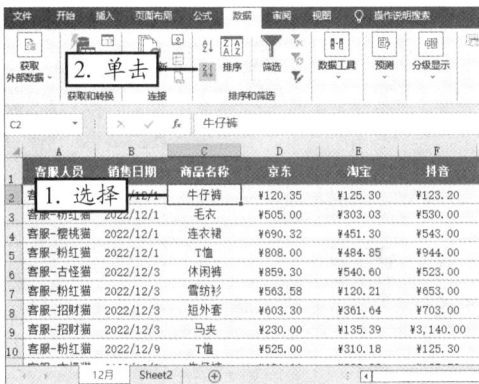

图4-36｜数据排序

图4-37｜单击"分类汇总"按钮

（3）打开"分类汇总"对话框，在"分类字段"下拉列表中选择"商品名称"选项，在"汇总方式"下拉列表中选择"求和"选项，在"选定汇总项"列表框中单击选中"合计"复选框，然后单击"确定"按钮，如图4-38所示。

（4）返回工作表后，可看到汇总出的每一种商品的合计销售额，如图4-39所示。

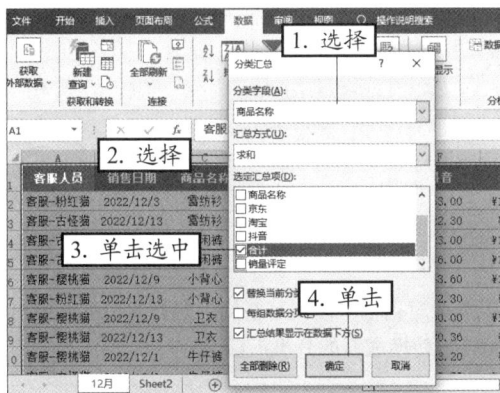

图4-38｜设置分类汇总参数

图4-39｜查看汇总结果

4.3.2 创建嵌套分类汇总

创建分类汇总时，表格中默认只显示一种汇总方式，但用户可根据需要嵌套多个分类汇总。下面将在"客服销售业绩数据.xlsx"工作簿的"12月"工作表中创建嵌套分类汇总，具体操作如下。

（1）对商品合计数进行分类汇总后，在【数据】/【分级显示】组中单击"分类汇总"按钮，如图4-40所示。

微课视频

创建嵌套分类汇总

（2）打开"分类汇总"对话框，在"选定汇总项"列表框中单击选中"京东"复选框，取消选中"替换当前分类汇总"复选框，单击"确定"按钮，如图4-41所示。

（3）返回工作表后，表格中将同时显示商品在京东平台的销售额和合计销售额，如图4-42所示。

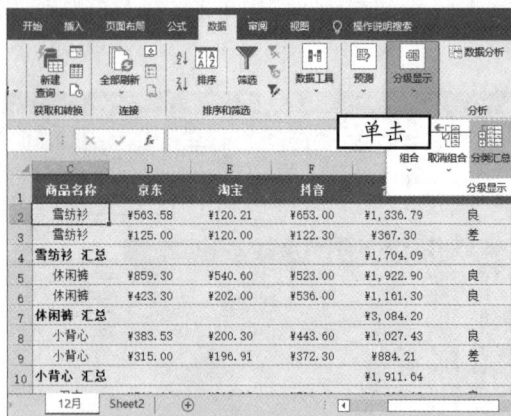

图4-40｜单击"分类汇总"按钮

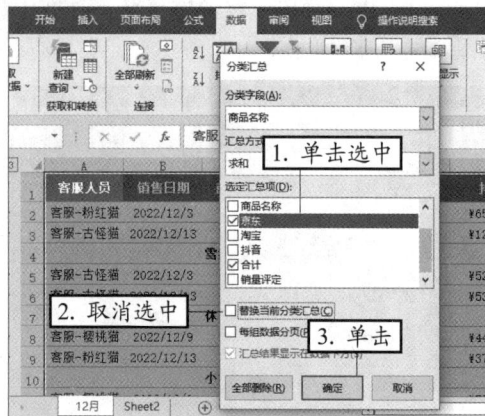

图4-41｜设置分类汇总参数

图4-42｜嵌套分类汇总效果

经验之谈

如果表格中已经创建了分类汇总，并在"分类汇总"对话框中设置了新的汇总方式，那么单击选中"替换当前分类汇总"复选框后，当前分类汇总将被替换成新的分类汇总。

4.3.3 分级查看分类汇总

对数据进行分类汇总后，用户可通过显示和隐藏不同级别的明细数据来查看需要的汇总结果。下面将在"客服销售业绩数据.xlsx"工作簿的"12月"工作表中查看不同级别的分类汇总数据，具体操作如下。

（1）对"12月"工作表中的数据进行分类汇总后，单击表格左侧显示的1级标记，此时表格将仅显示最终的汇总结果，如图4-43所示。

（2）单击2级标记，此时表格将同时显示商品合计数和最终的汇总结果，

微课视频

分级查看分类汇总

如图 4-44 所示。

（3）单击 3 级标记，此时表格将同时显示商品在京东平台的汇总数据、合计汇总及最终的汇总结果，如图 4-45 所示。

（4）单击 4 级标记，此时表格将显示所有的数据，如图 4-46 所示。

（5）选择 B7 单元格，在【数据】/【分级显示】组中单击"隐藏明细数据"按钮，如图 4-47 所示。

（6）所选单元格的明细数据将被隐藏，其他数据保持不变，在【数据】/【分级显示】组中单击"显示明细数据"按钮，如图 4-48 所示。

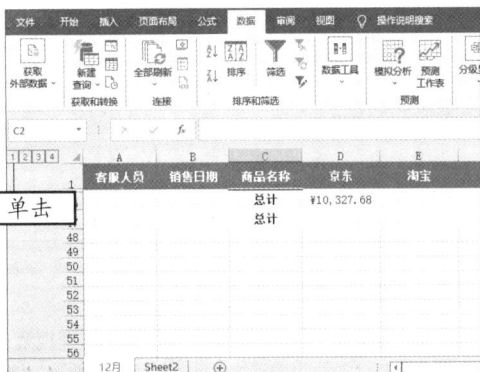

图4-43 │ 显示1级数据

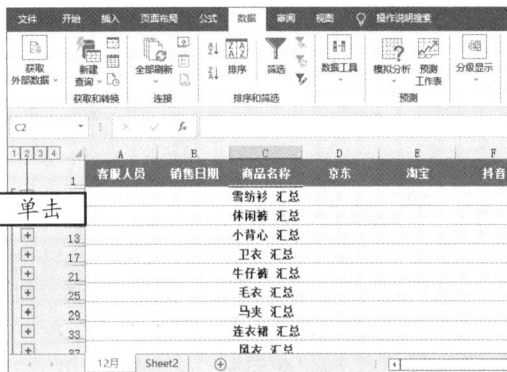

图4-44 │ 显示2级数据

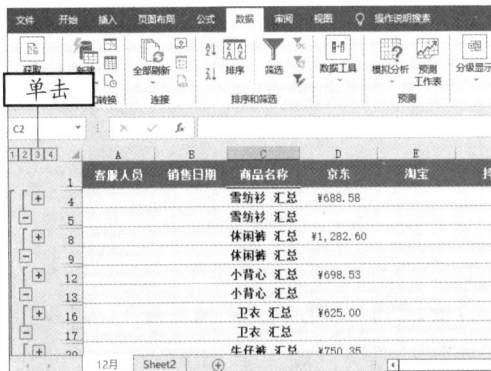

图4-45 │ 显示3级数据

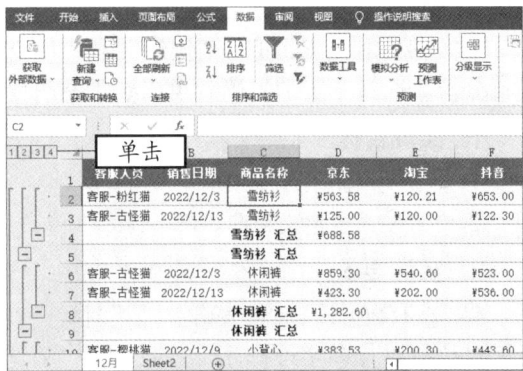

图4-46 │ 显示4级数据

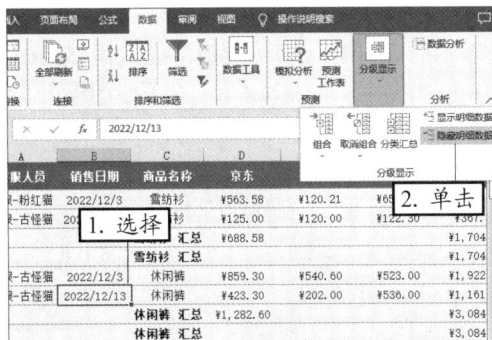

图 4-47 │ 单击"隐藏明细数据"按钮

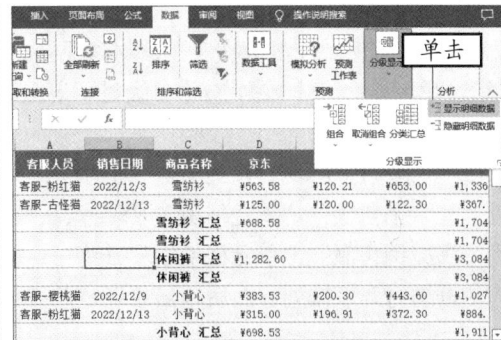

图 4-48 │ 单击"显示明细数据"按钮

（7）所选单元格的明细数据将重新显示，如图 4-49 所示（效果参见：效果文件 \ 第 4 章 \ 客服销售业绩数据 .xlsx）。

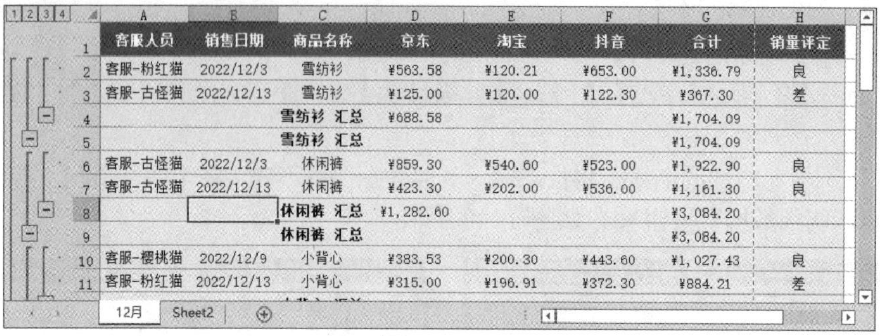

	A	B	C	D	E	F	G	H
1	客服人员	销售日期	商品名称	京东	淘宝	抖音	合计	销量评定
2	客服-粉红猫	2022/12/3	雪纺衫	¥563.58	¥120.21	¥653.00	¥1,336.79	良
3	客服-古怪猫	2022/12/13	雪纺衫	¥125.00	¥120.00	¥122.30	¥367.30	差
4			雪纺衫 汇总	¥688.58			¥1,704.09	
5			雪纺衫 汇总				¥1,704.09	
6	客服-古怪猫	2022/12/3	休闲裤	¥859.30	¥540.60	¥523.00	¥1,922.90	良
7	客服-古怪猫	2022/12/13	休闲裤	¥423.30	¥202.00	¥536.00	¥1,161.30	良
8			休闲裤 汇总	¥1,282.60			¥3,084.20	
9			休闲裤 汇总				¥3,084.20	
10	客服-樱桃猫	2022/12/9	小背心	¥383.53	¥200.30	¥443.60	¥1,027.43	良
11	客服-粉红猫	2022/12/13	小背心	¥315.00	¥196.91	¥372.30	¥884.21	差

图 4-49 | 重新显示隐藏的数据

本章实训

开展营销活动是各店铺经常使用的一种促销方式，通过不同的营销方式（如特价、满减、套装、换购等），不仅可以提升店铺的销售额，还能提升店铺的知名度。下面将利用 Excel 分析店铺市场营销活动数据和客服在活动期间的关键指标，帮助读者进一步熟悉数据的排序、数据的筛选和数据的分类汇总等相关操作。

微课视频

分析市场营销活动数据

本实训将利用 Excel 的“排序”和“筛选”功能对市场营销活动数据进行分析。通过本实训，读者可以熟悉并巩固排序和筛选数据的方法。

1. 实训目标

① 熟练使用简单排序和多字段排序。

② 熟练使用自定义筛选。

2. 实训要求

首先在有数据的 Excel 表格中利用“降序”功能对字段进行简单排序，然后利用“排序”对话框对数据进行多字段排序，最后利用“筛选”功能对总销售额大于 16000 元的数据进行筛选。

3. 实训步骤

① 简单排序。在源数据表（素材参见：素材文件 \ 第 4 章 \ 市场营销活动数据 .xlsx）中选择 B2 单元格，在【数据】/【分级显示】组中单击“降序”按钮，对“特价销售额”字段进行降序排列，如图 4-50 所示。

② 多字段排序。打开“排序”对话框，将“主要关键字”“排序依据”“次序”分别设置为“套装销售额”“单元格值”“降序”，将“次要关键字”“排序依据”“次序”分别设置为“满减销售额”“单元格值”“升序”，表示当套装销售额中存在相同值时，以满减销售额为依据进行升序排列，然后单击“确定”按钮，如图 4-51 所示。

图4-50 | 对"特价销售额"字段进行简单排序

图4-51 | 对数据进行多字段排序

③ 自定义筛选数据。在【数据】/【排序和筛选】组中单击"筛选"按钮，进入数据筛选状态，然后单击"总销售额"字段右侧的"筛选"按钮，在打开下拉列表中选择"数字筛选"选项，在打开的子列表中选择"大于"选项，打开"自定义自动筛选"对话框，在"大于"右侧的下拉列表框中输入"16000"，最后单击"确定"按钮，如图 4-52 所示（效果参见：效果文件＼第 4 章＼市场营销活动数据 .xlsx ）。

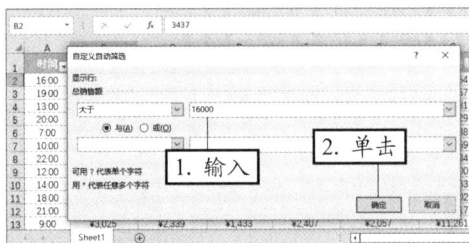

图 4-52 | 自定义筛选数据

第 5 章

数据透视表、切片器与数据透视图的应用

知识目标

◆ 掌握数据透视表的创建与使用方法。

◆ 掌握切片器的创建与使用方法。

◆ 掌握数据透视图的创建与使用方法。

能力目标

◆ 能够将复杂的数据转换为直观、清晰的图形。

◆ 能够对原始数据进行多维度展示和解析。

素养目标

◆ 培养对数据的敏锐感。

◆ 培养逻辑思维能力。

◆ 提高数据解读能力。

知识导入

　　Excel 中分析数据的主要工具是图表，图表并不是单一元素，而是由图和表组成的。我们在第3章学习了通过图表分析数据的方法，本章将继续学习通过图和表分析数据的方法，即使用数据透视图和数据透视表来分析表格中的数据。掌握数据透视表和数据透视图的使用方法后，就能准确地从复杂、抽象的数据中得到更加准确、直观的数据。

5.1 数据透视表的应用

　　数据透视表实质上是一种数据交互式报表，它可以进行求和、计数、求平均值等计算，所进行的计算与数据在数据透视表中的排列有关。通过数据透视表，用户可以对大量数据进行汇总，并能快速浏览、分析、合并及提取数据，从中发现和得到一些重要的信息。下面将详细介绍数据透视表的创建、设置、使用和美化等相关操作。

5.1.1 创建数据透视表

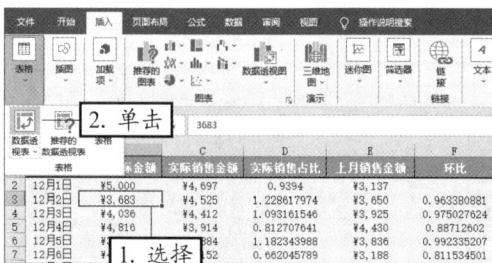

微课视频

创建数据透视表

　　创建数据透视表的方法与创建图表的方法类似：在表格中选择相应的数据区域，通过插入数据透视表的按钮创建数据透视表。也可以不选择数据区域，直接在插入数据透视表时指定。下面将在"店铺月销售数据.xlsx"工作簿中创建数据透视表，具体操作如下。

　　（1）打开素材文件"店铺月销售数据.xlsx"工作簿（素材参见：素材文件\第5章\店铺月销售数据.xlsx），选择 B3 单元格，然后在【插入】/【表格】组中单击"数据透视表"按钮，如图5-1所示。

　　（2）打开"来自表格或区域的数据透视表"对话框，在"选择放置数据透视表的位置"栏中单击选中"新工作表"单选项，然后单击"确定"按钮，如图5-2所示。

图5-1 | 单击"数据透视表"按钮

图5-2 | 选择数据透视表的放置位置

经验之谈

　　在"来自表格或区域的数据透视表"对话框中单击选中"现有工作表"单选项，可以在"位置"参数框中输入放置数据透视表的位置，单击"确定"按钮后，系统将自动在现有工作表中的指定位置创建一个空白的数据透视表。

（3）此时系统将在"Sheet1"工作表左侧新建一个空白的工作表，并在其中创建一个空白的数据透视表，双击"Sheet2"工作表标签，将其重命名为"透视表分析"后，按【Enter】键，如图5-3所示。

（4）在"数据透视表字段"任务窗格的"选择要添加到报表的字段"列表框中依次单击选中"销售目标金额""实际销售金额""实际销售占比""日期""环比"5个复选框，然后将所选字段分别添加到下方的"列""行""值"列表框中，如图5-4所示。

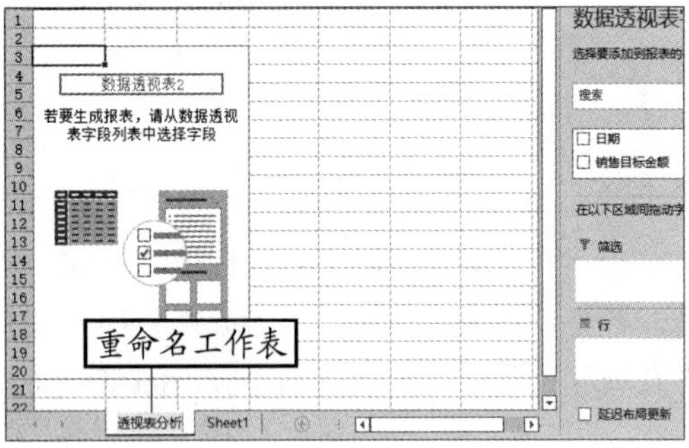

图5-3 | 重命名工作表

图5-4 | 创建数据透视表

5.1.2 设置数据透视表

为了方便用户在数据透视表中汇总和分析数据，Excel 允许用户对数据透视表进行一些设置，如添加字段、设置值字段数据格式、更改字段顺序及设置值字段汇总方式等。下面将在"店铺月销售数据.xlsx"工作簿的"透视表分析"工作表中对数据透视表字段进行设置，具体操作如下。

微课视频

设置数据透视表

（1）在"数据透视表字段"任务窗格"选择要添加到报表的字段"列表框中取消选中"销售目标金额"复选框，然后将鼠标指针定位至"同比"字段上，按住鼠标左键不放，将其拖曳至"值"列表框中，如图5-5所示，然后释放鼠标。

（2）在"值"列表框中单击新添加的"同比"字段，在打开的下拉列表中选择"移至末尾"选项，如图5-6所示。

图5-5 | 添加字段

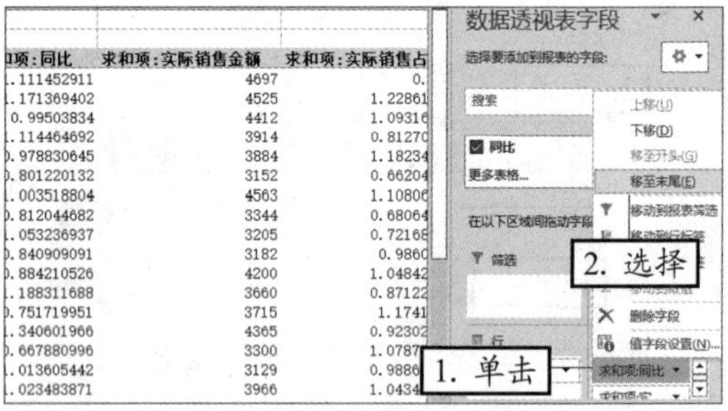

图5-6 | 调整字段显示顺序

（3）在"数据透视表字段"任务窗格中单击"值"列表框中的"实际销售额"字段，在打开的下拉列表中选择"值字段设置"选项，如图5-7所示。

（4）打开"值字段设置"对话框，在"值汇总方式"选项卡的"选择用于汇总所选字段数据的计算类型"列表框中选择"最大值"选项，然后单击"确定"按钮如图5-8所示。

图5-7 | 选择"值字段设置"选项

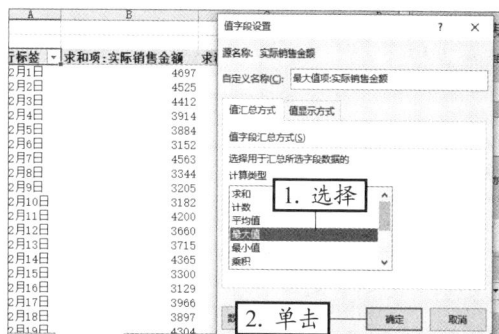

图5-8 | 更改值字段汇总方式

（5）返回 Excel 操作界面，单击"值"列表框中的"环比"字段，在打开的下拉列表中选择"值字段设置"选项，打开"值字段设置"对话框，然后单击"数字格式"按钮，如图5-9所示。

（6）打开"设置单元格格式"对话框，在"数字"选项卡的"分类"列表框中选择"百分比"选项，并在右侧设置小数位数为"2"，如图5-10所示，然后单击"确定"按钮，返回"值字段设置"对话框，单击"确定"按钮，完成"环比"字段的设置。

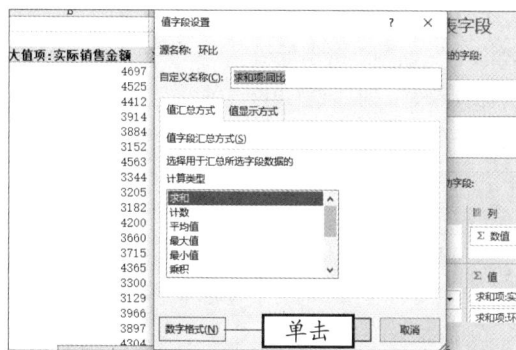

图5-9 | 单击"数字格式"按钮

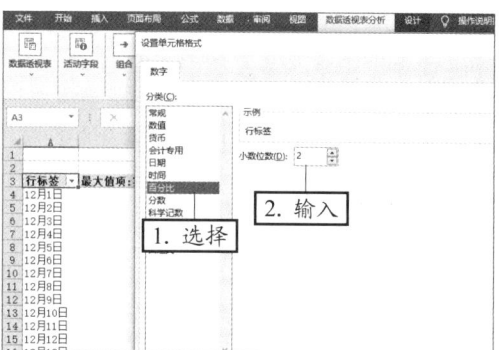

图5-10 | 设置单元格格式

经验之谈

在数据透视表中选择值字段对应的任意单元格后，在【数据透视表工具 数据透视表分析】/【活动字段】组中单击"字段设置"按钮，同样可以打开"值字段设置"对话框。

（7）使用相同的操作方法，将"同比"字段的值显示方式也设置为"百分比，2位小数"，返回"值字段设置"对话框后，在"选择用于汇总所选字段数据的计算类型"列表框中选择"平均值"选项，最后单击"确定"按钮，如图5-11所示。

（8）返回工作表后，数据透视表中的"同比"字段将显示为百分比数据格式，其计算类型将显示为"平均值"，然后在"数据透视表字段"任务窗格的"选择要添加到报表的字段"列表框中取消选中"实际销售占比"复选框，将该字段从数据透视表中删除，如图5-12所示。

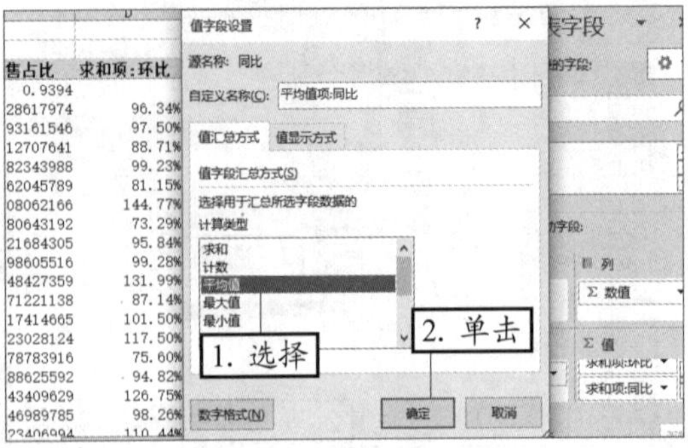

图5-11｜更改计算类型

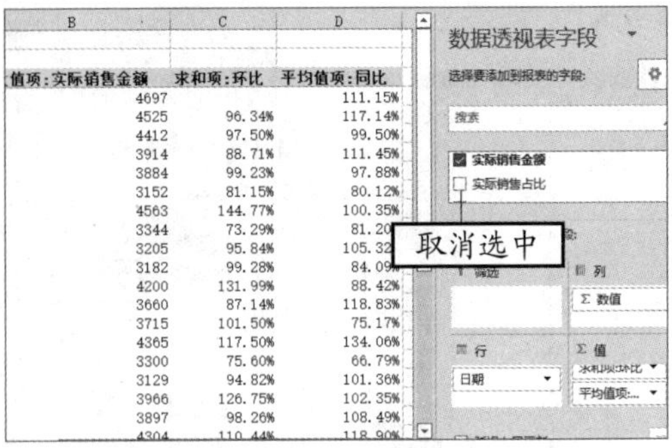

图5-12｜值字段设置效果

5.1.3 使用数据透视表

添加并设置数据透视表后，接下来便可使用它来进行数据分析，包括在数据透视表中显示与隐藏明细数据、排序数据、筛选数据、刷新数据等。下面将在"店铺月销售数据.xlsx"工作簿的"透视表分析"工作表中分析插入的数据透视表，具体操作如下。

微课视频

使用数据透视表

（1）在"数据透表字段"任务窗格中将"选择要添加到报表的字段"列表框中的"同期销售金额"字段拖曳到"筛选"列表框中，如图5-13所示。

（2）使用相同的操作将"选择要添加到报表的字段"列表框中的"销售目标金额"字段拖曳到"行"列表框中"日期"字段的下方，如图5-14所示。

图5-13｜添加字段（1）

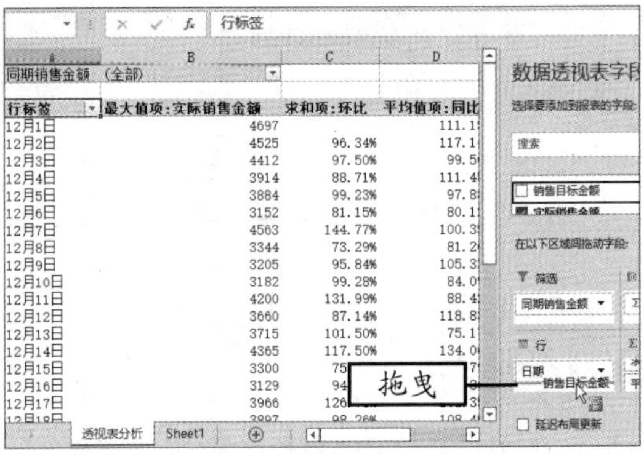

图5-14｜添加字段（2）

经验之谈

字段的放置顺序将直接决定数据透视表中的显示结果。针对本例而言，如果"日期"字段在上，则"销售目标金额"字段的数据将作为"日期"字段的明细数据；如果"销售目标金额"字段在上，则"日期"字段的数据将作为"销售目标金额"字段的明细数据。

（3）单击"行标签"单元格右侧的"筛选"按钮，在打开的下拉列表中选择"值筛选"选项，在打开的子列表中选择"前10项"选项，如图5-15所示。

（4）打开"前10个筛选（日期）"对话框，确认筛选条件无误后，单击"确定"按钮，如图5-16所示。

图5-15｜对行标签进行值筛选

图5-16｜确认筛选条件

（5）返回工作表后，可在数据透视表中查看筛选结果，然后单击"同期销售金额"单元格右侧的"筛选"按钮▼，在打开的下拉列表中单击选中"选择多项"复选框，再单击选中销售金额大于4000的复选框，最后单击"确定"按钮，如图5-17所示。

（6）切换至"Sheet1"工作表，将C4单元格中的数值更改为"4000"，如图5-18所示。

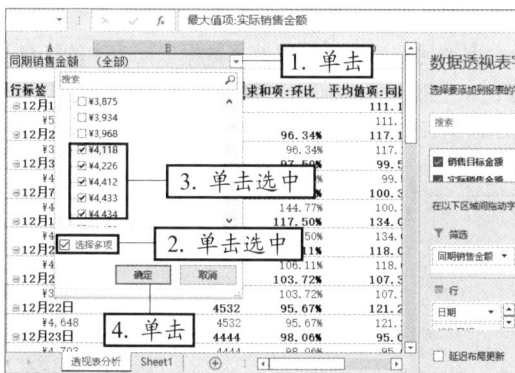

图5-17｜对同期销售金额进行筛选

图5-18｜修改数值

经验之谈

在数据透视表中，不仅可以进行数据筛选，还可以排序数据，方法为：单击"行标签"单元格右侧的"筛选"按钮▼，在打开的下拉列表中选择相应的排序方式，如升序、降序、其他排序选项等，然后按数据的排序操作进行相关设置。

（7）切换到"透视表分析"工作表，发现数据透视表中12月3日的实际销售金额并没有同步发生改变，因此需要在【数据透视表工具 数据透视表分析】/【数据】组中单击"刷新"按钮，如图5-19所示。

（8）数据透视表中12月3日的实际销售金额将同步发生变化，然后选择数据透视表中的A4单元格，在【数据透视表工具 数据透视表分析】/【活动字段】组中单击"折叠字段"按钮，此时日期下的明细数据在数据透视表中将被隐藏，如图5-20所示。若在【数据透视表工具 数据透视表分析】/【活动字段】组中单击"展开字段"按钮，则隐藏的明细数据又将显示出来。

图5-19｜单击"刷新"按钮

图5-20｜隐藏数据透视表中的明细数据

经验之谈

如果数据透视表中应用了多个筛选条件，一个个取消比较麻烦，可以选择数据透视表中的任意一个单元格，在【数据透视表工具 数据透视表分析】/【操作】组中单击"清除"按钮，在打开的下拉列表中选择"清除筛选器"选项，将当前数据透视表中的所有筛选条件一次性删除。

5.1.4 美化数据透视表

数据透视表虽然是根据数据源创建的，但仍然可以对其外观进行美化设置。下面将在"店铺月销售数据.xlsx"工作簿的"透视表分析"工作表中为数据透视表应用样式，并手动美化数据透视表，具体操作如下。

微课视频

美化数据透视表

（1）在"透视表分析"工作表中选择任意一个包含数据的单元格，然后在【数据透视表工具 设计】/【数据透视表样式选项】组中单击选中"镶边行"复选框，如图5-21所示。

（2）在【数据透视表工具 设计】/【数据透视表样式】组中单击"其他"按钮，在打开的下拉列表中选择"浅色"栏中的"玫瑰红，数据透视表样式浅色24"选项，如图5-22所示。

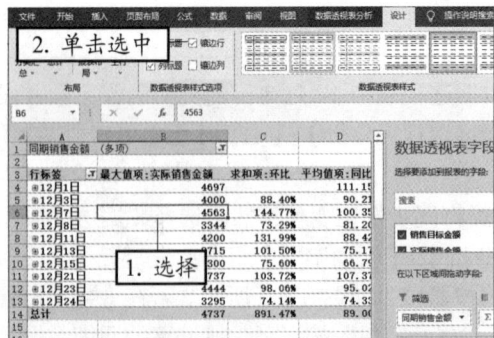

图5-21｜设置数据透视表样式选项

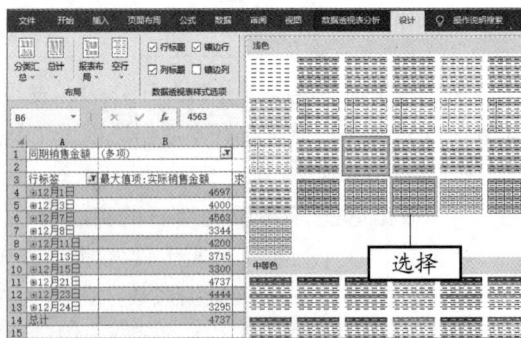

图5-22｜更改数据透视表的样式

（3）选择A1单元格，在【开始】/【字体】组的"字体"下拉列表中选择"方正黑体-GBK"选项，在"字号"下拉列表中选择"12"选项，如图5-23所示。

（4）选择 A4 单元格，在【数据透视表工具 数据透视表分析】/【活动字段】组中单击"展开字段"按钮，如图 5-24 所示，将隐藏的明细数据重新显示出来。

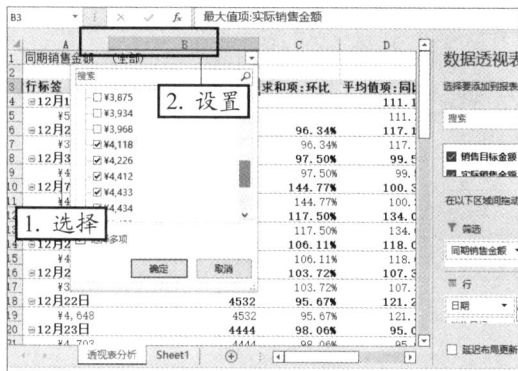

图5-23 | 设置字体格式

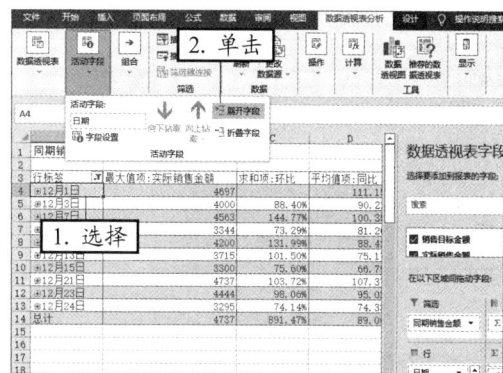

图5-24 | 重新显示数据透视表中的明细数据

（5）选择 A5 单元格，按住【Ctrl】键的同时依次选择 A7、A9、A11、A13、A15、A17、A19、A21 和 A23 这 9 个不连续的单元格，然后在【开始】/【字体】组中单击"填充颜色"按钮右侧的下拉按钮，在打开的下拉列表中选择"其他颜色"选项，如图 5-25 所示。

（6）打开"颜色"对话框，单击"自定义"选项卡，分别在"红色""绿色""蓝色"数值框中输入"229""223""113"，然后单击"确定"按钮，如图 5-26 所示。

图5-25 | 选择"其他颜色"选项

图5-26 | 自定义填充颜色

（7）返回工作表后，数据透视表中的所选单元格将自动填充为设置的颜色，然后选择数据透视表中的第 3～24 行，在【开始】/【单元格】组中单击"格式"按钮，在打开的下拉列表中选择"行高"选项，如图 5-27 所示。

（8）打开"行高"对话框，在"行高"数值框中输入"15.3"，然后单击"确定"按钮，如图 5-28 所示。

（9）在【数据透视表工具 设计】/【布局】组中单击"分类汇总"按钮，在打开的下拉列表中选择"不显示分类汇总"选项，如图 5-29 所示。

（10）返回工作表后，数据透视表中的汇总值将自动隐藏，然后将"最大值项：实际销售金额"列中的数据设置为"货币"显示格式，最终效果如图 5-30 所示。

图5-27 | 选择"行高"选项　　　　　　　　　图5-28 | 设置行高

图5-29 | 更改数据透视表的布局　　　　　　　图5-30 | 查看最终效果

5.2 切片器的应用

在数据透视表中固然可以通过筛选按钮来实现筛选操作，但在筛选多个项目时，会很难看到当前的筛选状态，此时可以利用 Excel 的切片器进行快速筛选，并指定当前的筛选状态，从而轻松、准确地了解已筛选的数据。

5.2.1 插入切片器

插入切片器通常是指在现有的数据透视表中创建一个切片器，可以在同一个工作表中创建多个切片器。创建切片器之后，切片器将和数据透视表一起显示在工作表中。如果有多个切片器，则会分层显示。下面将在"店铺月销售数据 .xlsx"工作簿的"透视表分析"工作表的现有数据透视表中插入切片器，具体操作如下。

微课视频

插入切片器

（1）在"透视表分析"工作表中选择日期列的任意一个单元格后折叠字段，然后再在【数据透视表工具 数据透视表分析】/【操作】组中单击"清除"按钮，在打开的下拉列表中选择"清除筛选器"选项，如图 5-31 所示。

（2）在【数据透视表工具 数据透视表分析】/【筛选】组中单击"插入切片器"按钮，如图 5-32 所示。

📖 **经验之谈**

在"插入切片器"对话框中可以同时单击选中多个复选框，单击"确定"按钮后，系统将在工作表中同时插入多个切片器，并分层显示。

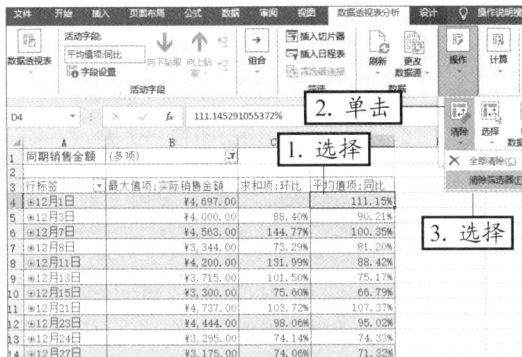

图5-31｜清除数据透视表中的筛选器

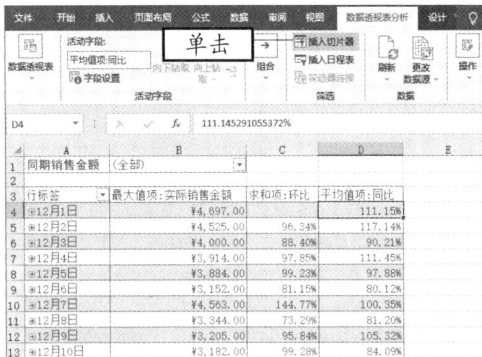

图5-32｜单击"插入切片器"按钮

（3）打开"插入切片器"对话框，单击选中"日期"复选框后，单击"确定"按钮，如图5-33所示。

（4）工作表中将插入"日期"切片器，如图5-34所示，在其中选择相应的日期选项后，数据透视表中将同步筛选出对应的数据。

图5-33｜选择切片器

图5-34｜插入的"日期"切片器

5.2.2 更改切片器样式

更改切片器样式就是对切片器的边框颜色、按钮的显示方式和大小等进行设置，这样可以使其突出显示在表格中，便于查看和操作。下面将对"店铺月销售数据.xlsx"工作簿的"透视分析"工作表中插入的切片器进行设置，具体操作如下。

微课视频

更改切片器样式

（1）选择"透视表分析"工作表中插入的"日期"切片器，在【切片器工具 切片器】/【切片器样式】组中选择"玫瑰红，切片器样式浅色2"选项，如图5-35所示。此时，插入的切片器将应用选择的样式。

（2）在【切片器工具 切片器】/【按钮】组的"列"数值框中输入"2"，此时，切片器中的按钮将在一排中显示两个，如图 5-36 所示。

图5-35｜更改切片器样式

图5-36｜设置切片器按钮的显示方式

（3）在【切片器工具 切片器】/【按钮】组的"高度"数值框中输入文本"0.8 厘米"，在"宽度"数值框中输入文本为"2.2 厘米"，如图 5-37 所示，调整切片器按钮的大小。

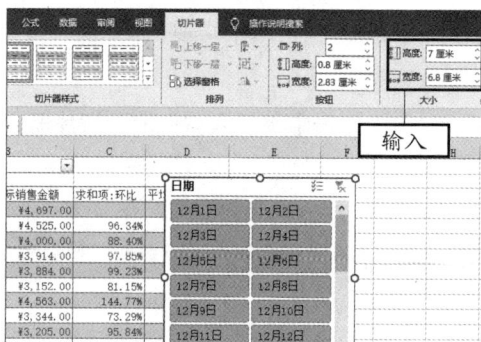

（4）在【切片器工具 切片器】/【大小】组的"高度"数值框中输入文本"7 厘米"，在"宽度"数值框中输入文本为"6.8 厘米"，如图 5-38 所示，调整切片器的大小。

图5-37｜调整切片器按钮的大小

图5-38｜调整切片器的大小

5.2.3 设置切片器

可以调整切片器中选项的排列方式，或更改切片器的名称。下面将在"店铺月销售数据 .xlsx"工作簿的"透视表分析"工作表中设置切片器，具体操作如下。

微课视频

设置切片器

（1）在"透视表分析"工作表中选择数据透视表中的任意一个单元格，然后在【数据透视表工具 数据透视表分析】/【筛选】组中单击"插入切片器"按钮，如图 5-39 所示。

（2）打开"插入切片器"对话框，依次单击选中"销售目标金额""实际销售金额""环比""同比"4 个复选框，然后单击"确定"按钮，如图 5-40 所示。

（3）返回工作表后，"透视表分析"工作表中将同时显示插入的 4 个切片器，并分层显示，如图 5-41 所示。

（4）选择"环比"切片器，在【切片器工具 切片器】/【排列】组中单击"上移一层"按钮，如图 5-42 所示。

图5-39 | 单击"插入切片器"按钮

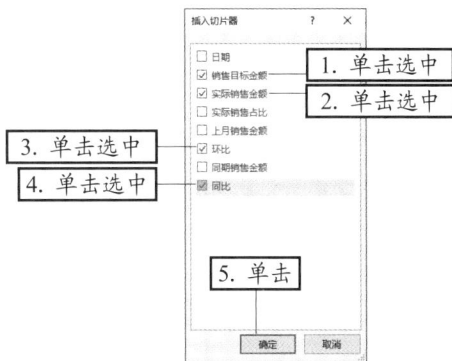

图5-40 | 选择要插入的切片器

图5-41 | 查看插入的多个切片器

图5-42 | 上移切片器

（5）选择"实际销售金额"切片器，在【切片器工具 切片器】/【切片器】组中单击"切片器设置"按钮，如图 5-43 所示。

（6）打开"切片器设置"对话框，在"名称"文本框中输入"12月实际销售金额"，在"标题"文本框中输入"12月实际销售金额"，在"项目排序和筛选"栏中单击选中"降序（最大到最小）"单选项，然后单击"确定"按钮，如图 5-44 所示。

📝 经验之谈

在插入的切片器上单击鼠标右键，在弹出的快捷菜单中也可以对切片器进行排序、筛选、调整排列顺序和删除等操作。

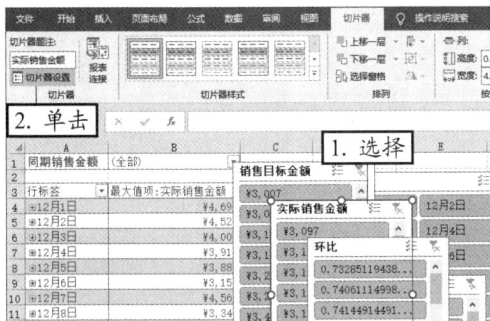

图5-43 | 单击"切片器设置"按钮

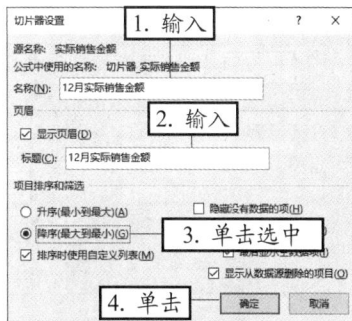

图5-44 | 设置切片器

（7）选择"12月实际销售金额"切片器，在【切片器工具 切片器】/【排列】组中单击"上移一层"按钮，右侧的下拉按钮▼，在打开的下拉列表中选择"置于顶层"选项，如图5-45所示。

（8）此时，"12月实际销售金额"切片器将位于顶层，效果如图5-46所示。

图5-45｜调整切片器的排列顺序

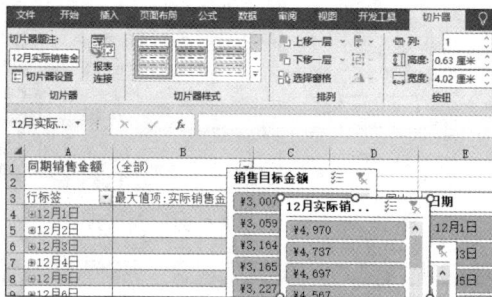

图5-46｜将切片器置于顶层

5.2.4 使用切片器

完成切片器的基本设置和美化操作后，便可使用切片器对工作表中的数据进行单个或多条件筛选了。另外，切片器的主要作用是对数据透视表中的项目进行筛选，如果只需要显示数据透视表，那么可以将切片器删除。下面将在"店铺月销售数据.xlsx"工作簿的"透视表分析"工作表中使用切片器筛选数据，并删除多余的切片器，具体操作如下。

微课视频

使用切片器

（1）在"透视表分析"工作表中选择"销售目标金额"切片器，在其上单击鼠标右键，在弹出的快捷菜单中选择"删除'销售目标金额'"命令，如图5-47所示。

（2）此时工作表中将只剩下4个切片器，拖曳切片器标题，适当调整其显示位置，效果如图5-48所示。

（3）在"日期"切片器中选择"12月7日"选项后，其他切片器和数据透视表中同步显示"12月7日"的数据，如图5-49所示。

（4）单击"日期"切片器右上角的"多选"按钮☰或按【Alt+S】组合键，进入多条件选择状态，然后在"日期"切片器中选择"12月6日""12月8日""12月10日""12月12日"4个选项，筛选出指定日期的数据，如图5-50所示（效果参见：效果文件\第5章\店铺月销售数据.xlsx）。

图5-47｜删除切片器

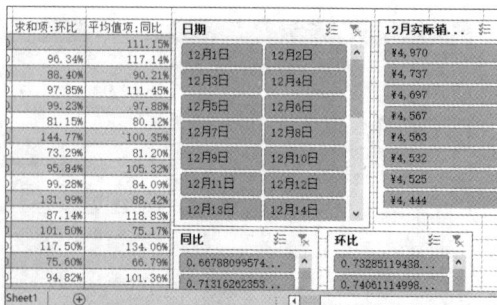

图5-48｜调整切片器的显示位置

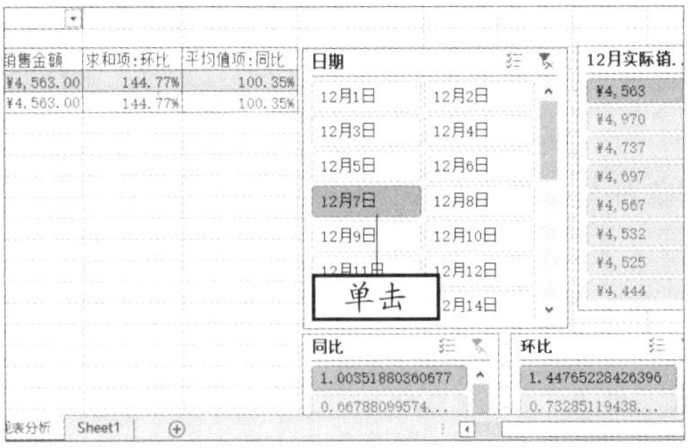

图5-49｜筛选单个数据

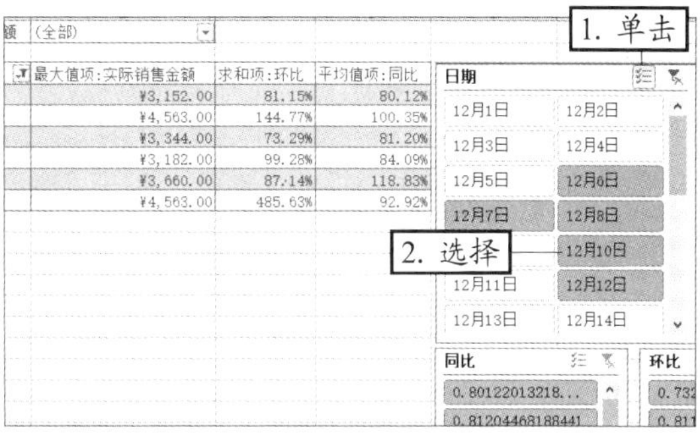

图5-50｜筛选多个数据

职业素养

　　分析数据的工具和方法有很多，每一种工具和方法都有其优劣，用户需要在反复的练习和使用过程中找到合适的数据分析工具和分析方法，这样才能达到事半功倍的效果。就像我们的学习一样，只有掌握了科学的学习方法，才能提高学习效率，从而提升学习能力。

5.3 数据透视图的应用

　　数据透视图能够以图表的形式展示数据透视表中的数据，在创建数据透视图的同时，Excel会同步创建数据透视表。也就是说，数据透视图和数据透视表是关联在一起的，无论哪一个对象发生变动，另一个对象都将同步发生变动。

微课视频

创建数据透视图

5.3.1 创建数据透视图

　　数据透视图的创建与数据透视表的创建相似，关键在于数据区域与字段的选择。下面将在"客服销售提成表.xlsx"工作簿中插入数据透视图，具体操作如下。

　　（1）打开素材文件"客服销售提成表.xlsx"工作簿（素材参见：素材文件\第5章\客服销售提成表.xlsx），在【插入】/【图表】组中单击的"数据透视图"按钮，如图5-51所示。

　　（2）打开"创建数据透视图"对话框，在"表/区域"参数框中将数据区域指定为A1:I20单元格区域，在"选择设置数据透视图的位置"栏中单击选中"现有工作表"单选项，并将位置指定为A23单元格，然后单击"确定"按钮，如图5-52所示。

图5-51｜单击"数据透视图"按钮

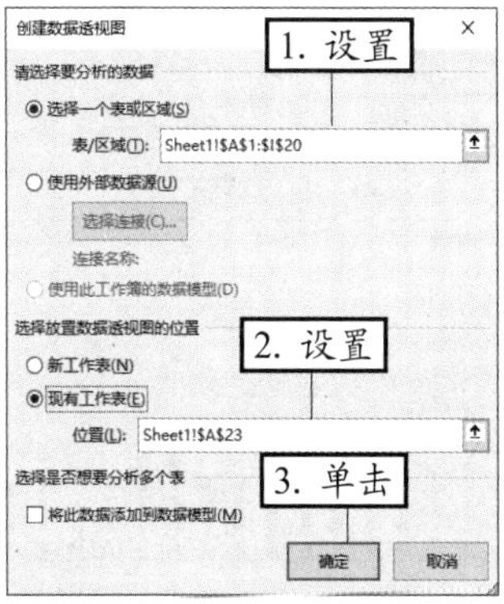

图5-52｜设置数据透视图的相关参数

（3）返回工作表后，可看到成功创建的数据透视图和打开的"数据透视图字段"任务窗格，然后依次将"客服姓名""所售商品"字段添加到"轴（类别）"列表框中，将"销售金额"字段添加到"值"列表框中，如图5-53所示。

（4）完成数据透视图的创建后，适当调整大小，并将其移至表格数据下方，效果如图5-54所示。

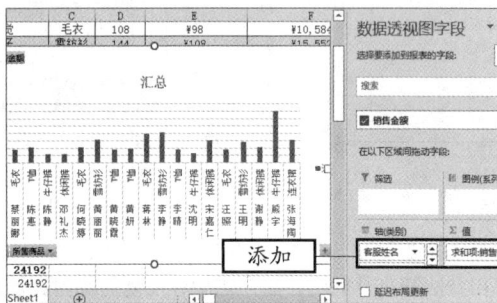

图5-53｜添加字段至数据透视图

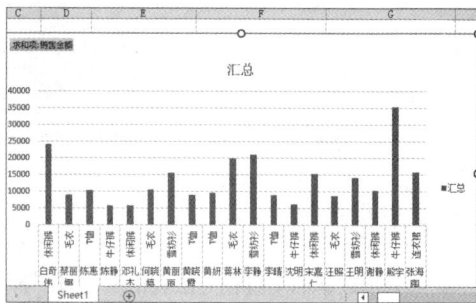

图5-54｜调整数据透视图

经验之谈

如果当前工作表中已经插入了数据透视表，那么可通过数据透视表来创建数据透视图，方法为：选择数据透视表中的任意一个单元格，在【数据透视表工具　数据透视表分析】/【工具】组中单击"数据透视图"按钮█，打开"插入图表"对话框，在其中选择需要的图表类型后，单击"确定"按钮创建数据透视图。

5.3.2 使用数据透视图

微课视频

使用数据透视图

数据透视图兼具数据透视表和图表的功能，因此在使用上也同时具备这两种对象的特性。下面将在"客服销售提成表.xlsx"工作簿中对数据透视图进行筛选操作，并设置其布局，具体操作如下。

（1）选择创建的数据透视图，在【数据透视图工具　设计】/【类型】组中单击"更改图表类型"按钮█，如图5-55所示。

（2）打开"更改图表类型"对话框，在左侧单击"条形图"选项卡，如图5-56所示，在右侧选择"簇状条形图"选项，然后单击"确定"按钮。

图5-55｜单击"更改图表类型"按钮

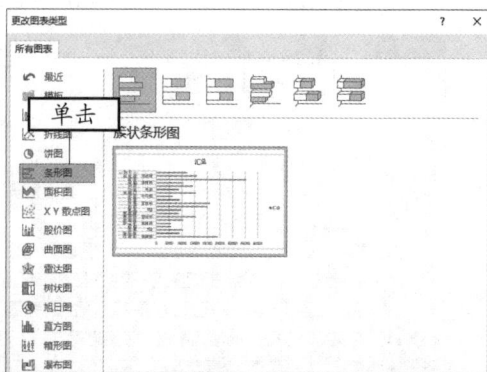

图5-56｜单击"条形图"选项卡

（3）将鼠标指针定位至"轴（类别）"列表框中的"所售商品"字段上，按住鼠标左键不放，将其拖曳至"图例（系列）"列表框中，如图5-57所示，然后释放鼠标，调整图表中数据的显示位置。

（4）选择数据透视图，适当增加其宽度，效果如图5-58所示。

（5）在数据透视图中单击"所售商品"按钮，在打开的下拉列表中单击选中"休闲裤"和"牛仔裤"这2个复选框，然后单击"确定"按钮，如图5-59所示。

（6）返回工作表后，数据透视图中将只显示满足筛选条件的数据，如图5-60所示。

图5-57｜调整数据的显示位置

图5-58｜增加数据透视图的宽度

图5-59｜设置筛选条件

图5-60｜查看筛选结果

（7）双击数据透视图中的水平轴，打开"设置坐标轴格式"任务窗格，在"边界"栏中将"最小值"更改为"1000.0"，在"单位"栏中将"大"更改为"4000.0"，如图5-61所示。

（8）关闭"设置坐标轴格式"任务窗格，在【数据透视图工具 设计】/【图表布局】组中单击"添加图表元素"按钮，在打开的下拉列表中选择"数据标签"选项，在打开的子列表中选择"数据标签外"选项，如图5-62所示。

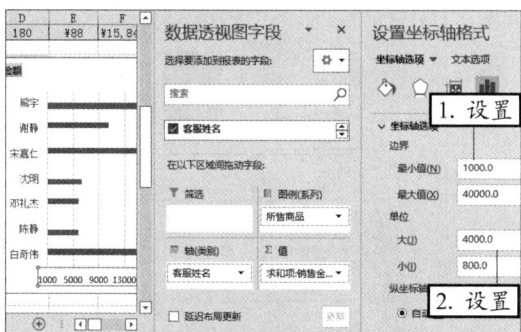

图5-61｜设置坐标轴选项

图5-62｜添加数据标签

职业素养

在各类新闻报道及专业数据报告中，好的图表可以对数据进行直观地呈现和解读，但"造假"数据却极具迷惑性和误导性，如图表坐标轴中数据的范围差异过大，这会导致图表数据间的巨大差异被人为缩小，从而迷惑图表观看人员。因此，数据分析人员一定要遵守职业道德，诚实守信，保证数据的真实性和客观性，杜绝"造假"数据。

5.3.3 设置和美化数据透视图

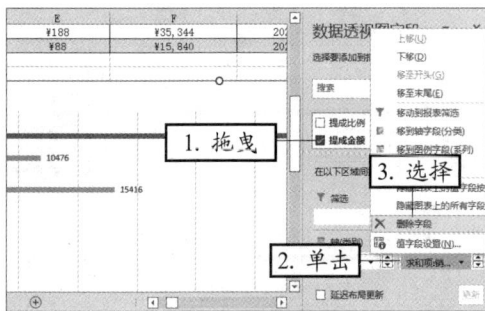

创建完数据透视图后，用户可以对数据透视图进行设置和美化。下面将在"客服销售提成表.xlsx"工作簿中对创建的数据透视图进行适当设置和美化，具体操作如下。

微课视频

设置和美化数据
透视图

（1）在"数据透视图字段"任务窗格中将"提成金额"字段拖曳至"值"列表框中，然后在"值"列表框中单击"求和项：销售金额"选项，在打开的下拉列表中选择"删除字段"选项，如图5-63所示。

（2）此时，数据透视图中的"销售金额"数据将自动被删除，并显示为"提成金额"数据，然后双击水平轴，在打开的"设置坐标轴格式"任务窗格中将"单位"栏中的"大"更改为"1000.0"，如图5-64所示。

图5-63 | 添加后删除字段

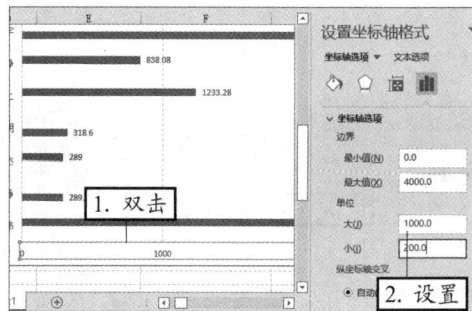

图5-64 | 设置坐标轴选项

（3）单击数据透视表中"列标签"单元格右侧的"筛选"按钮 ，在打开的下拉列表中选择"从'所售商品'中清除筛选器"选项，如图5-65所示。

（4）选择数据透视图，在【数据透视图工具 设计】/【图表样式】组的"样式"列表框中选择"样式5"选项，如图5-66所示。

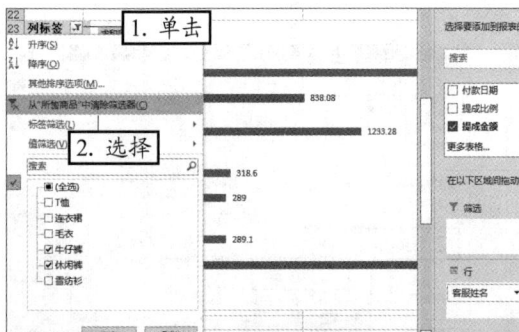

图5-65 | 清除筛选条件

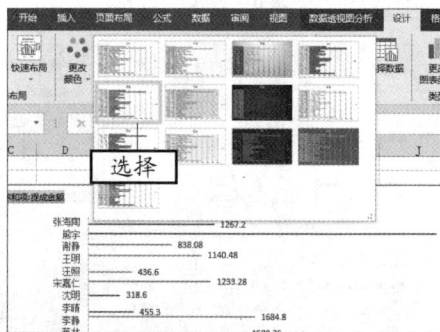

图5-66 | 更改图表样式

（5）选择图表区，在【数据透视图工具 格式】/【形状样式】组中单击"形状填充" 按钮右侧的下拉按钮，在打开的下拉列表中选择"主题颜色"栏中的"橄榄色，个性色3，淡色80%"选项，如图5-67所示。

（6）返回工作表后，图表区中将应用所选的填充颜色，然后在【开始】/【字体】组中将垂直轴中的字体颜色设置为"黑色，文字1"，如图5-68所示。

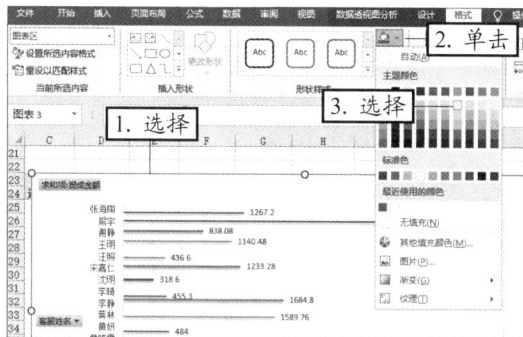

图5-67｜设置图表区的填充颜色

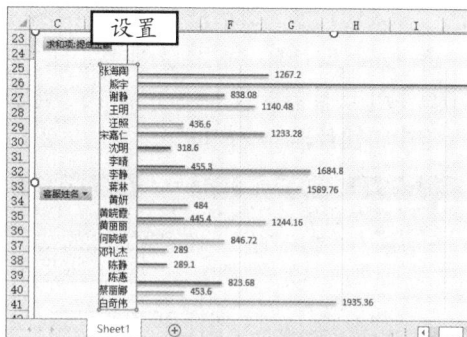

图5-68｜设置垂直轴的字体颜色

（7）在【数据透视图工具 设计】/【位置】组中单击"移动图表"按钮，将图表移动至新工作表中（效果参见：效果文件\第5章\客服销售提成表.xlsx）。

经验之谈

在设置数据透视图中的文本字体格式时，除了可以通过"字体"组对字形、字号、字体和填充颜色等进行设置外，还可以在【数据透视图工具 格式】/【艺术字样式】组中对文本轮廓、文本颜色和文本效果等进行设置。

本章实训

店铺的销售额与商品的搜索量密切相关，搜索量越高，那么商品的点击率就会越高，成交量自然也就会提升。下面将利用 Excel 分析店铺 PC 端和无线端的访客数据，以便进一步掌握通过切片器和数据透视图来直观分析数据的方法。

本实训将利用 Excel 的切片器对 PC 端和无线端的访客数据进行分析。通过本实训，读者可以熟悉并巩固切片器的插入与使用方法。

微课视频

分析店铺 PC 端与
无线端访客数据

1. 实训目标

① 熟练插入多个切片器。

② 利用切片器筛选数据。

2. 实训要求

首先在已有数据的 Excel 表格中创建智能表格，然后在表格中插入"月份""店铺 PC 端访客量""店铺无线端访客量"3个切片器，最后设置切片器并使用切片器筛选"12月"的数据。

3. 实训步骤

① 创建智能表格。在源数据表（素材参见：素材文件\第5章\店铺 PC 端与无线端访客数据 .xlsx）中选择任意一个包含数据的单元格，然后按【Ctrl+T】组合键，在打开的"创建表"对话框中单击"确定"按钮。

② 插入切片器。在【表格工具 表设计】/【工具】组中单击"插入切片器"按钮，在打开的"插入切片器"对话框中单击选中图 5-69 所示的 3 个复选框，然后单击"确定"按钮。

③ 设置切片器。利用鼠标调整切片器的显示位置，然后选择"月份"切片器，在【切片器工具】/【切片器样式】组的"样式"列表框中选择"浅黄，切片器样式浅色 4"选项，在"大小"组中将切片器的"高度"设置为"2.4 厘米"，如图 5-70 所示。

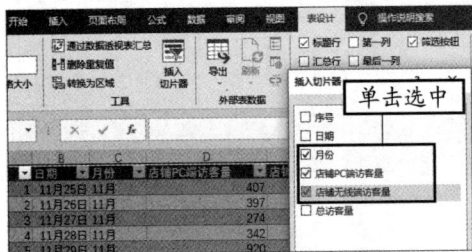

图5-69｜插入多个切片器

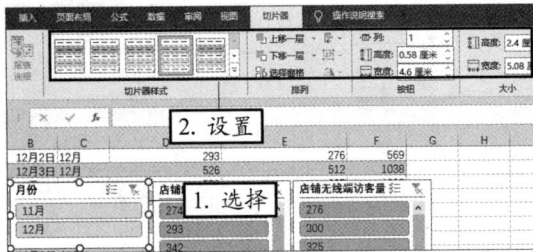

图5-70｜设置切片器的样式和高度

④ 利用切片器筛选数据。单击"月份"切片器中的"12 月"按钮，筛选出 12 月的数据，然后单击"店铺 PC 端访客量"切片器中的"多选"按钮，进入多条件筛选状态，依次选择"293"和"383"选项，将 12 月中包含该这两项数据的字段隐藏，如图 5-71 所示（效果参见：效果文件\第5章\店铺 PC 端和无线端访客数据 .xlsx）。

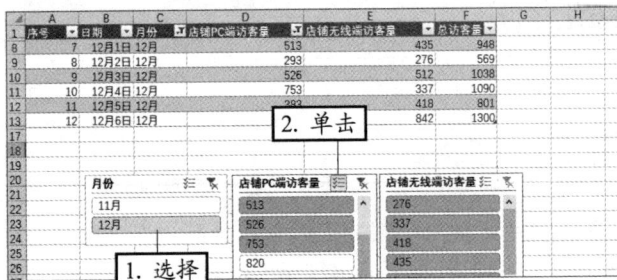

图 5-71｜进行多条件筛选

第6章

市场环境分析

知识目标

◆ 掌握计算数据的不同方法。

◆ 掌握动态图表的创建与使用方法。

能力目标

◆ 能够使用函数对表格数据进行快速计算。

◆ 能够将源数据进行动态展示。

素养目标

◆ 加深对数据分析行业的认识。

◆ 培养敏锐的市场洞察能力。

　　"知己知彼，百战不殆"，"社会""市场"即"彼"，只有充分了解市场状况，掌握自己产品在市场中所占的份额和优势，才能制定有利于产品销售的策略，提高产品销量。本章主要介绍竞争产品所占市场份额的分析方法和竞争对手的产品价格分析方法，其中涉及的知识点包括：SUMPRODUCT 函数的使用、单元格名称的定义、控件的插入及图表的插入等。

6.1 竞争产品市场份额分析

　　市场份额简单地说就是产品的销售量或销售额在市场同类产品中所占的比重，它体现了企业对市场的控制能力。图 6-1 所示为竞争产品市场份额分析的最终效果，其中展示了竞争产品在 2021 年和 2022 年的实际销量和市场整体占有情况。

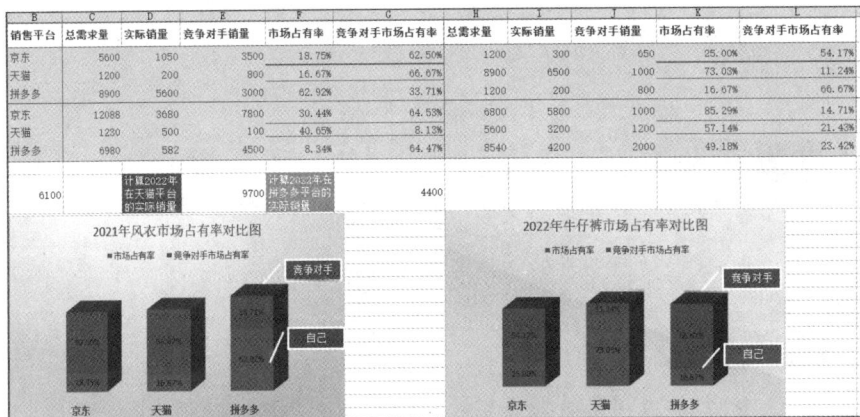

销售平台	总需求量	实际销量	竞争对手销量	市场占有率	竞争对手市场占有率	总需求量	实际销量	竞争对手销量	市场占有率	竞争对手市场占有率
京东	5600	1050	3500	18.75%	62.50%	1200	300	650	25.00%	54.17%
天猫	1200	200	800	16.67%	66.67%	8900	6500	1000	73.03%	11.24%
拼多多	8900	5600	3000	62.92%	33.71%	1200	200	800	16.67%	66.67%
京东	12088	3680	7800	30.44%	64.53%	6800	5800	1000	85.29%	14.71%
天猫	1230	500	100	40.65%	8.13%	5600	3200	1200	57.14%	21.43%
拼多多	6980	582	4500	8.34%	64.47%	8540	4200	2000	49.18%	23.42%

图6-1｜竞争产品市场份额分析的最终效果

　　下面首先通过公式计算竞争产品的市场占有率，然后利用 SUMPRODUCT 函数计算产品在京东、天猫、拼多多 3 个电商平台的实际销量，最后利用柱形图对比分析风衣在 2021 年的市场占有率和牛仔裤在 2022 年的市场占有率。

6.1.1 使用公式计算市场占有率

　　市场占有率的计算方法是用一定时期内某产品的销售量除以该产品的市场需求量。下面将在"竞争产品市场份额分析 .xlsx"工作簿中分别计算自家产品和竞争产品的市场占有率，具体操作如下。

　　（1）打开素材文件"竞争产品市场份额分析 .xlsx"工作簿（素材参见：素材文件＼第 6 章＼竞争产品市场份额分析 .xlsx），选择 F3 单元格，在其中输入公式"=D3/C3"，如图 6-2 所示。

　　（2）按【Enter】键查看计算结果，然后重新选择 F3 单元格，拖曳其右下角的填充柄将该公式复制至 F8 单元格，如图 6-3 所示。

　　（3）选择 F8 单元格，在【开始】/【字体】组中单击"展开"按钮 ，如图 6-4 所示。

　　（4）打开"设置单元格格式"对话框，单击"边框"选项卡，在"颜色"下拉列表中选择"主题颜色"栏中的"蓝色，个性色1"选项，在"边框"栏中单击"下框线"按钮，如图6-5所示，然后单击"确定"按钮。

图6-2 | 输入公式（1）

图6-3 | 复制公式（1）

图6-4 | 单击"展开"按钮

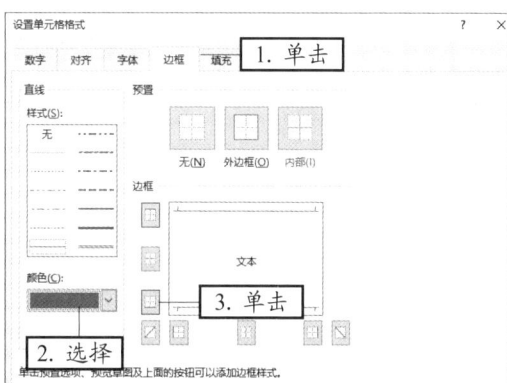

图6-5 | 为单元格添加下框线

（5）选择G3单元格，在其中输入公式"=E3/C3"，如图6-6所示。

（6）按【Enter】键查看计算结果，然后重新选择G3单元格，拖曳其右下角的填充柄将该公式复制至G8单元格，如图6-7所示。

图6-6 | 输入公式（2）

图6-7 | 复制公式（2）

（7）选择F8单元格，在【开始】/【剪贴板】组中单击"格式刷"按钮，当鼠标指针变成图6-8所示的形状时，表示已进入格式复制状态。

（8）选择G8单元格，将F8单元格的格式（即单元格下边框样式）复制到G8单元格，效果如图6-9所示。

（9）使用相同的操作计算2022年"市场占有率"和"竞争对手市场占有率"，最终效果如图6-10所示。

图6-8｜启用格式刷

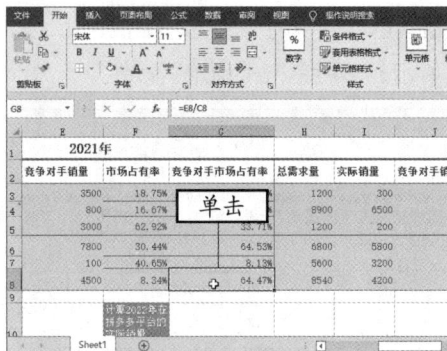

图6-9｜使用格式刷复制单元格样式

图6-10｜计算2022年市场占有率

6.1.2 使用函数实现多条件求和

下面将利用SUMPRODUCT函数计算2022年风衣和牛仔裤在京东、天猫、拼多多这3个电商平台的实际销量，具体操作如下。

（1）选择B10单元格，按【Shift+F3】组合键，打开"插入函数"对话框，在"或选择类别"下拉列表中选择"数学与三角函数"选项，在"选择函数"列表框中选择"SUMPRODUCT"选项，然后单击"确定"按钮，如图6-11所示。

（2）打开"函数参数"对话框，在"Array1"参数框中输入"($B$3:$B$8=" 京东 ")*($I$3:$I$8)"，然后单击"确定"按钮，如图6-12所示。上述公式中的"$B$3:$B$8=" 京东 ""是一个条件，用于判断B3:B8单元格区域是否等于"京东"；符合指定销售平台的，就用1×实际销量；不符合指定销售平台的，就用0×实际销量。最后对各个乘积进行求和。

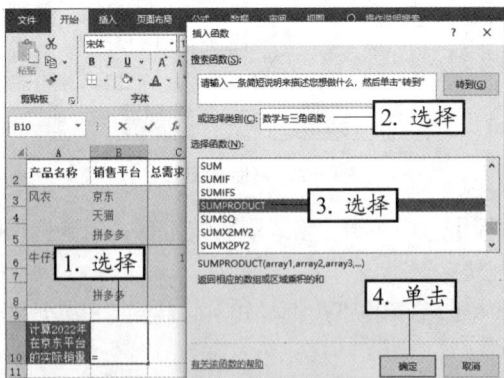

图6-11｜选择函数

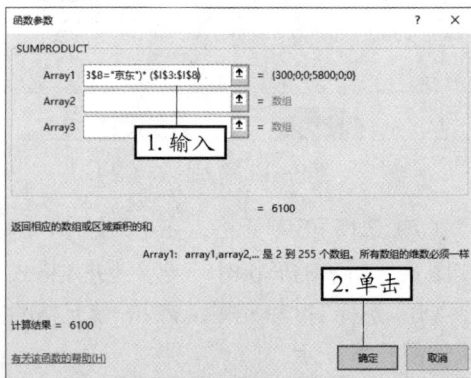

图6-12｜设置函数参数

（3）返回工作表后，B10单元格中将显示最终的计算结果，如图6-13所示。

（4）保持 B10 单元格的选择状态，按【Ctrl+C】组合键进入复制状态，然后选择 E10 单元格，按【Ctrl+V】组合键进行粘贴，效果如图 6-14 所示。

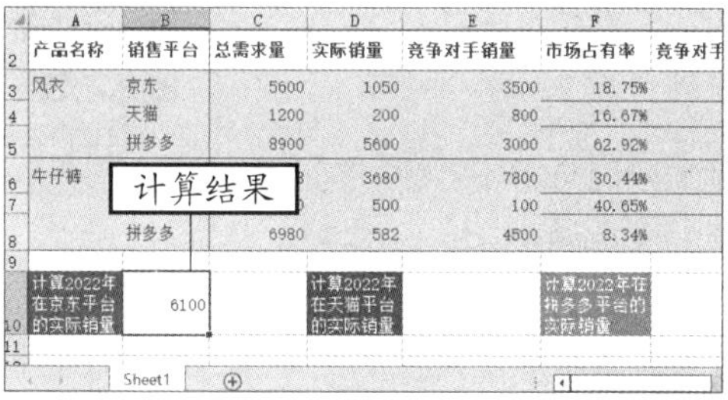

图6-13｜查看计算结果

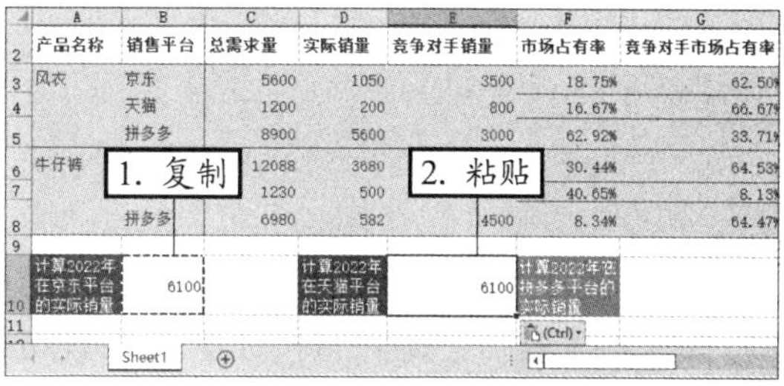

图6-14｜复制和粘贴

（5）此时，E10 单元格中的计算结果有误，将鼠标指针定位至编辑栏中，将函数参数中的"京东"更改为"天猫"，如图 6-15 所示。

（6）按【Enter】键确认函数参数的修改，然后在 E10 单元格中查看正确的计算结果，如图 6-16 所示。

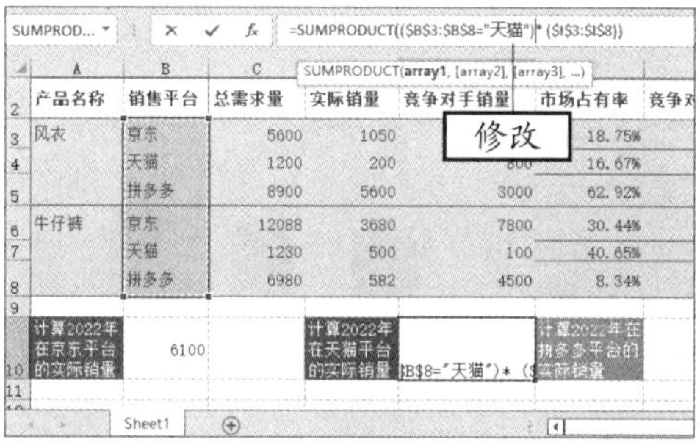

图6-15｜修改函数参数

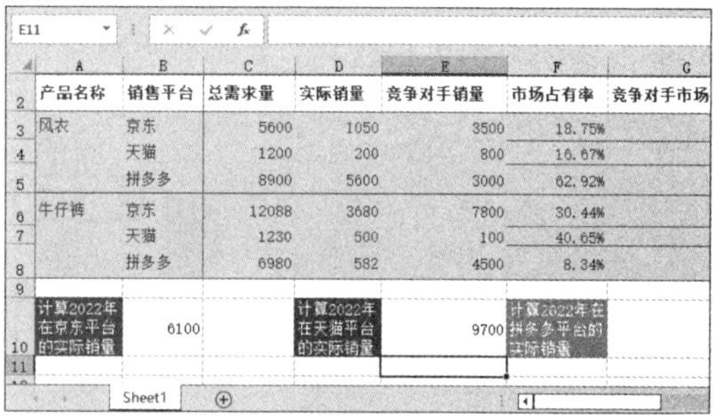

图6-16｜查看修改函数参数后的计算结果

（7）利用复制和修改函数的方法计算 2022 年风衣和牛仔裤在拼多多平台的实际销量，如图 6-17 所示。

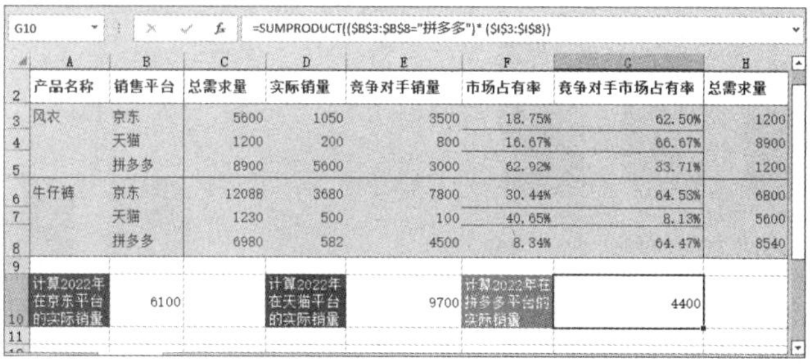

图6-17｜计算2022年风衣和牛仔裤在拼多多平台的实际销量

经验之谈

启用格式刷后，不仅可以单击，还可以双击，方法为：选择要复制的格式所对应的单元格，在【开始】/【剪切板】组中双击"格式刷"按钮，然后选择想要应用相同格式的某一单元格；复制完格式之后的格式刷依然处于激活状态，此时，用户可以继续选择工作表中的其他单元格，为其他单元格应用相同的格式。完成格式的复制操作后，按【Esc】键可退出格式刷。单击格式刷只能复制一次格式，而双击格式刷则能复制多次格式。

6.1.3 创建市场占有率对比图

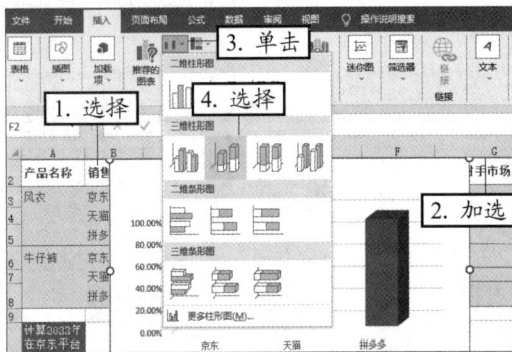

微课视频

创建市场占有率
对比图

为了直观显示单元格中数据的大小，下面将在"竞争产品市场份额分析.xlsx"工作簿中利用三维堆积柱形图分析风衣的市场占有率情况，具体操作如下。

（1）选择 B2:B5 单元格区域，按住【Ctrl】键的同时选择 F2:G5 单元格区域，然后在【插入】/【图表】组中单击"插入柱形图或条形图"按钮 📊，在打开的下拉列表中选择"三维柱形图"栏中的"三维堆积柱形图"选项，如图 6-18 所示。

（2）在【图表工具 图表设计】/【图表布局】组中单击"快速布局"按钮 📊，在打开的下拉列表中选择"布局 2"选项，如图 6-19 所示。

（3）选择图表标题，将其更改为"2021 年风衣市场占有率对比图"，如图 6-20 所示。

（4）选择图表区，在【图表工具 格式】/【当前所选内容】组中单击"设置所选内容格式"按钮 🖌，如图 6-21 所示。

图6-18｜插入三维柱形图

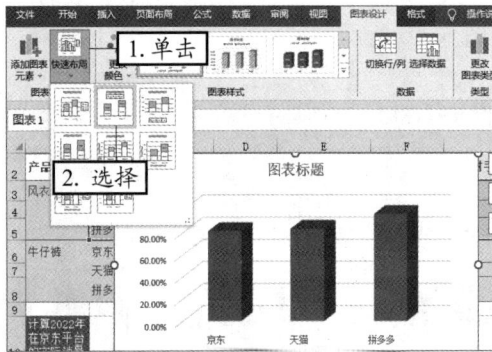

图6-19｜更改图表布局

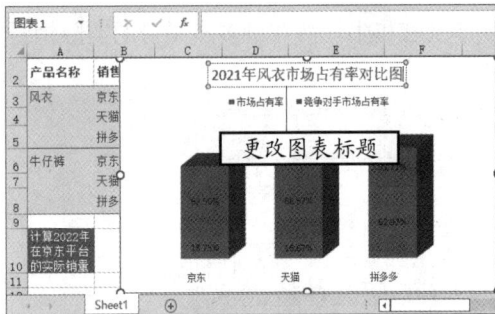

图6-20｜更改图表标题

图6-21｜设置图表区的格式

（5）打开"设置图表区格式"任务窗格，在"填充"栏中单击选中"图片或纹理填充"单选项，然后单击"插入"按钮，如图 6-22 所示。

（6）打开"插入图片"对话框，在其中选择"从文件"栏中的"浏览"选项，如图 6-23 所示。

（7）打开"插入图片"对话框，选择"背景"选项（素材参见：素材文件\第 6 章\背景.jpg），然后单击"插入"按钮，如图 6-24 所示。

（8）返回工作表后，可看到图表区的背景被填充为所选择的图片，选择图表中的水平轴，在【开始】/【字体】组中分别单击"加粗"按钮 **B** 和"字号增大"按钮 **A⁺**，如图 6-25 所示。

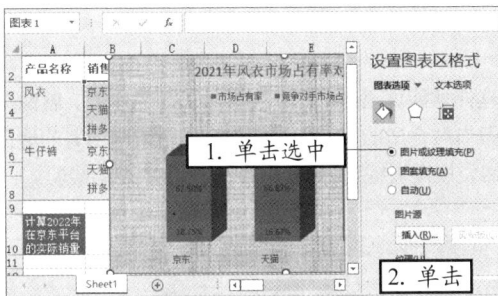

图6-22 | 使用图片填充

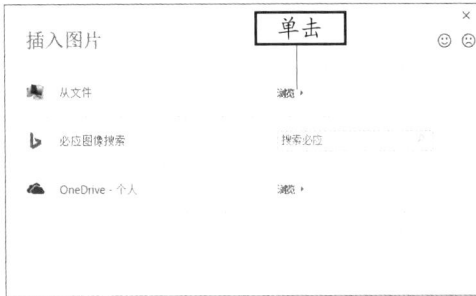

图6-23 | 单击"浏览"按钮

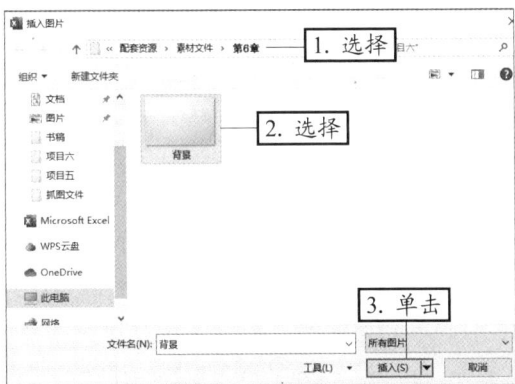

图6-24 | 选择要插入的图片

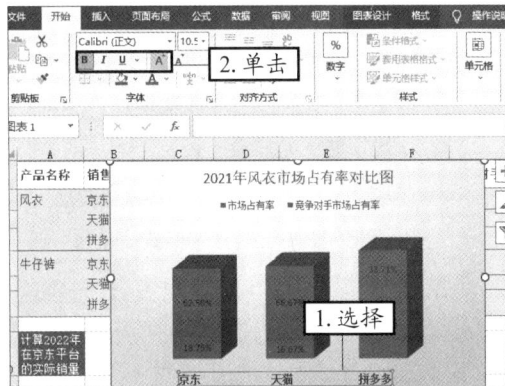

图6-25 | 设置水平轴的字体格式

（9）在【图表工具 格式】/【插入形状】组中单击"其他"按钮，在打开的下拉列表中选择"标注"栏中的"标注：线形"选项，如图6-26所示。

（10）按住鼠标左键不放，绘制一个线形标注，然后在标注上单击鼠标右键，在弹出的快捷菜单中选择"编辑文字"命令，如图6-27所示。

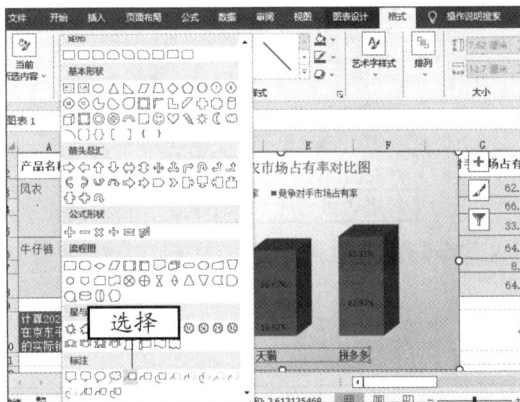

图6-26 | 选择形状

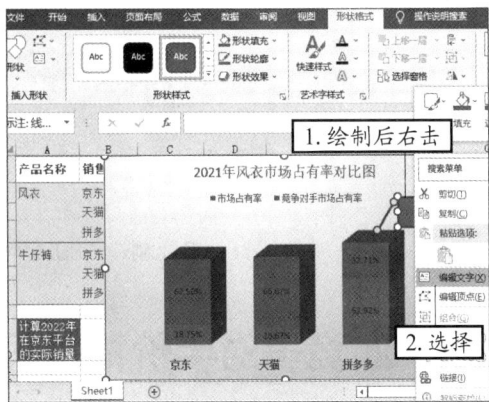

图6-27 | 选择"编辑文字"命令

（11）在文本插入点处输入文本"竞争对手"，然后在【绘图工具 形状格式】/【形状样式】组中设置标注轮廓为"白色，背景1"，填充颜色为"红色，个性色2"，如图6-28所示。

（12）使用相同的操作在绘图区中添加另一个线形标注"自己"，标注轮廓与前一个标注相同，但填充颜色要设置为"蓝色，个性色1"，如图6-29所示。

职业素养

在不同的场景下要学会选择与之相应的图表，这样才能真正起到"一图胜千语"的作用。就像在生活中，我们需要在不同的时间、场合和精力下去做当时合适的事。如果能做到，就说明当时的选择是正确的；反之，则说明自身的能力还有所欠缺，需要慢慢训练和培养，不断从失败中总结经验。

图6-28｜设置标注格式

图6-29｜绘制并编辑另一个标注

（13）在工作表中创建另一个标题为"2022年风衣市场占有率对比图"图表。其中，引用的数据区域为 B2:B5 单元格区域和 K2:L5 单元格区域，图表区背景填充图片为"背景 1.jpg"（素材参见：素材文件\第 6 章\背景 1.jpg），其他格式的设置与前一个图表相同，效果如图 6-30 所示（效果参见：效果文件\第 6 章\竞争产品市场份额分析 .xlsx）。

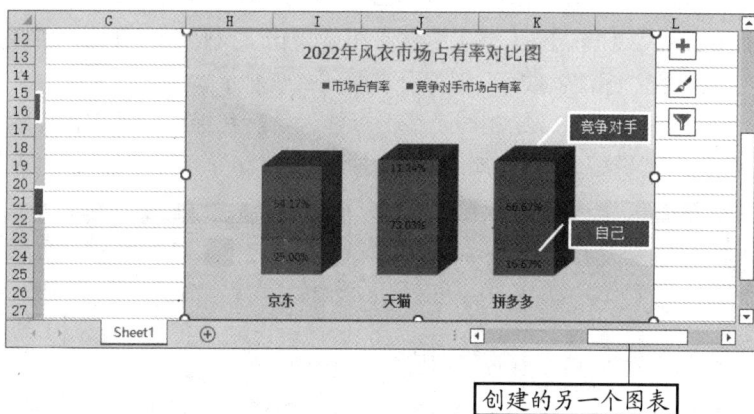

图 6-30｜创建"2022 年风衣市场占有率对比图"图表

6.2 竞争对手价格差异分析

竞争对手分析中的一个关键组成部分就是评估竞争对手的价格体系，一旦知道了竞争对手的价格体系，就有可能预测出今后的价格水平和对手的行动方向。图 6-31 所示为竞争对手价格差异分析的最终效果。通过制作动态图表，营销人员可以选择性地分析不同竞争对手的价格，从而了解竞争对手的价格优势。

为了方便对图表中的数据区域进行引用，下面首先为单元格区域定义名称，并利用工作表中的已知数据创建堆积柱形图，然后对柱形图进行编辑，最后在 Excel 功能区中添加"开发工具"选项卡，并利用滚动条制作动态图表。

图6-31｜竞争对手价格差异分析的最终效果

6.2.1 定义名称

微课视频
定义名称

下面将在"竞争对手价格差异分析 .xlsx"工作簿中对"Sheet1"工作表中的相关单元格区域定义名称，具体操作如下。

（1）打开素材文件"竞争对手价格差异分析 .xlsx"工作簿（素材参见：素材文件\第 6 章\竞争对手价格差异分析 .xlsx），在"Sheet1"工作表中选择 G2 单元格，输入小于 5 的数字，然后在【公式】/【定义的名称】组中单击"定义名称"按钮，如图 6-32 所示。

（2）打开"新建名称"对话框，在"名称"文本框中输入文本"牛仔裤"，在"引用位置"参数框中输入"=OFFSET(Sheet1!$B$3,0,0,Sheet1!$G$2,1)"，然后单击"确定"按钮，如图 6-33 所示，该名称用于获取指定产品对应的价格区域。

图6-32｜输入数字

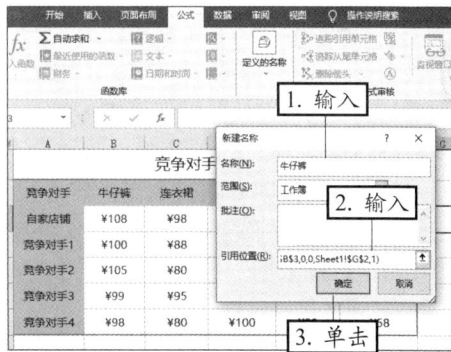

图6-33｜新建名称

（3）返回工作表后，在【公式】/【定义的名称】组中单击"名称管理器"按钮，在打开的"名称管理器"对话框中可查看定义的名称，如图 6-34 所示。此时若要修改定义名称的引用范围、位置和名称等，则可以单击"编辑"按钮来实现。

（4）使用相同的操作添加"竞争对手""连衣裙""风衣""卫衣""雪纺衫"5 个名称，如图 6-35 所示。这些名称的引用位置与"牛仔裤"的引用位置基本相同，只需修改对应的单元格，如"卫衣"对应的引用位置为"=OFFSET(Sheet1!$E$3,0,0,Sheet1!$G$2,1)"，以此类推。

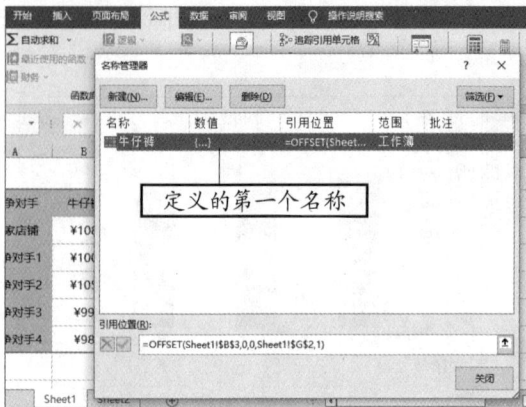

图6-34 | 查看定义的名称

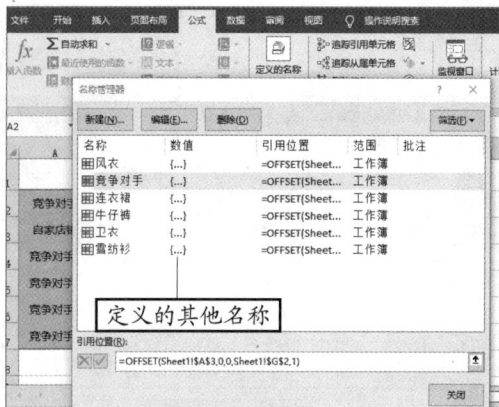

图6-35 | 定义其他名称

经验之谈

OFFSET 函数可以实现对单元格区域的动态选择，其语法结构为：OFFSET(reference, rows, cols, [height], [width])。其中，reference 参数用于定义单元格区域的起始位置，rows 参数用于定义行偏移量，cols 参数用于定义列偏移量，height 参数用于定义引用的行数，width 参数用于定义引用的列数。

6.2.2 创建动态图表

微课视频

利用动态图表展示竞争对手之间的价格差异状况可以使展示效果更加丰富、生动。下面将在"竞争对手价格差异分析 .xlsx"工作簿的"Sheet1"工作表中利用滚动条来查看不同竞争对手之间的价格差异情况，具体操作如下。

创建动态图表

（1）在"Sheet1"工作表的【插入】/【图表】组中单击"插入柱形图或条形图"按钮，在打开的下拉列表中选择"二维柱形图"栏中的"堆积柱形图"选项，如图 6-36 所示。

（2）此时，工作表中将自动插入一张空白图表，然后在【图表工具 图表设计】/【数据】组中单击"选择数据"按钮，如图 6-37 所示。

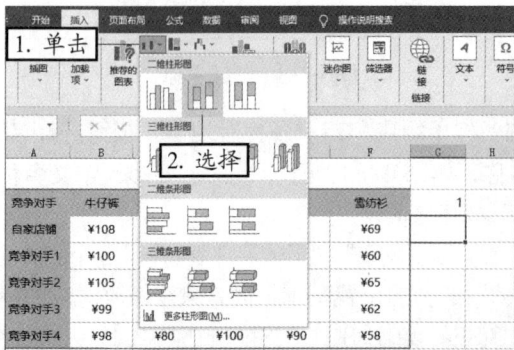

图6-36 | 插入空白图表

图6-37 | 单击"选择数据"按钮

> 若工作表中当前活动单元格的内容为空，那么插入的图表将显示为空白，此时需要手动添加数据；若需要插入带数据的图表，就需要在工作表中先选择数据区域，然后再进行插入图表的操作。

（3）打开"选择数据源"对话框，在其中单击"添加"按钮，如图6-38所示。

（4）打开"编辑数据系列"对话框，在"系列名称"参数框中输入文本"牛仔裤"，在"系列值"参数框中输入"=Sheet1! 牛仔裤"，然后单击"确定"按钮，如图6-39所示。

图6-38 | 单击"添加"按钮

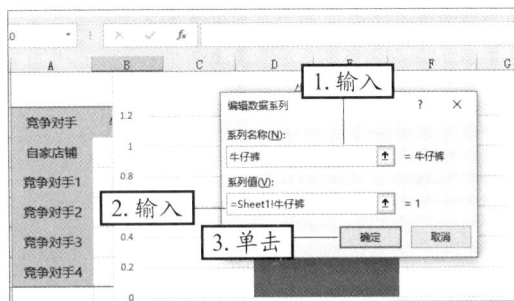

图6-39 | 编辑数据系列

（5）返回"选择数据源"对话框，再次单击"添加"按钮，打开"编辑数据系列"对话框，在"系列名称"和"系列值"参数框中分别输入图6-40所示的文本内容。

（6）使用相同的操作添加"风衣""卫衣""雪纺衫"数据系列，如图6-41所示。

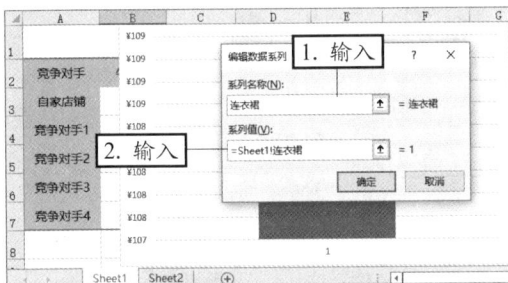

图6-40 | 添加"连衣裙"数据系列

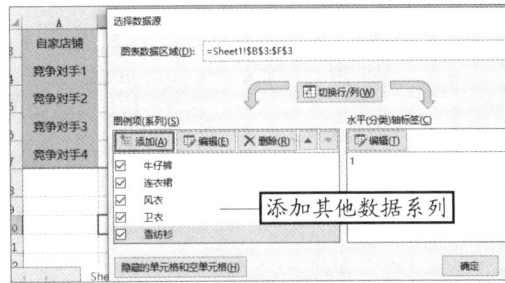

图6-41 | 继续添加其他数据系列

（7）在"水平（分类）轴标签"列表框中选择"1"选项，然后单击"编辑"按钮，如图6-42所示。

（8）打开"轴标签"对话框，在"轴标签区域"参数框中输入"=Sheet1! 竞争对手"，然后依次单击"确定"按钮，如图6-43所示，完成数据源的设置。

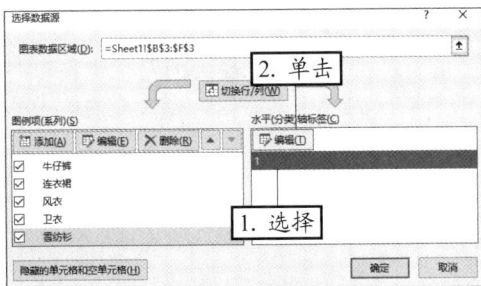

图6-42 | 设置水平轴标签

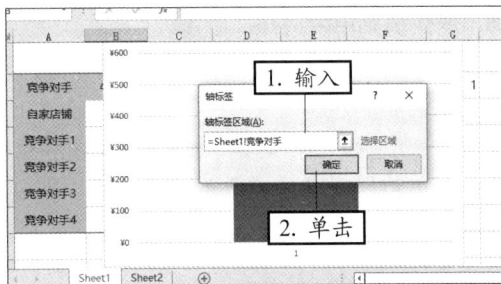

图6-43 | 设置轴标签区域

（9）返回工作表后，图表中将显示添加数据系列和修改水平轴标签后的效果，如图6-44所示。

（10）单击"文件"选项卡，在打开的下拉列表中选择"更多"选项，在打开的子列表中选择"选项"选项，如图6-45所示。

图6-44｜编辑图表后的效果

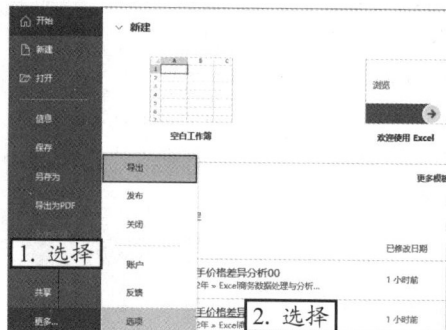

图6-45｜选择"选项"选项

（11）打开"Excel选项"对话框，在左侧单击"自定义功能区"选项卡，在右侧的"自定义功能区"列表框中单击选中"开发工具"复选框，然后单击"确定"按钮，如图6-46所示。

（12）返回工作表后，功能区中将显示新添加的"开发工具"选项卡，然后在【图表工具】/【图表设计】组中单击"添加图表元素"按钮，在打开的下拉列表中选择"图表标题"选项，在打开的子列表中选择"图表上方"选项，如图6-47所示。

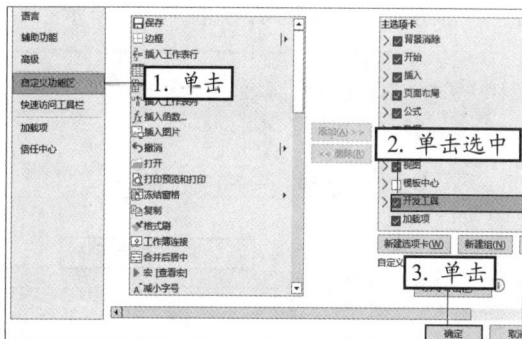

图6-46｜添加"开发工具"选项卡

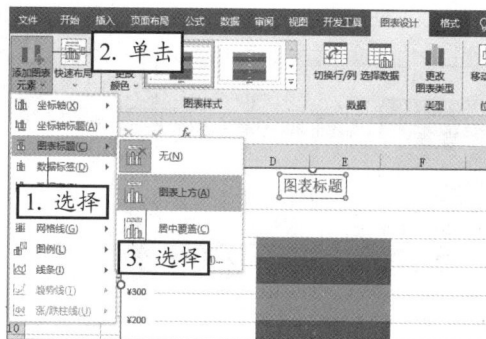

图6-47｜添加图表标题

（13）将添加的图表标题修改为"竞争对手价格差异对比图"，然后在【开发工具】/【控件】组中单击"插入"按钮，在打开的下拉列表中选择"表单控件"栏中的"滚动条（窗体控件）"选项，如图6-48所示。

（14）在图表区的右上角拖曳鼠标绘制滚动条，然后在绘制好的滚动条上单击鼠标右键，在弹出的快捷菜单中选择"设置控件格式"命令，如图6-49所示。

（15）打开"设置控件式"对话框，在"当前值""最小值""最大值""步长""页步长"数值框中分别输入"1""1""5""1""2"，然后在"单元格链接"参数框中输入"$G$2"，最后单击"确定"按钮，如图6-50所示。

（16）将鼠标指针定位至滚动条上，当鼠标指针变成形状时，拖曳滚动条，查看不同竞争对手之间的价格差异，如图6-51所示。

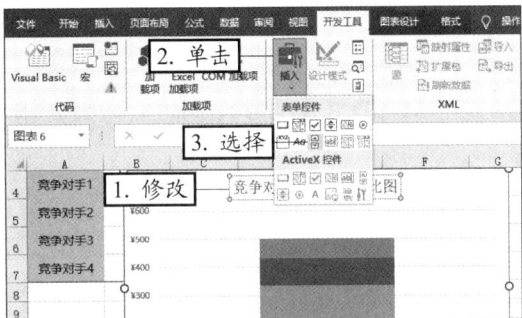

图6-48 | 插入表单控件

图6-49 | 选择"设置控件格式"命令

经验之谈

步长值是指每次单击或拖动滚动条后显示的系列数目，图6-50中设置的步长值为"1"，因此单击或拖动滚动条后一次将移动一个系列。如果不希望按照固定的步长值"1"进行滚动，则可对"设置控件格式"对话框的"控制"选项卡中的相关参数进行设置。另外，用户还可以通过该对话框设置滚动条的大小、属性和保护状态等。

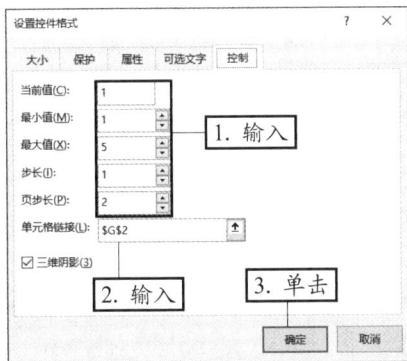

图6-50 | 设置控件格式

图6-51 | 拖动滚动条查看数据系列

（17）将图表移动至A9单元格，并调整控制条的显示位置，然后在图表右侧添加图例元素，最终效果如图6-31所示（效果参见：效果文件\第6章\竞争对手价格差异分析.xlsx）。

本章实训

店铺要想获得更好的发展空间，就需要不断提升店铺的各项评分，其中售后评分对店铺综合评价的影响较大，这也直接关系到消费者对店铺服务的好感度。下面将利用Excel分析店铺的评价数据，帮助读者进一步掌握利用函数和图表计算与分析数据的方法。

本实训将利用AVERAGE函数计算数据，并通过饼图分析店铺售后评分数据。通过本实训，读者可以熟悉并巩固函数和图表的使用方法。

微课视频

分析店铺售后评分数据

1. 实训目标

① 熟练使用AVERAGE函数。

② 利用饼图分析评分数据。

2. 实训要求

首先在已有数据的 Excel 表格中利用 AVERAGE 函数计算 3 项评分的平均值，然后利用饼图分析店铺 3 项评分的占比情况。

3. 实训步骤

① 计算表格数据。在源数据表（素材参见：素材文件\第 6 章\店铺售后评分数据 .xlsx）中选择G2:G12单元格区域，在编辑栏中输入"=AVERAGE(SUM(D2:F2))"，如图6-52所示，然后按【Ctrl+Enter】组合键查看"平均评分"的计算结果。

② 插入饼图。选择任意一个包含数据的单元格，在【插入】/【图表】组中单击"插入饼图或圆环图"按钮，在打开的下拉列表中选择"三维饼图"栏中的"三维饼图"选项，效果如图 6-53 所示。

图6-52 | 计算表格数据

图6-53 | 插入饼图

③ 设置饼图。在【图表工具 图表分析】/【数据】组中单击"选择数据"按钮，打开"选择数据源"对话框，将"图例项（系列）"和"水平（分类）轴标签"按照图 6-54 所示的内容进行设置，然后单击"确定"按钮。

④ 添加图表元素。将图表标题修改为"商品平均评分占比"，然后为图表添加数据标签，如图 6-55 所示（效果参见：效果文件\第 6 章\店铺售后评分数据 .xlsx）。

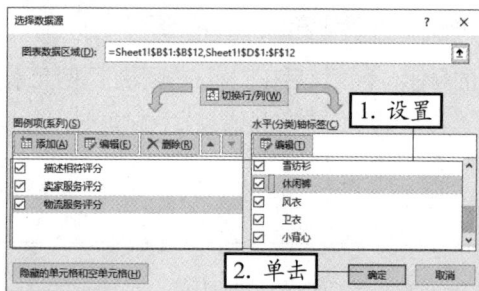

图6-54 | 选择数据源

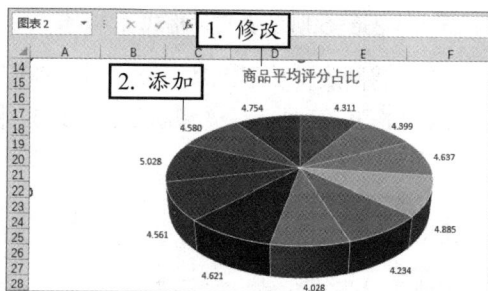

图6-55 | 编辑图表

第7章

产品销售数据分析

- ◆ 掌握产品销售生命周期的分析方法。
- ◆ 掌握产品畅滞销款的分析方法。
- ◆ 掌握整体销售数据的分析方法。

能力目标

- ◆ 能够透过产品销售数据把控整体销售情况。
- ◆ 能够为店铺销售策略的制定提供依据。

素养目标

- ◆ 培养数据分析的思维能力。
- ◆ 具备一定的信息判断能力。

在大数据时代，商家可以通过分析营销数据找到解决问题的方法，从而不断提升网络营销的效果，降低营销成本。本章主要介绍分析产品销售数据的方法，包括产品销售生命周期的分析、畅滞销产品的分析和整体销售数据的分析等，这些数据是研究行业营销规律，制订订货、补货和促销计划，以及调整经营措施的基本依据。

7.1 单款产品销售生命周期分析

单款产品销售生命周期分析一般是对一些订货量和库存量较多的单品做研究，判断是否缺货或有库存压力，以便及时调整营销计划。图7-1所示为单款产品销售生命周期分析的最终效果，通过折线图可以直观看出2023年1月1日与2023年1月10日这两个时间点是牛仔裤的销售高峰，而前后几天都有非常大的反差。因此，营销人员需要根据产品的销售趋势对照近期的市场情况和该产品的特点来分析产品销量下滑的原因，从而避免造成更大的损失。

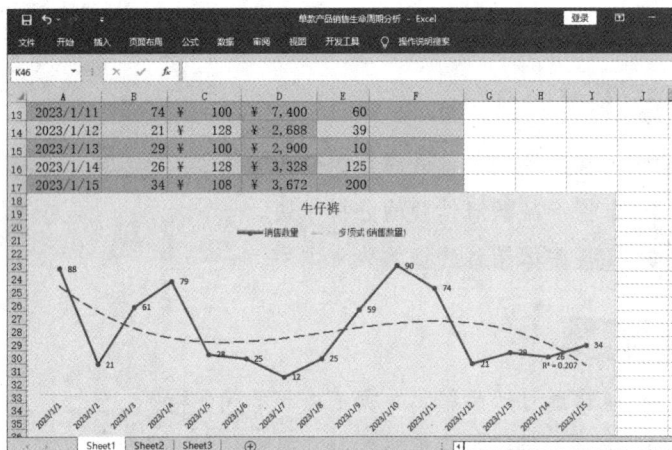

图7-1 | 单款产品销售生命周期分析的最终效果

下面首先计算牛仔裤每日的销售额，然后再通过折线图来分析该产品近半个月的销售情况。

7.1.1 统计对应日期的销售额

统计销售额是指对产品每日的销售额进行计算。该计算可通过简单的公式来完成，即销售额＝销售数量×销售单价。下面将在"单款产品销售生命周期分析.xlsx"工作簿的"Sheet1"工作表中统计对应日期的销售额，具体操作如下。

（1）打开素材文件"单款产品销售生命周期分析.xlsx"工作簿（素材参见：素材文件\第7章\单款产品销售生命周期分析.xlsx），在"Sheet1"工作表中选择D3单元格，然后单击编辑栏，输入运算符"="，如图7-2所示。

（2）选择B3单元格后，输入运算符"*"，然后选择工作表中的C3单元格，如图7-3所示，完成公式的输入。

微课视频

统计对应日期的销售额

106

图7-2 | 输入运算符

图7-3 | 引用单元格

（3）确认输入的公式无误后，按【Enter】键得出计算结果，如图7-4所示。

（4）重新选择D3单元格，将鼠标指针定位至该单元格右下角，当鼠标指针变成"**+**"形状时，按住鼠标左键不放并向下拖曳至D17单元格，释放鼠标完成公式的复制操作，如图7-5所示。

图7-4 | 查看计算结果

图7-5 | 复制公式

7.1.2 判断单款产品的销售生命周期

单款产品的销售生命周期是指单款产品销售的总时间跨度及该时间段内的销售状况（一般是指正价销售期）；同时，商家还可以根据销售走势判断出该产品是否具有销售潜力，如果有，则可以结合库存量进行适当补货，以减少缺货损失。下面将在"单款产品销售生命周期分析.xlsx"工作簿的"Sheet1"工作表中利用折线图判断单款产品的销售生命周期，具体操作如下。

微课视频

判断单款产品的
销售生命周期

（1）在"Sheet1"工作表中选择A2:B17单元格区域，在【插入】/【图表】组中单击"折线图"按钮 ∭，在打开的下拉列表中选择"二维折线图"栏中的"带数据标记的折线图"选项，如图7-6所示。

（2）在【图表工具 图表设计】/【图表布局】组中单击"快速布局"按钮 ，在打开的下拉列表中选择"布局2"选项，如图7-7所示。

（3）选择图表标题，将其更改为"牛仔裤"，如图7-8所示。

（4）选择图表，在【图表工具 格式】/【大小】组中分别将"高度"和"宽度"设置为"9厘米"和"22厘米"，如图7-9所示。

（5）将鼠标指针定位至图表区中，按住鼠标左键不放，拖动图表使其左上角与A18单元格对齐，如图7-10所示，然后释放鼠标完成图表的移动。

（6）在【图表工具 图表设计】/【图表布局】组中单击"添加图表元素"按钮，在打开的下拉列表中选择"趋势线"选项，在打开的子列表中选择"移动平均"选项，如图7-11所示。

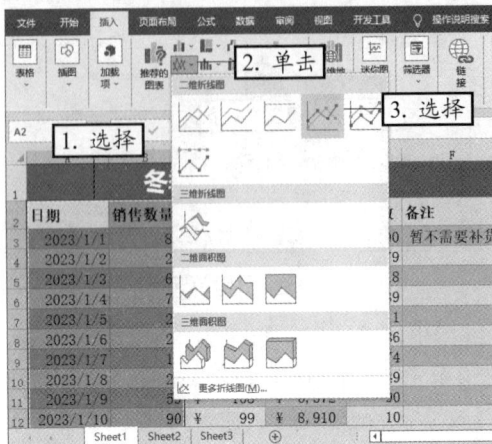

图7-6｜选择图表类型

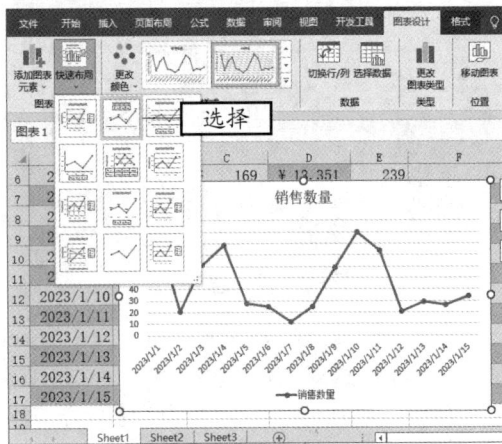

图7-7｜更改图表布局

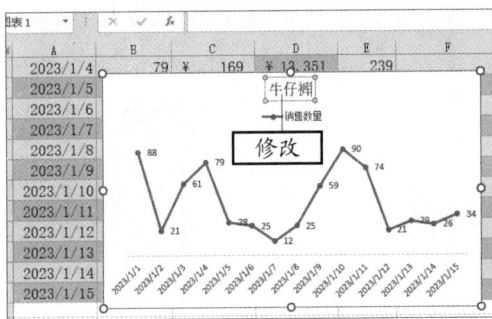

图7-8｜更改图表标题

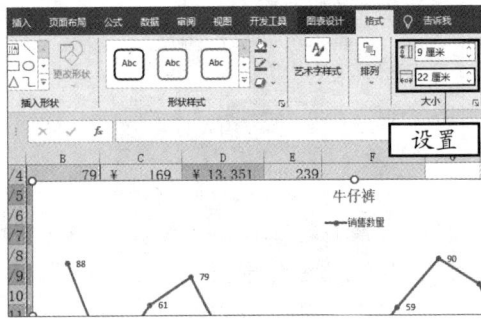

图7-9｜设置图表的高度和宽度

经验之谈

在图表中建立移动平均趋势线时，默认采用的是双周期类型，即以数据中前两个数据点的平均值作为移动平均趋势线中的第一个点，第二个数据点和第三个数据点的平均值作为移动平均趋势线中的第二个点，以此类推。

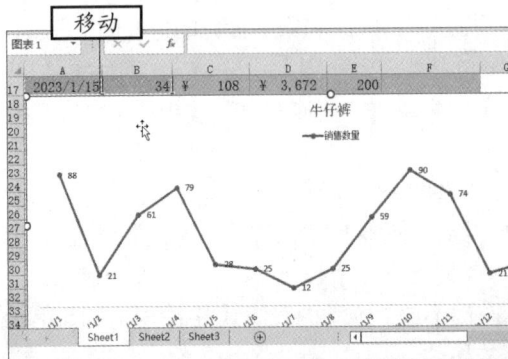

图7-10｜移动图表

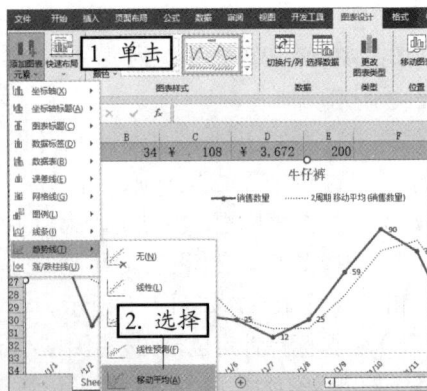

图7-11｜添加趋势线

（7）选择"系列'销售数量'趋势线"图表元素，在【图表工具 格式】/【当前所选内容】组中单击"设置所选内容格式"按钮 🎭，如图7-12所示。

（8）打开"设置趋势线格式"任务窗格，在"趋势线选项"栏中单击选中"多项式"单选项，并在右侧的"阶数"数值框中输入"3"，如图7-13所示，然后单击选中底部的"显示R平方值"复选框。

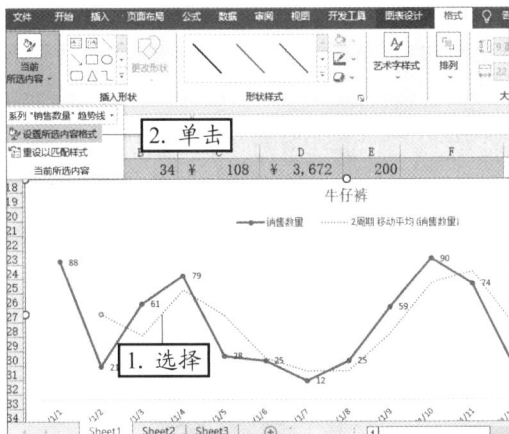

图7-12 | 单击"设置所选内容格式"按钮

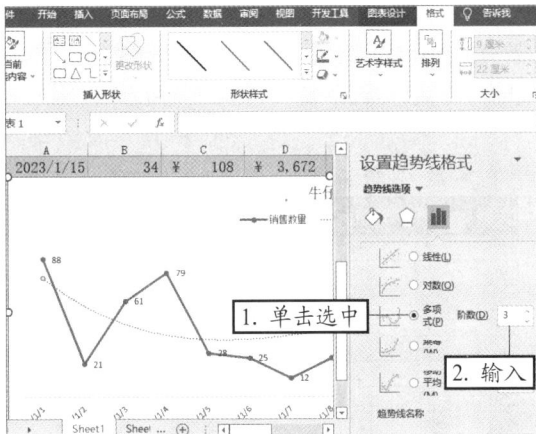

图7-13 | 设置趋势线选项

（9）在"设置趋势线格式"任务窗格中单击"填充与线条"按钮 ◇，在"短划线类型"下拉列表中选择图7-14所示的选项。

（10）关闭"设置趋势线格式"任务窗格，返回工作表后，选择图表区，在【图表工具 格式】/【形状样式】组中单击"形状填充"按钮 🖌️ 右侧的下拉按钮 ▾，在打开的下拉列表中选择"主题颜色"栏中的"白色，背景1，深色5%"选项，如图7-15所示（效果参见：效果文件\第7章\单款产品销售生命周期分析.xlsx）。

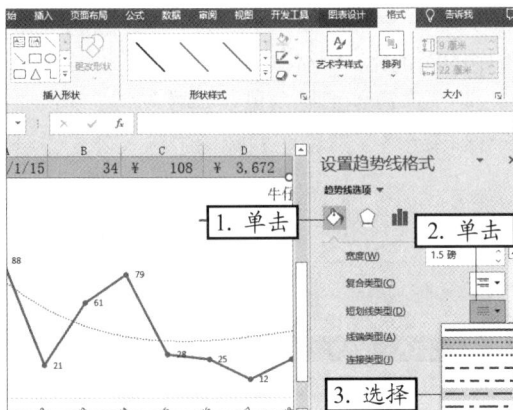

图7-14 | 设置趋势线的线型

图7-15 | 选择图表区的填充颜色

📑 **经验之谈**

　　在设置趋势线格式时，如果觉得手动设置比较麻烦，则可以在【图表工具 格式】/【形状样式】组的"样式"列表框中选择预设的各种形状样式，以达到快速美化趋势线的目的。

7.2 产品畅滞销款分析

任何一种销售形式，其本质都是产品和时间的赛跑，简单地说，就是商家要在最短的时间内销售最多的产品。畅滞销款分析是店铺产品销售数据分析中最直观，也是最重要的分析之一。畅销款是指在一定时间内销量较高的产品，而滞销款则与之相反。图7-16所示为产品畅滞销款分析的最终效果，通过该表格可以清晰地看出当前滞销的产品有哪些、有哪些产品需要及时补货或进行促销，以及是否存在库存压力等。

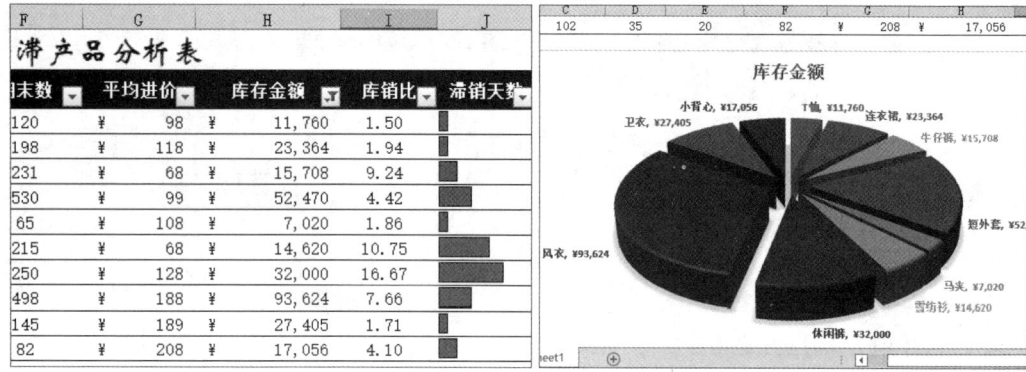

图7-16｜产品畅滞销款分析的最终效果

下面首先使用公式计算产品的库销比，然后利用条件格式突出显示当前月份中的滞销产品，最后利用饼图分析库存金额。

7.2.1 使用公式计算库销比

库销比是指库存量与销售额的比率，它是一个检测库存量是否合理的指标。月库销比的计算公式为：月库销比 = 月末库存量 ÷ 月销售量。下面将利用该公式计算"产品畅滞销款分析.xlsx"工作簿中的库销比，具体操作如下。

> 微课视频
>
> 使用公式计算库销比

（1）打开素材文件"产品畅滞销款分析.xlsx"工作簿（素材参见：素材文件\第7章\产品畅滞销款分析.xlsx），选择I3单元格，然后在编辑栏中输入公式"=F3/E3"，如图7-17所示。

（2）确认输入的公式无误后，按【Enter】键查看计算结果，如图7-18所示。

图7-17｜输入公式

图7-18｜查看计算结果

（3）重新选择I3单元格，拖曳该单元格右下角的填充柄，将该公式填充至I20单元格后释放鼠标，如图7-19所示。

（4）选择I20单元格，在【开始】/【字体】组中单击"边框"按钮▦右侧的下拉按钮▼，在打开的下拉列表中选择"边框"栏中的"下框线"选项，如图7-20所示。

图7-19 | 复制公式

图7-20 | 为单元格添加边框

7.2.2 突出显示滞销产品

滞销产品对店铺的经营效益有着至关重要的影响，一旦发现有滞销产品，店铺经营者就应该及时采取相应措施，通过打折、减价或减价＋赠品等方式来处理该款产品。下面将通过条件格式来分析"产品畅滞销款分析.xlsx"工作簿中是否存在滞销产品，具体操作如下。

微课视频
突出显示滞销产品

（1）选择J3:J13单元格区域，然后在【开始】/【样式】组中单击"条件格式"按钮，在打开的下拉列表中选择"新建规则"选项，如图7-21所示。

（2）打开"新建格式规则"对话框，在"选择规则类型"栏中选择"基于各自值设置所有单元格的格式"选项，在"编辑规则说明"栏的"格式样式"下拉列表中选择"数据条"选项，并单击选中其右侧的"仅显示数据条"复选框，如图7-22所示。

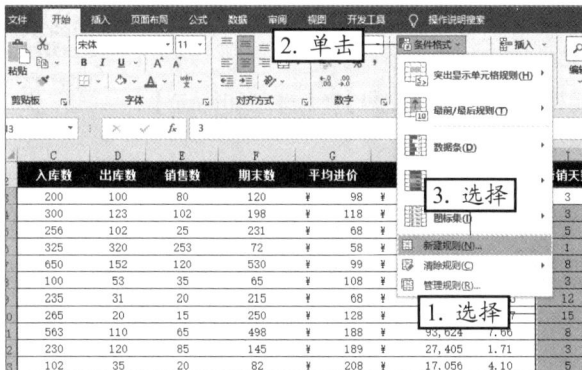

图7-21 | 新建条件格式规则

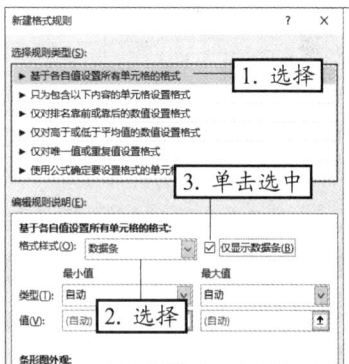

图7-22 | 选择规则类型

（3）在"最小值"对应的"类型"下拉列表中选择"数字"选项，并在其下方的"值"参数框中输入"1"，然后使用相同的操作将"最大值"对应的"类型"和"值"分别设置为"数字"和"21"，如图7-23所示。

（4）在"条形图外观"栏中将填充颜色设置为"标准色"栏中的"红色"，将"边框"设置为"实心边框"，然后单击"确定"按钮，如图7-24所示。

（5）返回工作表后，可看到应用条件格式后的单元格效果，如图7-25所示。J3:J13单元格区域中较长的红色条形图表示对应的产品不是很畅销，有滞销的迹象。

图7-23 | 设置条件格式的最大值和最小值　　　　图7-24 | 设置条形图外观

图7-25 | 应用条件格式后的效果

7.2.3　创建饼图查看库存金额

库存金额过大会占用大量资金，从而影响店铺的资金周转。因此，对于库存金额较大的产品而言，营销人员要及时采取相应措施，根据市场需求进行合理调整，尽可能实现零库存。下面将在"产品畅滞销款分析.xlsx"工作簿中通过饼图查看当前产品的库存金额，具体操作如下。

微课视频

创建饼图查看
库存金额

（1）选择任意一个包含数据的单元格，然后在【数据】/【排序和筛选】组中单击"筛选"按钮，如图7-26所示。

（2）单击"库存金额"单元格右侧的"筛选"按钮▼，在打开的下拉列表中选择"数字筛选"选项，在打开的子列表中选择"前10项"选项，如图7-27所示。

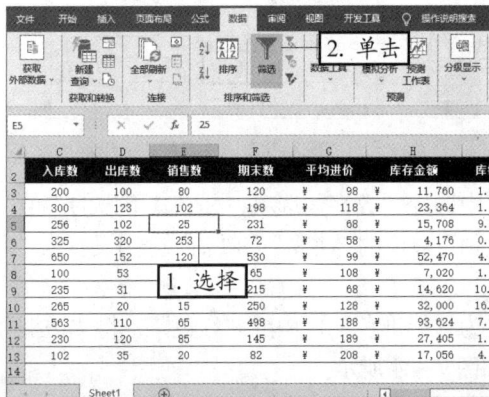

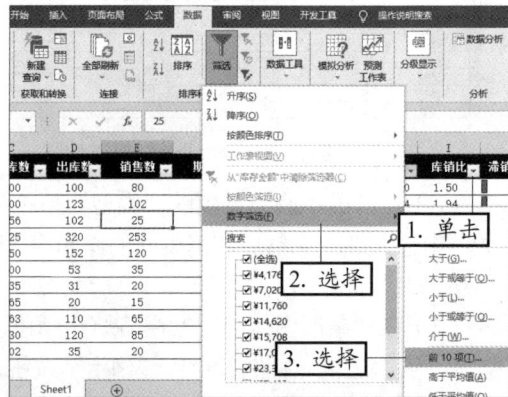

图7-26 | 筛选数据　　　　　　　　　　图7-27 | 设置筛选条件

（3）打开"自动筛选前 10 个"对话框，保持默认设置不变，单击"确定"按钮，如图 7-28 示。

（4）选择 B2:B13 单元格区域，按住【Ctrl】键的同时选择 H2:H13 单元格区域，然后在【插入】/【图表】组中单击"插入饼图或圆环图"按钮 ◔，在打开的下拉列表中选择"三维饼图"栏中的"三维饼图"选项，如图 7-29 所示。

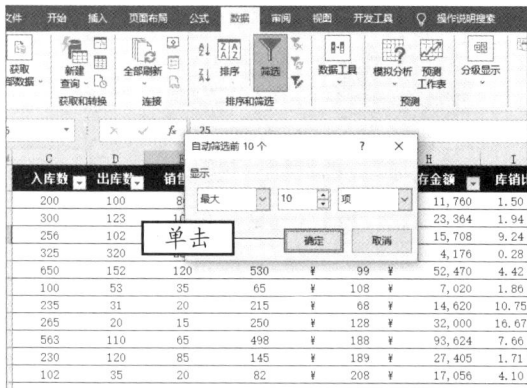

图7-28 | 确定筛选条件

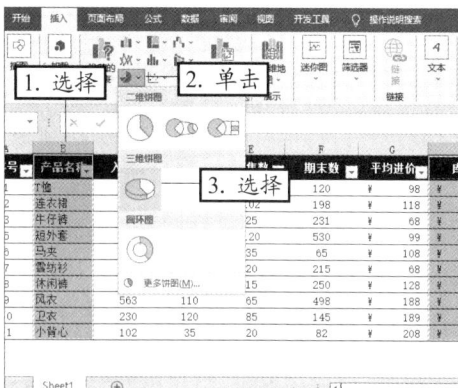

图7-29 | 选择图表类型

（5）在【图表工具 图表设计】/【图表布局】组中单击"添加图表元素"按钮，在打开的下拉列表中选择"数据标签"选项，在打开的子列表中选择"最佳匹配"选项，如图 7-30 所示。

（6）在【图表工具 格式】/【大小】组中将图表的高度和宽度分别设置为"9.6 厘米"和"16.5 厘米"，然后移动图表，使其左上角与工作表中的 C15 单元格对齐，效果如图 7-31 所示。

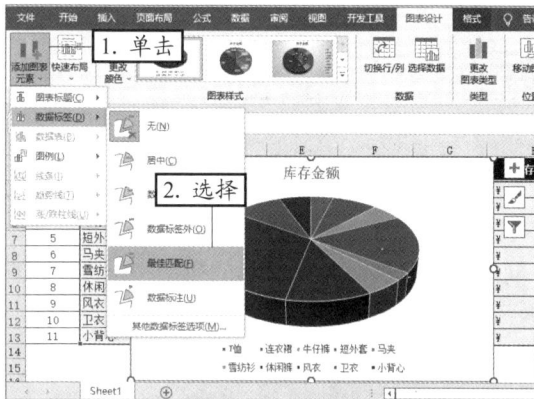

图7-30 | 添加数据标签

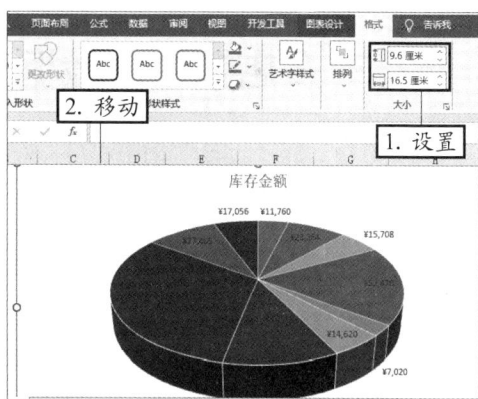

图7-31 | 调整图表的大小和位置

（7）保持图表的选择状态，在【图表工具 图表设计】/【图表样式】组的"样式"列表框中选择"样式 8"选项，如图 7-32 所示。

（8）选择"数据系列'库存金额'"图表元素，在【图表工具 格式】/【当前所选内容】组中单击"设置所选内容格式"按钮，打开"设置数据系列格式"任务窗格，在"系列选项"栏的"饼图分离"数值框中输入"14%"，如图 7-33 所示。

（9）关闭"设置数据系列"任务窗格，此时的饼图将呈分离状态，如图 7-34 所示（效果参见：效果文件\第 7 章\产品畅滞销款分析 .xlsx），通过该饼图可以判断出：所售产品中风衣的库存金额最大，其次是短外套和休闲裤。

图7-32｜应用图表样式

图7-33｜设置数据系列选项

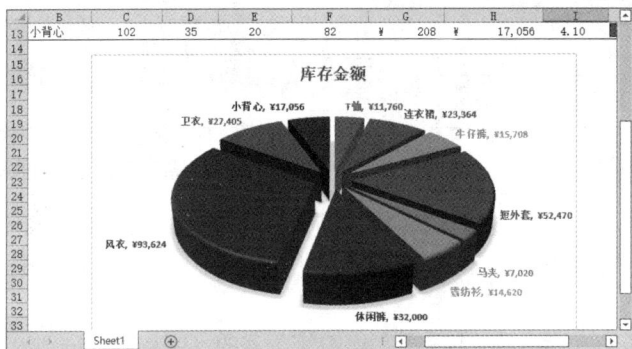

图7-34｜饼图效果

7.3 多店铺销售数据分析

对比分析店铺之间的销售情况，商家不仅可以有效地提升仓库的物流管理能力，还可以有效评估和提升各店铺的销售水平，从而解决库存压力的问题。图7-35所示为多个店铺4周销售数据分析的最终效果，通过该表可以清晰地对比出各店铺的销售高峰期，如店铺A在第一周的销量最高，店铺B在第三周的销量最高，同时还可以将团体销售额的数据和正常销售额的数据创建成柱形图，以便直观了解团体销售额与正常销售额各自占的比重。

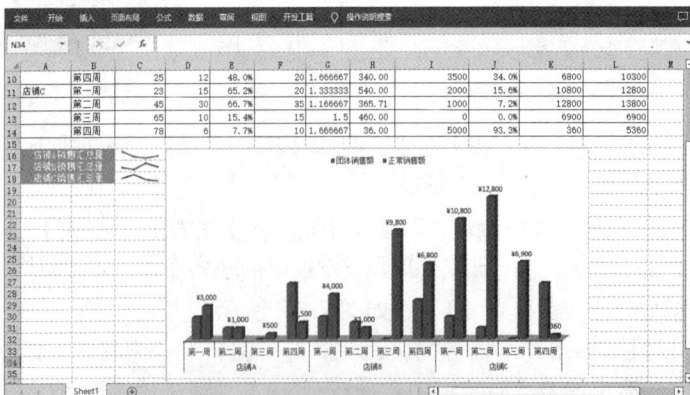

图7-35｜多个店铺4周销售数据分析的最终效果

下面首先使用公式计算各店铺 12 月的成交率和客单价，然后使用迷你图分析各店铺的销量情况，最后通过柱形图分析团体销售额和正常销售额各自占的比重。

7.3.1 计算各店铺的成交率和客单价

店铺提升销售业绩的两大关键因素是成交数和客单价，而每天的成交数乘以平均客单价就是当天的销售额。下面将在"多店铺销售数据分析 .xlsx"工作簿中通过已知的成交数来计算店铺的成交率，然后再计算客单价，具体操作如下。

微课视频

计算各店铺的
成交率和客单价

（1）打开素材文件"多店铺销售数据分析 .xlsx"工作簿（素材参见：素材文件 \ 第 7 章 \ 多店铺销售数据分析 .xlsx），选择 E3 单元格，在其中输入公式"=D3/C3"，如图 7-36 所示。

（2）确认输入的公式无误后，按【Enter】键查看计算结果，如图 7-37 所示。

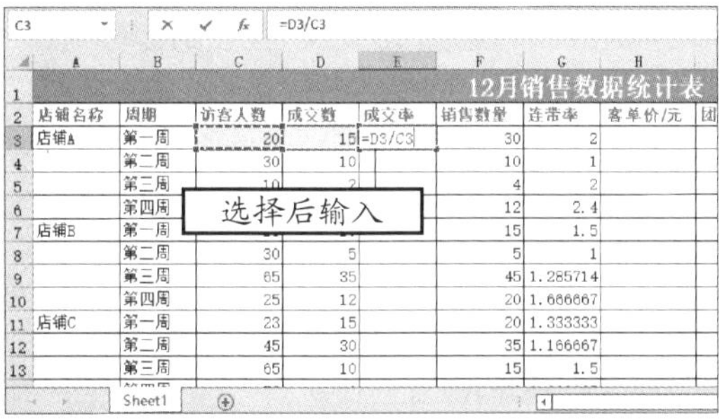

图7-36 | 输入公式（1）

图7-37 | 查看计算结果（1）

经验之谈

默认情况下，单元格中只显示公式的计算结果。若要查看工作表中包含的公式，则可以使单元格显示公式而不显示计算结果，方法为：在包含公式的工作表中，在【公式】/【公式审核】组中单击"显示公式"按钮，此时，单元格将自动加宽，并在其中显示应用的公式。

（3）重新选择 E3 单元格，拖曳其右下角的填充柄至 E14 单元格后释放鼠标，进行公式的复制操作，如图 7-38 所示。

（4）选择 H3 单元格，在其中输入公式"=K3/F3"，如图 7-39 所示。

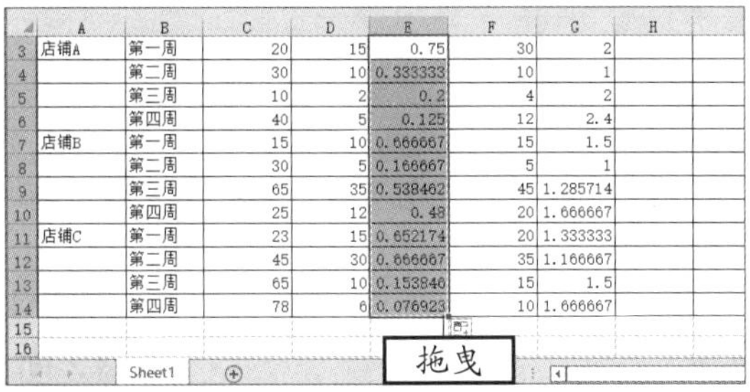

图7-38 | 复制公式（1）

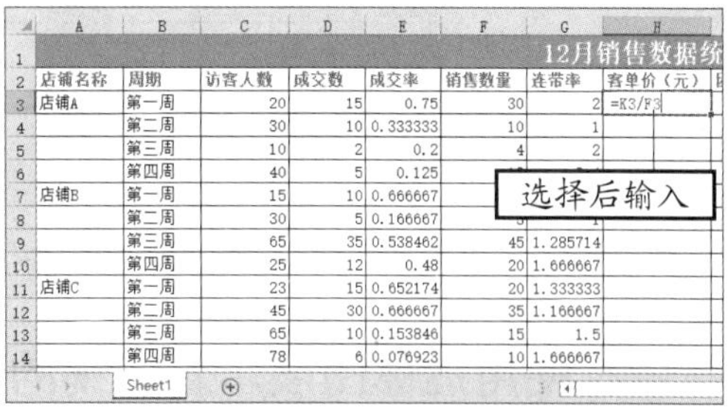

图7-39 | 输入公式（2）

（5）确认输入的公式无误后，按【Enter】键查看计算结果，如图 7-40 所示。

（6）重新选择 H3 单元格，拖动其右下角的填充柄至 H14 单元格后释放鼠标，进行公式的复制操作，如图7-41所示。

图7-40 | 查看计算结果（2）

图7-41 | 复制公式（2）

（7）保持H3:H14单元格区域的选择状态，在【开始】/【数字】组的"数字格式"下拉列表中选择"数字"选项，如图7-42所示。

（8）选择E3:E14单元格区域，在按住【Ctrl】键的同时选择J3:J14单元格区域，然后在【开始】/【数字】组中单击"展开"按钮，打开"设置单元格格式"对话框，在"数字"选项卡的"分类"列表框中选择"百分比"选项，在右侧的"小数位数"数值框中输入"1"，如图7-43所示，最后单击"确定"按钮。

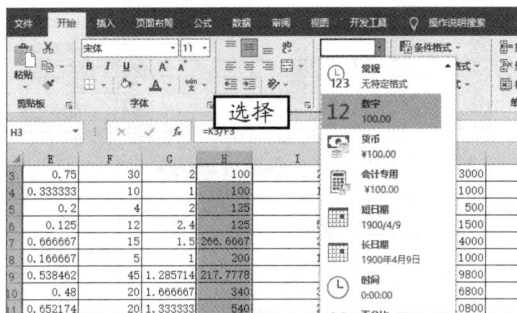

图7-42 | 设置单元格的数字格式

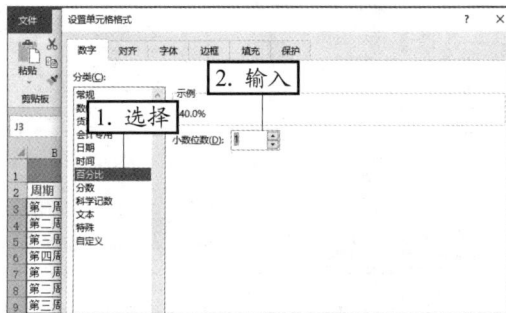

图7-43 | 设置数字格式

（9）返回工作表后，所选单元格区域中的数字格式将显示为百分比样式，如图7-44所示。

图7-44 | 应用百分比样式后的效果

7.3.2 使用迷你图展示各店铺的销量

利用Excel分析数据时，除了可以使用常见的图表外，还可以使用迷你图。迷你图是Excel中的一种微型图表，它可以对数据进行直观的展示。下面将在"多店铺销售数据分析.xlsx"工作簿中创建与编辑迷你图，具体

操作如下。

（1）选择 A16 单元格，在其中输入文本"店铺 A 销售汇总量"，如图 7-45 所示。

（2）选择 A16:B16 单元格区域，在【开始】/【样式】组中单击"单元格样式"按钮，在打开的下拉列表中选择"主题单元格样式"栏中的"着色 6"选项，然后在【开始】/【对齐方式】组中单击"合并后居中"按钮，如图 7-46 所示。

经验之谈

在设置单元格对齐方式时，如果只合并单元格而不改变其格式，则可以在【开始】/【对齐方式】组中单击"合并后居中"按钮右侧的下拉按钮，在打开的下拉列表中选择"合并单元格"选项。

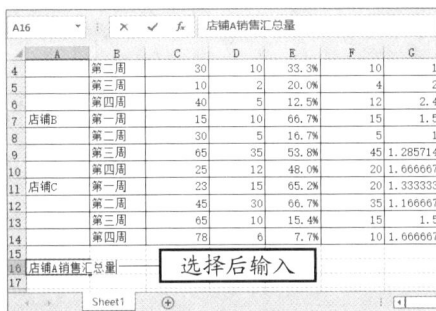

图7-45 | 输入文本

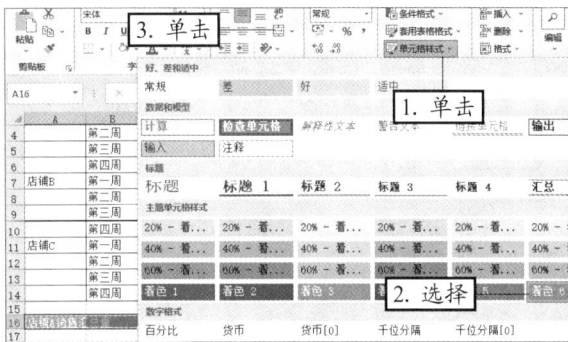

图7-46 | 设置单元格格式

（3）选择 C16 单元格，在【插入】/【迷你图】组中单击"折线"按钮，如图 7-47 所示。

（4）打开"创建迷你图"对话框，在"选择所需的数据"栏中单击"数据范围"参数框右侧的"收缩"按钮，如图 7-48 所示。

图7-47 | 单击"折线"按钮

图7-48 | 单击"收缩"按钮

（5）选择 F3:F6 单元格区域，然后在"创建迷你图"对话框中单击"展开"按钮，如图 7-49 所示。

（6）展开"创建迷你图"对话框，保持迷你图的放置位置不变，然后单击"确定"按钮，如图 7-50 所示。

（7）选择创建的迷你图，在【迷你图工具 迷你图】/【显示】组中单击选中"标记"复选框，如图 7-51 所示。

（8）保持迷你图的选择状态，在【迷你图工具 迷你图】/【样式】组的"样式"列表框中选择"水绿色，迷你图样式着色5，深色25%"选项，如图7-52所示。

图7-49 | 选择数据范围

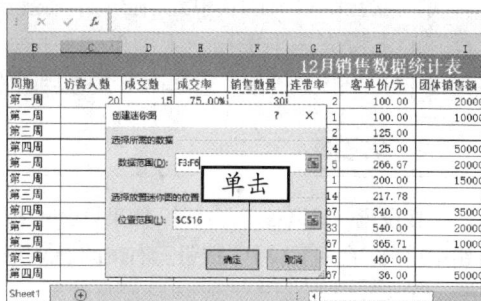

图7-50 | 确认数据范围

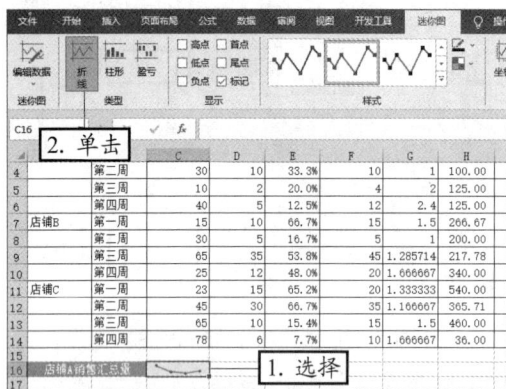

图7-51 | 为迷你图添加标记

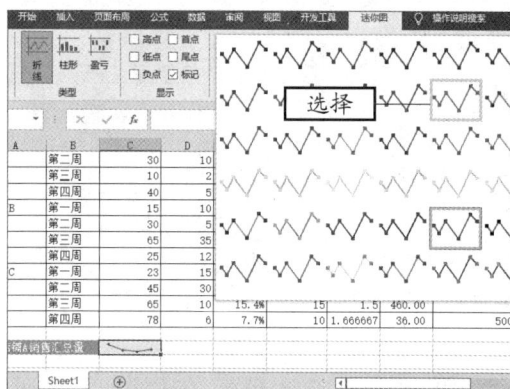

图7-52 | 更改迷你图样式

（9）在【迷你图工具 迷你图】/【样式】组中单击"迷你图颜色"按钮，在打开的下拉列表中选择"粗细"选项，在打开的子列表中选择"1.5磅"选项，如图7-53所示。

（10）此时，C16单元格中将显示迷你图线条加粗后的效果。

（11）将A16单元格中的内容复制到A17单元格和A18单元格中，再将文本内容修改为"店铺B销售汇总量"和"店铺C销售汇总量"，然后使用相同的操作在C17单元格和C18单元格中创建折线图样式的迷你图，效果如图7-54所示。其中，迷你图的数据范围分别为F7:F10单元格区域和F11:F14单元格区域。

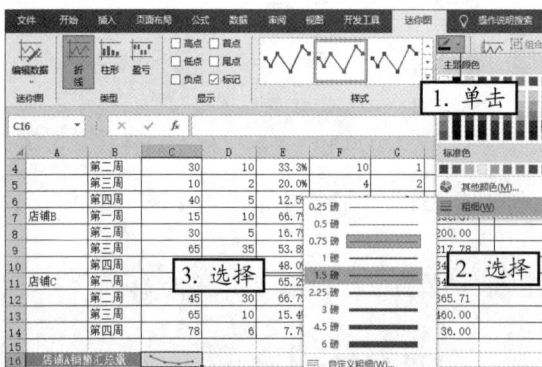

图7-53 | 更改迷你图的线条粗细

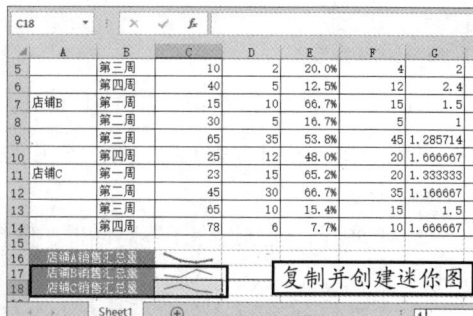

图7-54 | 创建其他迷你图

（12）在【迷你图工具 设计】/【显示】组和【迷你图工具 设计】/【样式】组中为新创建的迷你图添加标记和应用样式，最终效果如图7-55所示。由这3个迷你图可知，店铺A在第一周出现销售峰值，店铺B在第三周出现销售峰值，店铺C在第二周出现销售峰值。

图7-55 | 调整迷你图后的效果

7.3.3 使用柱形图对比各店铺的销售额

利用柱形图可以观察某几个特定时间段内数据之间的差异效果。下面将在"多店铺销售数据分析.xlsx"工作簿中通过三维簇状柱形图直观展示各店铺中正常销售额和团体销售额之间的对比情况，具体操作如下。

微课视频

使用柱形图对比
各店铺的销售额

（1）选择A2:B14单元格区域，按住【Ctrl】键的同时选择I2:I14单元格区域和K2:K14单元格区域，然后在【插入】/【图表】组中单击"插入柱形图或条形图"按钮，在打开的下拉列表中选择"三维柱形图"栏中的"三维簇状柱形图"选项，如图7-56所示。

（2）保持图表的选择状态，在【图表工具 图表设计】/【图表布局】组中单击"快速布局"按钮，在打开的下拉列表中选择"布局2"选项，如图7-57所示。

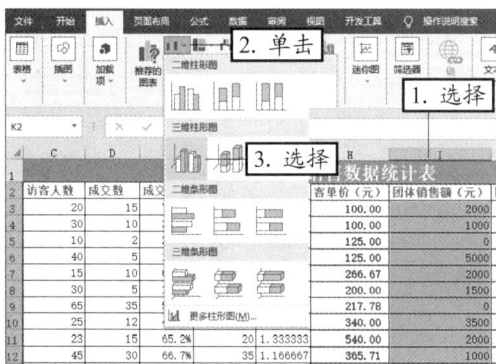

图 7-56 | 选择图表类型

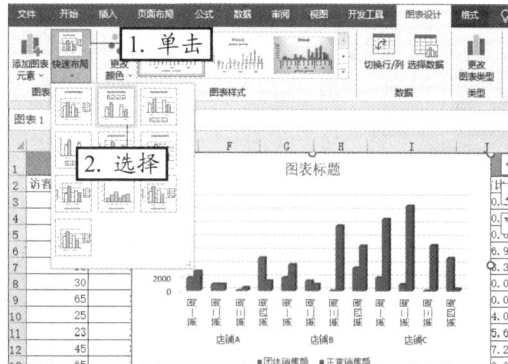

图 7-57 | 更改图表布局

（3）选择图表标题，按【Delete】键将其删除，如图7-58所示。

（4）在【图表工具 格式】/【当前所选内容】组的"图表元素"下拉列表中选择"系列'团体销售额'数据标签"图表元素，然后按【Delete】键将其删除，如图7-59所示。

（5）在【图表工具 格式】/【大小】组中将图表的宽度和高度分别设置为"18厘米"和"9.5厘米"，然后移动图表，使其左上角与D16单元格对齐。

（6）选择图表中的"基底"图表元素，在【图表工具 格式】/【形状样式】组中单击"形状填充"按钮 右侧的下拉按钮 ，在打开的下拉列表中选择"主题颜色"栏中的"橙色，个性色6，淡色80%"选项，如图7-60所示。

（7）在【图表工具 格式】/【当前所选内容】组的"图表元素"下拉列表中选择"系列'正常销售额'数据标签"图表元素，然后单击该组中的"设置所选内容格式"按钮，如图7-61所示。

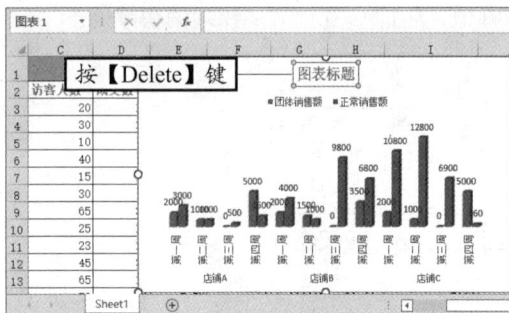

图7-58｜删除图表标题

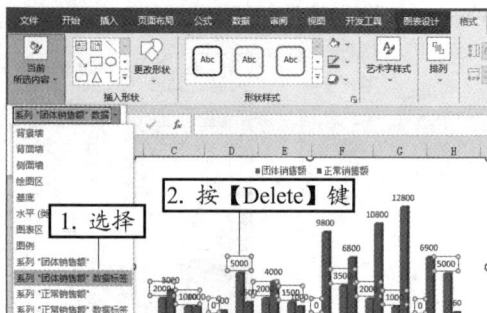

图7-59｜删除数据标签

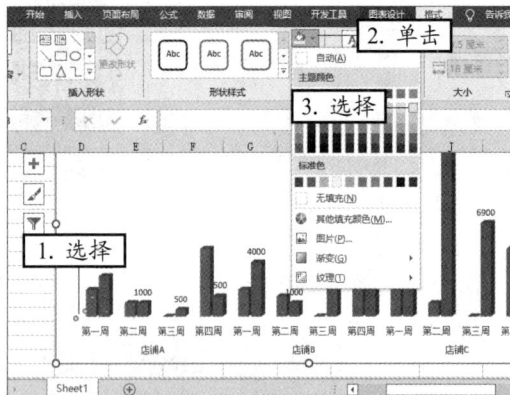

图7-60｜设置基底的填充颜色

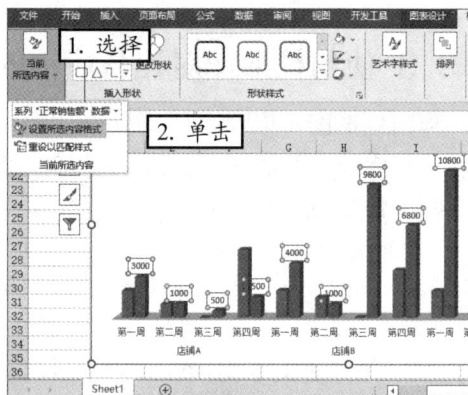

图7-61｜设置数据格式

（8）打开"设置数据标签格式"任务窗格，在"标签选项"选项卡中展开"数字"列表，然后在"类别"下拉列表中选择"货币"选项，并在其下方的"小数位数"数值框中输入"0"，如图7-62所示。

（9）选择水平轴，打开"设置坐标轴格式"任务窗格，在"坐标轴选项"选项卡中展开"刻度线"列表，在"主刻度线类型"下拉列表中选择"外部"选项，如图7-63所示。

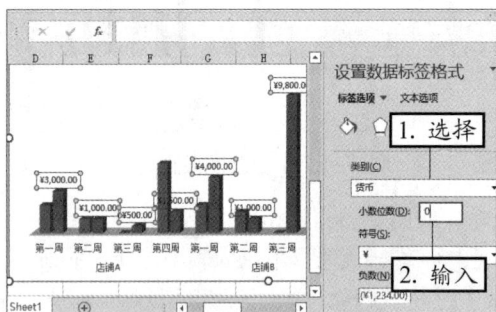

图7-62｜设置数据标签格式

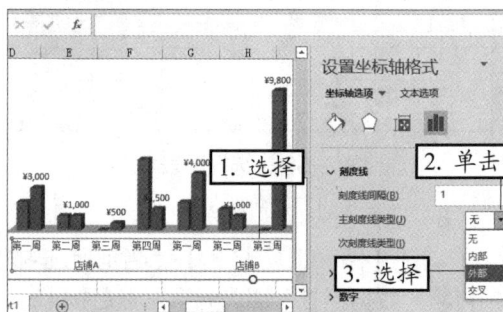

图7-63｜设置坐标轴的主刻度

（10）保持水平轴的选择状态，在"设置坐标轴格式"任务窗格中单击"填充与线条"按钮，展开"线条"列表，在"颜色"下拉列表中选择"标准色"栏中的"深红"选项，如图7-64所示。

（11）此时，图表中的水平轴将添加深红色的刻度线，如图 7-65 所示（效果参见：效果文件\第 7 章\多店铺销售数据分析 .xlsx），通过该图表，商家可以清楚看到各店铺不同时期的销量情况对比。

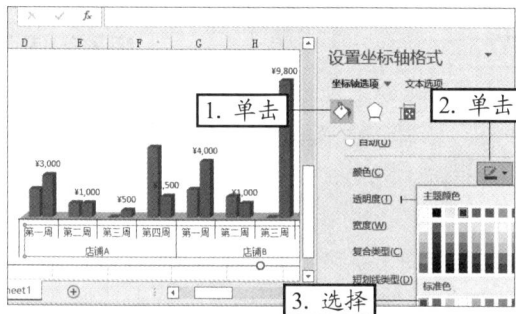

图 7-64｜设置水平轴颜色

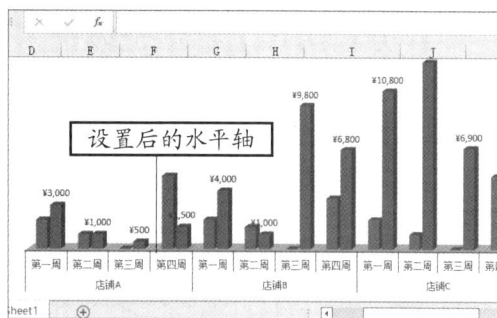

图 7-65｜设置水平轴后的效果

职业素养

对于图表的美化，只需要做到简单、清晰即可，不需要太复杂的设计，更不用炫技，这与做人、做事的道理是相通的。做人要学会简简单单，诚实守信，少一些纠结，少一些抱怨；做事要脚踏实地，勤勤恳恳，保持心情愉悦，坦然过好自己的生活。

7.4 历年销售数据分析

在销售管理方面，只有对销售数据进行准确分析，才能真正找到数据变动（上升或下滑）的根本原因，从而实现分析问题、解决问题的目的。图 7-66 所示为店铺 2022 年和 2023 年上半年整体销售数据分析的最终效果，运营人员通过该表可以清晰地看出这两年上半年的总体销售情况，以及各月的市场数据分析情况。

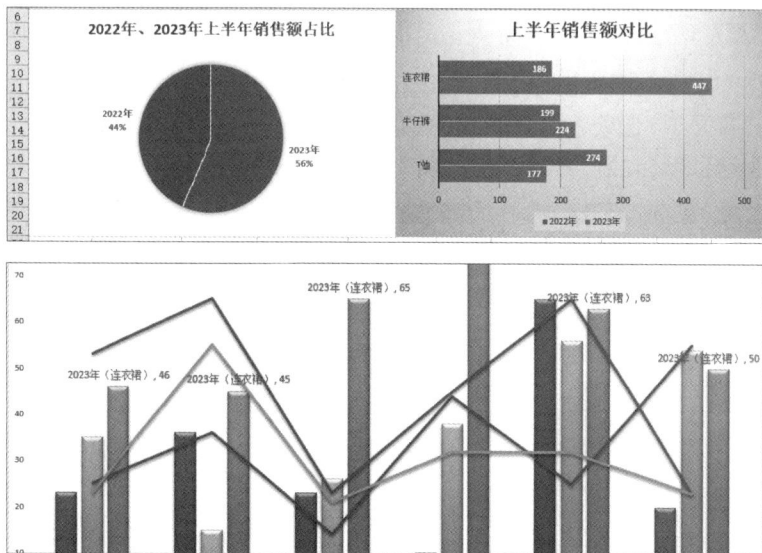

图7-66｜店铺2022年和2023年上半年整体销售数据分析的最终效果

下面首先使用求和函数计算 2022 年和 2023 年上半年的销售数据合计值，然后创建条形图和饼图来查看这两年的整体销售数据和各月的市场销售数据，最后结合柱形图和折线图来查看 2022 年和 2023 年上半年各月销售数据的对比情况。

7.4.1 分析历年上半年整体销售数据

图表不仅比单纯的数据表格美观，而且还能清晰地展示数据问题，提高工作效率。下面将在"历年销售数据分析 .xlsx"工作簿的"年度数据"工作表中，通过创建饼图和条形图来查看店铺 2022 年和 2023 年上半年的销售情况，具体操作如下。

微课视频

分析历年上半年
整体销售数据

（1）打开素材文件"历年销售数据分析 .xlsx"工作簿（素材参见：素材文件＼第 7 章＼历年销售数据分析 .xlsx），选择"年度数据"工作表中的 E3 单元格，然后在【公式】/【函数库】组中单击"自动求和"按钮，如图 7-67 所示。

（2）此时，E3 单元格中将自动显示参与求和的单元格区域，并在工作表中以不断闪烁的虚线框进行标识，确认引用的单元格区域无误后，按【Enter】键显示计算结果，然后使用相同的操作计算 2022 年的合计数。

（3）选择 A3:A4 单元格区域，按住【Ctrl】键的同时选择 E3:E4 单元格区域，然后在【插入】/【图表】组中单击"插入饼图或圆环图"按钮，在打开的下拉列表中选择"二维饼图"栏中的"饼图"选项，如图 7-68 所示。

图7-67 | 使用求和函数

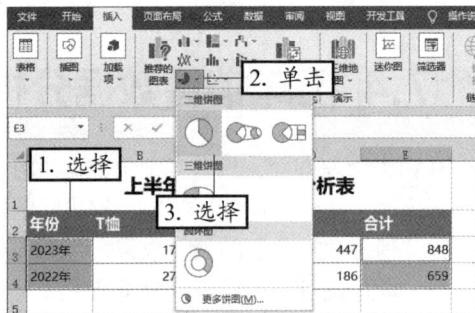

图7-68 | 插入饼图

（4）在【图表工具 图表设计】/【图表布局】组中单击"快速布局"按钮，在打开的下拉列表中选择"布局 1"选项，如图 7-69 所示。

（5）将图表标题修改为"2022 年、2023 年上半年销售额占比"，如图 7-70 所示。

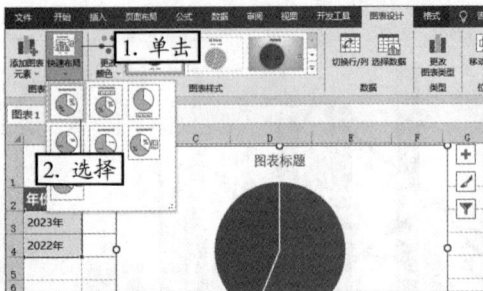

图7-69 | 更改图表布局

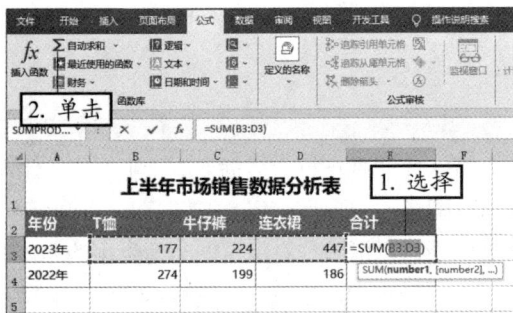

图7-70 | 修改图表标题

（6）在【图表工具 图表设计】/【图表样式】组的"样式"列表框中选择"样式 8"选项，

如图 7-71 所示。完成饼图的设置后，移动图表，使其左上角与 A6 单元格对齐。

（7）选择 A2:D4 单元格区域，在【插入】/【图表】组中单击"插入柱形图或条形图"按钮，在打开的下拉列表中选择"二维条形图"栏中的"簇状条形图"选项，如图 7-72 所示。

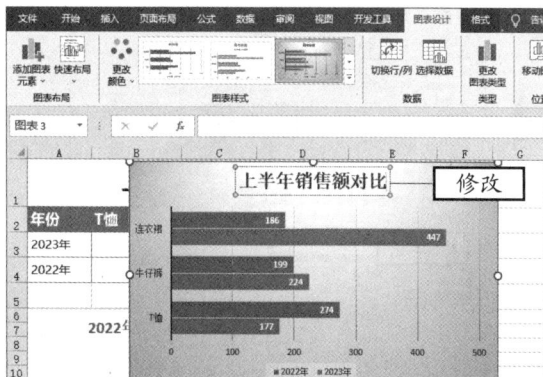

图7-71｜选择图表样式

图7-72｜插入条形图

（8）单击【图表工具 图表设计】/【图表布局】组中的"快速布局"按钮，在打开的下拉列表中选择"布局1"选项，如图 7-73 所示。

（9）在【图表工具 图表设计】/【图表样式】组的"样式"列表框中选择"样式3"选项，如图 7-74 所示。

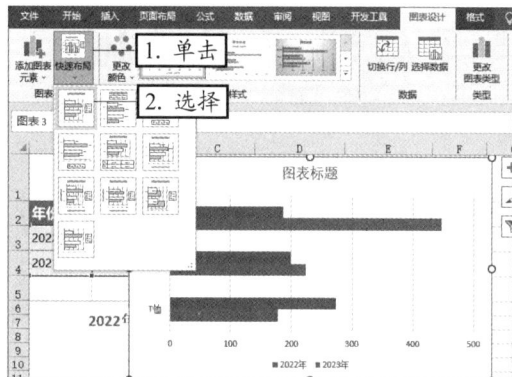

图7-73｜更改图表布局

图7-74｜选择图表样式

（10）选择条形图中的图表标题，将其修改为"上半年销售额对比"，如图 7-75 所示。

（11）移动条形图，使之与饼图在一条直线上，效果如图 7-76 所示。

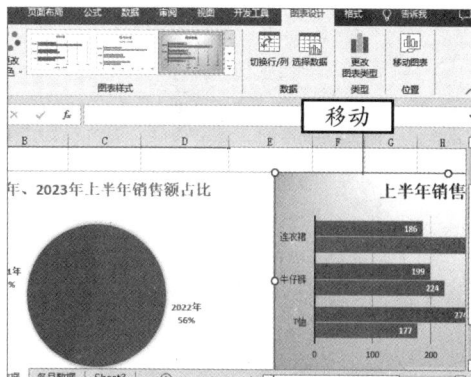

图7-75｜修改图表标题

图7-76｜调整条形图的位置

7.4.2 分析历年上半年各月销售数据

微课视频

分析历年上半年
各月销售数据

通过研究和分析销售数据，比较历年上半年销售额之间的差距，可为未来的销售工作提供指导。下面将在"历年销售数据分析.xlsx"工作簿的"各月数据"工作表中利用折线图和柱形图来分析历年上半年各月的销售情况，具体操作如下。

（1）在"各月数据"工作表中选择 A2:G8 单元格区域，然后在【插入】/【图表】组中单击"插入柱形图或条形图"按钮，在打开的下拉列表中选择"二维柱形图"栏中的"簇状柱形图"选项，如图 7-77 所示。

（2）选择插入的图表，在【图表工具 图表设计】/【数据】组中单击"切换行/列"按钮，如图 7-78 所示。

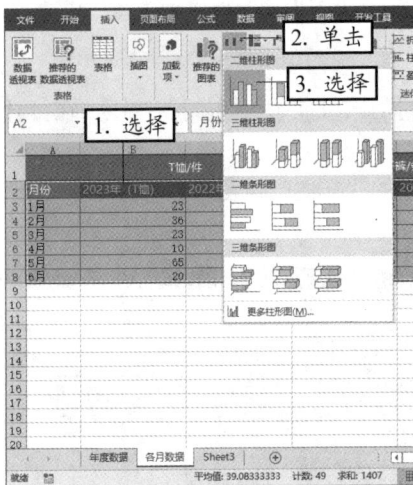

图7-77｜创建图表

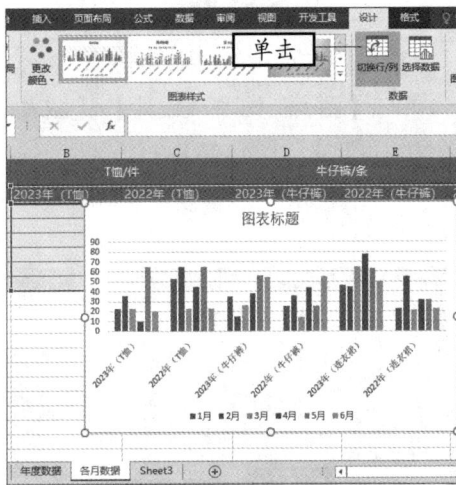

图7-78｜切换行/列

（3）选择图表中"2023年（牛仔裤）"对应的数据系列，然后在【图表工具 图表设计】/【类型】组中单击"更改图表类型"按钮，如图 7-79 所示。

（4）打开"更改图表类型"对话框，在"所有图表"选项卡中单击"组合图"选项卡，在"2023年（牛仔裤）"系列名称对应的"图标类型"下拉列表中选择"折线图"选项，如图 7-80 所示。

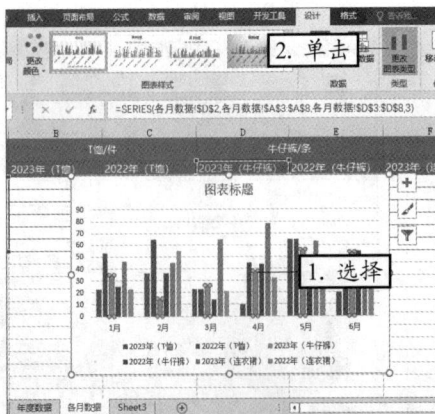

图7-79｜更改图表类型

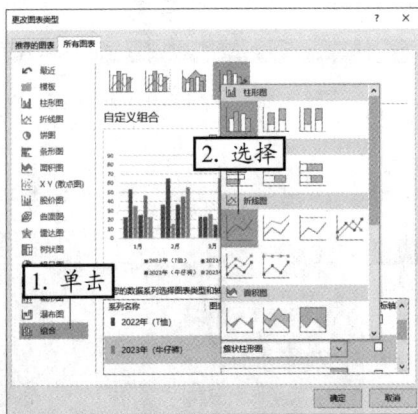

图7-80｜重新选择所需图表

（5）使用相同的操作将"2023年（T恤）"和"2023年（连衣裙）"数据系列修改为折线图，效果如图 7-81 所示，然后单击"确定"按钮。

（6）返回工作表后，将图表标题修改为"上半年各月销售数据"，如图 7-82 所示。

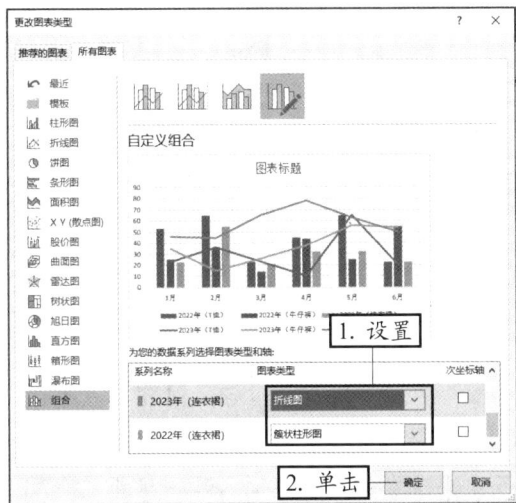

图7-81 | 更改图表类型

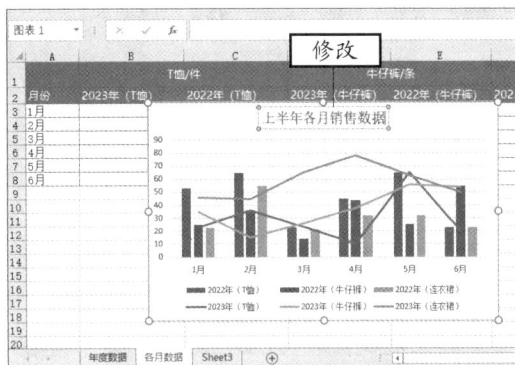

图7-82 | 更改图表标题

（7）在【图表工具 图表设计】/【图表样式】组的"样式"列表框中选择"样式8"选项，如图 7-83 所示。

（8）在【图表工具 图表设计】/【位置】组中单击"移动图表"按钮，如图 7-84 所示。

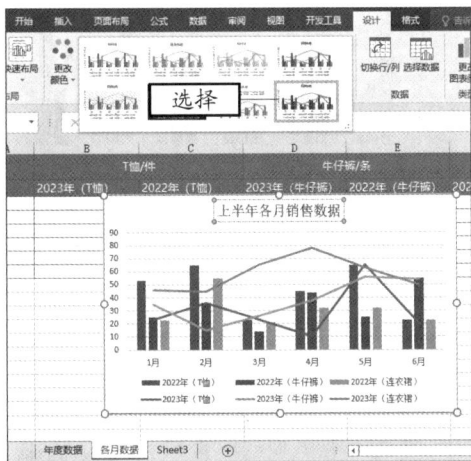

图7-83 | 更改图表样式

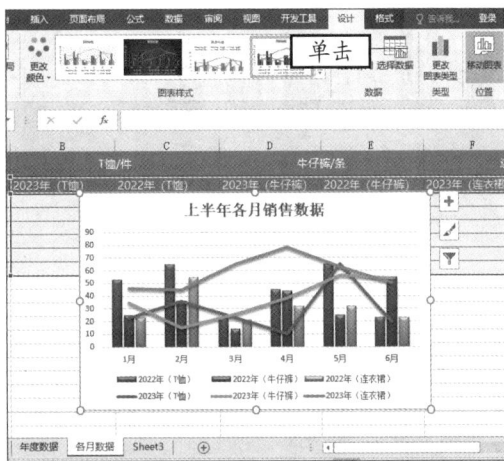

图7-84 | 移动图表

（9）打开"移动图表"对话框，单击选中"新工作表"单选项，单击"确定"按钮。

（10）返回工作表后，选择图表中的"2023年（连衣裙）"数据系列，然后单击图表右上角的"图表元素"按钮 ➕，在打开的下拉列表中单击选中"数据标签"复选框，如图 7-85 所示。

（11）在添加的"2023年（连衣裙）"数据标签上单击鼠标右键，在弹出的快捷菜单中选择"设置数据标签格式"命令，打开"设置数据标签格式"任务窗格，在"标签选项"列表中单击选中"系列名称"复选框，如图 7-86 所示。

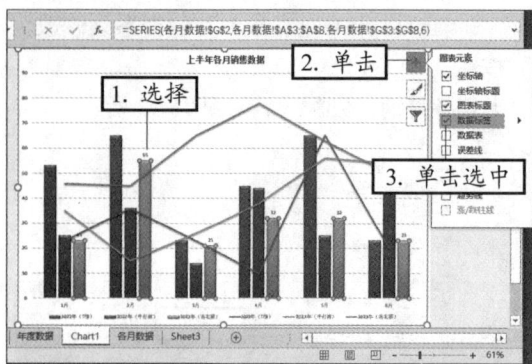

图7-85｜添加数据标签

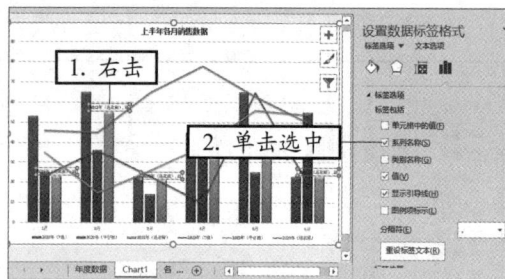

图7-86｜设置标签选项

（12）保持数据标签的选择状态，在【图表工具 格式】/【艺术字样式】组的"样式"列表框中选择"填充 – 蓝色，主题色1，阴影"选项，如图7-87所示。

（13）选择图表中的"垂直（值）轴主要网格线"图表元素，按【Delete】键将其删除，如图7-88所示（效果参见：效果文件\第7章\历年销售数据分析.xlsx）。

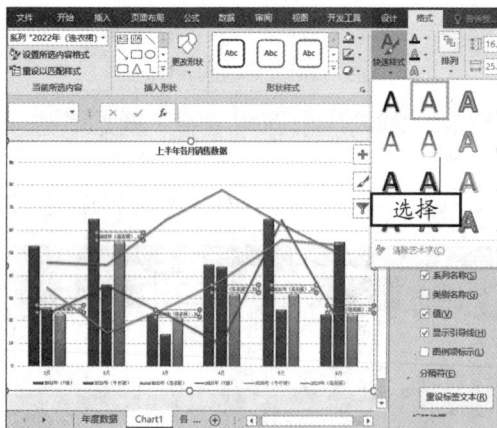

图7-87｜设置数据标签艺术字样式

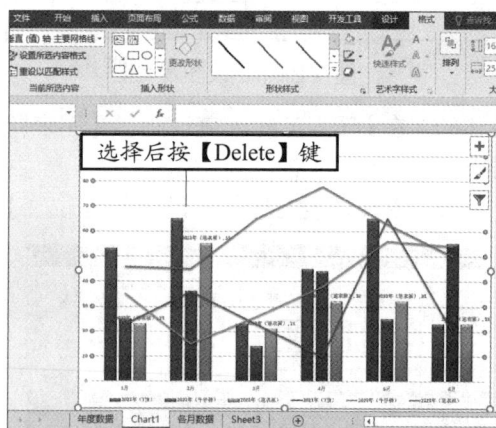

图7-88｜删除主要网格线

本章实训

营销是店铺持续经营的基础，如果营销数据的分析方法不正确，或者营销数据的分析结果有误，那么将会使店铺累积的大量数据得不到有效利用。下面将利用 Excel 对营销数据中的销售量、销售金额进行分析，帮助读者进一步熟悉使用函数和图表计算与分析数据的方法。

本实训将利用 Excel 的自动求和函数、INDEX 函数和 MATCH 函数来计算数据，并通过柱形图对比分析计划销售金额与实际销售金额。通过本实训，读者可以熟悉并巩固函数和图表的使用方法。

微课视频

分析店铺周销售数据

1. 实训目标

① 熟练使用自动求和函数、INDEX 函数和 MATCH 函数。

② 利用柱形图分析计划销售金额与实际销售金额。

2. 实训要求

首先在已有数据的 Excel 表格中利用自动求函数计算总销售金额和总销售量，然后利用 INDEX 函数和 MATCH 函数计算最佳团队，最后插入柱形图来分析数据。

3. 实训步骤

① 计算总销售额和总销售量。在源数据表（素材参见：素材文件 \ 第 7 章 \ 店铺周销售数据 .xlsx）中选择 C10 单元格，在【公式】/【函数库】组中单击"自动求和"按钮，将函数参数设置为 E3:E8 单元格区域，按【Enter】键得出计算结果，然后使用相同的操作计算总销售量，参与计算的单元格区域为 D3:D8 单元格区域，效果如图 7-89 所示。

② 计算最佳团队。选择 C12 单元格，在编辑栏中输入公式"=INDEX(B3:C8,MATCH(11000,C3:C8,0),1)"，表示在 B3:C8 单元格区域内查找等于 11000 的数值所对应的团队，然后按【Enter】键得出计算结果，如图 7-90 所示。

图 7-89 | 计算总销售金额和总销售量

图 7-90 | 计算最佳团队

③ 插入并编辑柱形图。选择 B2:B8 单元格区域后，按住【Ctrl】键的同时选择 E2:E8 单元格区域，然后插入三维簇状柱形图，并将图表标题修改为"按团队分析计划和实际销售金额"，接着为图表应用"样式 5"样式，效果如图 7-91 所示（效果参见：效果文件 \ 第 7 章 \ 店铺周销售数据 .xlsx）。

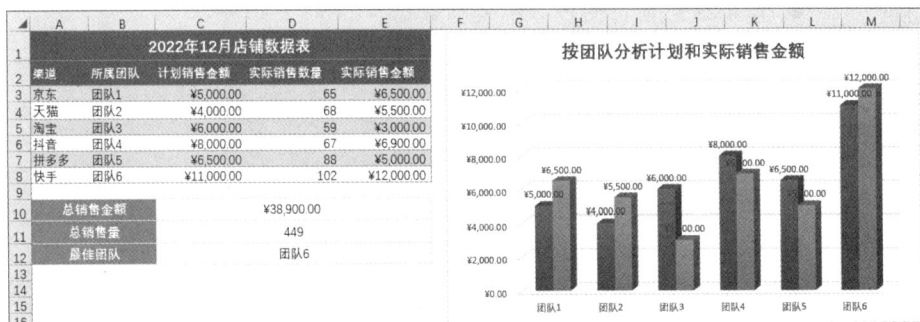

图 7-91 | 插入并编辑柱形图

第 8 章

订单与库存分析

知识目标

◆ 掌握客户订单记录的统计方法。

◆ 掌握库存明细表的分析方法。

◆ 掌握产品库龄的分析方法。

能力目标

◆ 能够通过动态图表分析表格数据。

◆ 能够使用条件格式突出显示数据。

素养目标

◆ 培养细心和耐心的良好品质。

◆ 拓展视野，接受新理念、新方法。

◆ 培养团队协作和沟通能力。

知识导入

库存是影响店铺盈利的重要因素之一，管理不当可能会导致大量的商品积压、占用现金流和延误销售计划，因此，使用 Excel 对订单与库存数据进行可视化分析是十分必要的。本章主要介绍店铺订单记录、库存明细表和产品库龄的分析方法，涉及的知识点包括数据分类汇总、数据透视图的使用、条件格式的应用、SUMIF 函数及 IF 函数的使用等。

(8.1) 客户订单记录统计分析

客户订单记录表用于展示所有成交客户的订单明细，主要内容包括订单日期、订单编号、产品名称、付款时间和成交金额等信息。图 8-1 所示为客户订单记录统计分析的最终效果，其中清晰地显示了每一位客服人员的销售总额和每一件产品的销售情况。通过创建的数据透视图和数据透视表，还可以查看任意一位客服人员的实际销售情况，包括所售产品、每一件产品的销售额和创造的利润等。

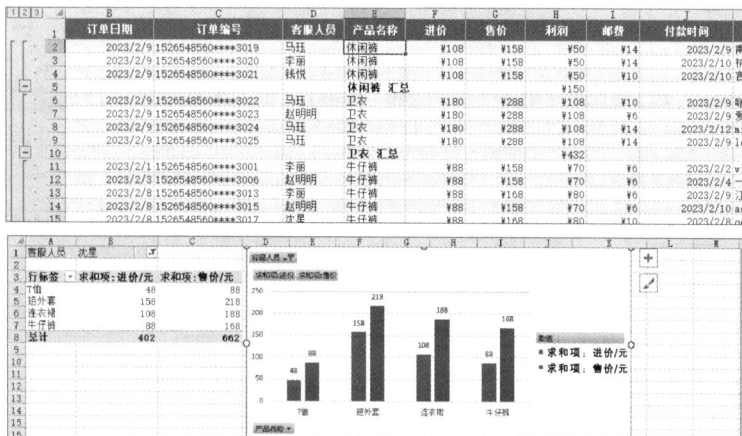

图8-1 | 客户订单记录统计分析的最终效果

下面首先利用"分类汇总"功能按产品名称来汇总订单，然后利用 SUMIF 函数统计 6 名客服人员的成交总额，最后利用数据透视图和数据透视表查看每一位客服人员的实际销售额和创造的利润。

8.1.1 按产品名称汇总订单利润

汇总客户订单记录的方式有多种，如按客服人员汇总、按产品名称汇总和按付款时间汇总等，下面将在"客户订单记录统计表.xlsx"工作簿的"汇总订单"工作表中按产品名称汇总订单利润，具体操作如下。

（1）打开素材文件"客户订单记录统计表.xlsx"工作簿（素材参见：素材文件\第8章\客户订单记录统计表.xlsx），在"Sheet1"工作表标签上单击鼠标右键，在弹出的快捷菜单中选择"移动或复制"命令，如图 8-2 所示。

（2）打开"移动或复制工作表"对话框，在"下列选定工作表之前"列表框中选择"（移至最后）"选项，再单击选中"建立副本"复选框，然后单击"确定"按钮，如图 8-3 所示。

微课视频
按产品名称汇总订单利润

图8-2 | 选择"移动或复制"命令

图8-3 | 复制工作表

（3）返回工作表后，工作簿中将新增一个名为"Sheet1(2)"的工作表，然后在新建的工作表标签上单击鼠标右键，在弹出的快捷菜单中选择"重命名"命令，如图8-4所示。

（4）当工作表标签名称处于可编辑状态时，在其中输入工作表名称"汇总订单"，并按【Enter】键确认输入，然后选择E3单元格，在【数据】/【排序和筛选】组中单击"降序"按钮，如图8-5所示。

图8-4 | 重命名工作表

图8-5 | 编辑工作表名称后排序

（5）在【数据】/【分级显示】组中单击"分类汇总"按钮，如图8-6所示。

（6）打开"分类汇总"对话框，在"分类字段"下拉列表中选择"产品名称"选项，在"汇总方式"下拉列表中选择"求和"选项，在"选定汇总项"列表框中单击选中"利润"复选框，如图8-7所示，然后单击"确定"按钮。

图8-6 | 单击"分类汇总"按钮

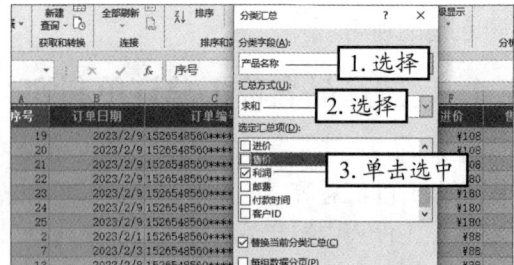

图8-7 | 设置分类汇总

（7）返回工作表后，工作表中的数据将按产品名称进行分类汇总，效果如图8-8所示。

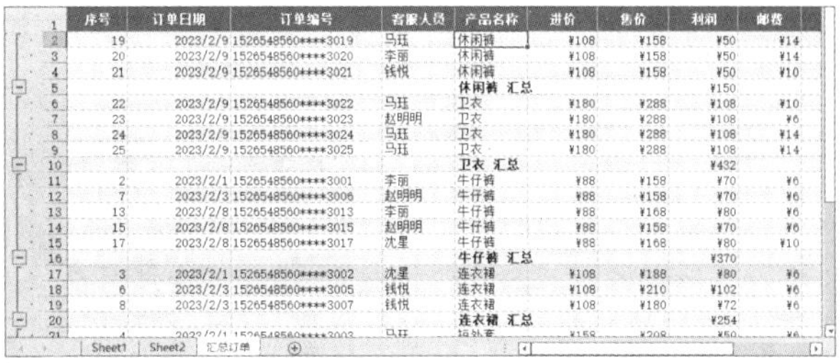

图8-8 | 按产品名称进行分类汇总后的效果

经验之谈

在"移动或复制工作表"对话框中确定工作表的显示位置后，如果不单击选中"建立副本"复选框，则可以实现工作表的移动。需要注意的是，一旦单击选中"建立副本"复选框，就将变为复制工作表。

8.1.2 使用函数统计销售总额

微课视频

使用函数统计
销售总额

由于一名客服人员销售了多种不同类型的产品，所以下面将"客户订单记录统计表 .xlsx"工作簿的"销售额统计"工作表中在利用 SUMIF 函数分别计算这 6 名客服人员的实际销售额，具体操作如下。

（1）在"Sheet2"工作表标签上双击，当工作表名称呈黑底白字显示时，表示其名称处于可编辑状态，如图 8-9 所示。

（2）输入工作表新名称"销售额统计"后，按【Enter】键确认输入，然后选择 B2 单元格，按【Shift+F3】组合键打开"插入函数"对话框，按图 8-10 所示的参数进行设置后单击"确定"按钮。

图8-9 | 重命名工作表

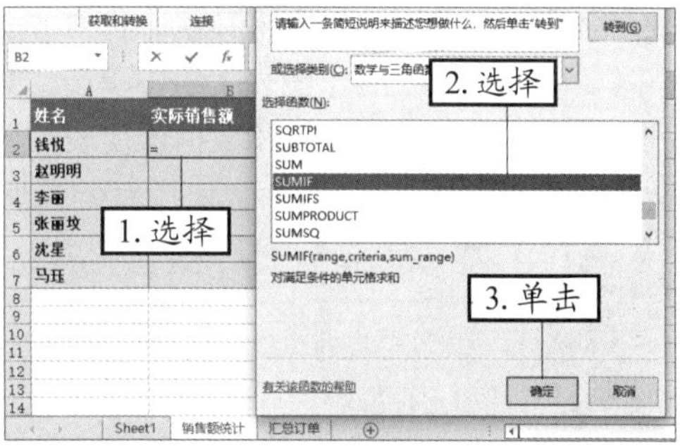

图8-10 | 选择插入的函数并设置参数

（3）打开"函数参数"对话框，将其中的参数按照图 8-11 所示的内容进行设置，单击"确定"按钮。该函数表示计算"钱悦"所售商品的售价之和，其中 Sheet1!\$D\$2:\$D\$26 表示判断区域，"钱悦"表示判断条件，Sheet1!\$G\$2:\$G\$26 表示求和区域。

（4）返回工作表后，可在 B2 单元格中查看计算结果，然后拖曳 B2 单元格右下角的填充柄，将计算结果复制到 B3:B7 单元格区域中，如图 8-12 所示。

（5）此时，B3:B7 单元格区域中的计算结果有误，因此需要选择 B3 单元格，将鼠标指针定位至编辑栏中，将公式中的"钱悦"更改为"赵明明"，如图 8-13 所示，然后按【Enter】键查看计算结果。

（6）使用相同的操作，对其他单元格中的计算结果进行更正，最终效果如图8-14所示。

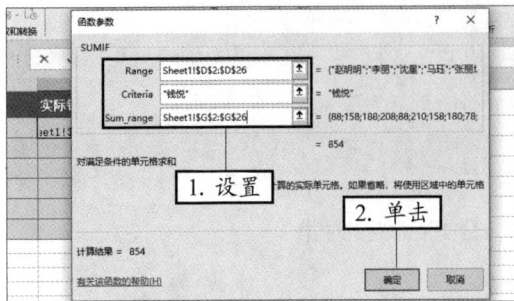

图8-11 | 设置函数参数

图8-12 | 复制公式

图8-13 | 更改函数参数

图8-14 | 更正其他单元格的计算结果

8.1.3 创建销售额动态图表

无论是数据汇总，还是数据统计和数据分析，都可以通过图表来完成复杂的数据展示与汇总。下面将在"客户订单记录统计表.xlsx"工作簿中新建工作表，并在新建的工作表中创建销售额动态图表，具体操作如下。

（1）单击工作表标签栏中的"新建工作表"按钮 ⊕，如图8-15所示，新建一张空白工作表，然后将其重命名为"动态图表"。

（2）在【插入】/【图表】组中单击"数据透视图"按钮下方的下拉按钮 ▾，在打开的下拉列表中选择"数据透视图和数据透视表"选项，如图8-16所示。

图8-15 | 单击"新建工作表"按钮

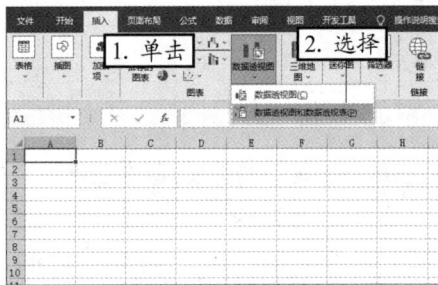

图8-16 | 创建数据透视图表

（3）打开"创建数据透视表"对话框，单击"表/区域"参数框右侧的"收缩"按钮 ▲，如图8-17所示。

（4）单击"Sheet1"工作表标签，选择该工作表中的C1:H26单元格区域，然后在"创建数据透视表"对话框中单击"展开"按钮 ▦，如图8-18所示。

（5）展开"创建数据透视表"对话框后，单击"确定"按钮。

图8-17 | 单击"收缩"按钮

图8-18 | 选择数据透视表区域

（6）在"数据透视图字段"任务窗格中将数据透视表中的"客服人员""产品名称"等字段分别添加至"筛选""轴（类别）"列表框中，并设置"图例（系列）""轴（类别）"列表框选项，效果如图8-19所示。

（7）在数据透视图中单击"客服人员"按钮，在打开的下拉列表中选择"沈星"选项，然后单击"确定"按钮，如图8-20所示。

图8-19 | 添加报表字段

图8-20 | 选择筛选的数据

（8）返回工作表后，数据透视图和数据透视表中将显示客服人员"沈星"的销售数据，如图8-21所示，通过该图表可以清楚地了解该客服人员的销售额和取得的利润情况。

（9）选择数据透视图，在【数据透视图工具 设计】/【图表布局】组中单击"添加图表元素"按钮，在打开的下拉列表中选择"数据标签"选项，然后在打开的子列表中选择"数据标签外"选项，为数据透视图添加数据标签，最终效果如图8-22所示（效果参见：效果文件\第8章\客户订单记录统计表.xlsx）。

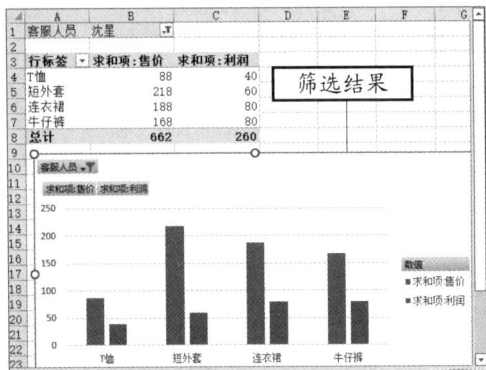

图8-21 | 查看筛选结果

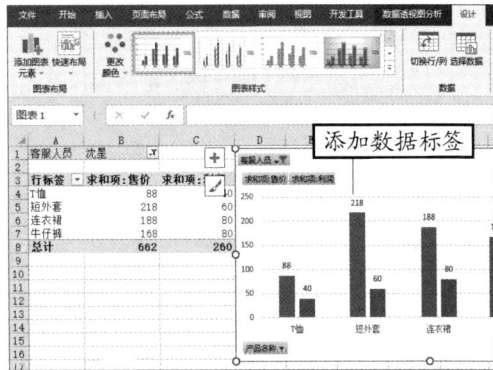

图8-22 | 为数据透视图添加数据标签

8.2 产品库存明细表分析

对于许多商家来说，库存的管理非常重要，它将影响店铺后续的采购决策、产品销售和用户体验。现在普遍认为零库存是最好的库存管理方式，但是如果不合理地降低库存量则会出现产品断档，因此商家要随时掌握产品的出入库情况。图 8-23 所示为产品库存明细表分析的最终效果。

图8-23｜产品库存明细表分析的最终效果

下面首先计算产品的出入库金额，并利用多条件方式对数据进行排序，然后计算产品的最大库存、最小库存和安全库存数，最后设置条件格式对低于安全库存的产品进行预警。

8.2.1 计算产品的出入库金额

产品出库时需遵循"先进先出"原则，即先入库的产品先出库、后入库的产品后出库。下面将在"产品库存明细表"工作簿的"Sheet1"工作表中对入库金额和出库金额进行计算，具体操作如下。

（1）打开素材文件"产品库存明细表.xlsx"工作簿（素材参见：素材文件\第8章\产品库存明细表.xlsx），在"Sheet1"工作表中选择 G3 单元格，在其中输入公式"=E3*F3"，然后按【Enter】键查看计算结果，如图 8-24 所示。

（2）重新选择 G3 单元格，拖曳 G3 单元格右下角的填充柄，将该公式复制至 G22 单元格，如图 8-25 所示。

（3）由于单元格的内容超过了单元格的显示范围，所以以"#"号显示，此时需要在【开始】/【单元格】组中单击"格式"按钮，在打开的下拉列表中选择"自动调整列宽"选项，如图 8-26 所示。

（4）此时，G 列单元格中的内容将全部显示出来，效果如图 8-27 所示。

（5）选择 J3 单元格，在编辑栏中输入公式"=IF(I3<=D3,I3*E3,D3*E3+(I3-D3)*C3)"，如图 8-28 所示。该函数表示如果出库数量大于或等于期初库存数量，则按期初单价和期初库

存数量计算出库金额，反之，则按入库单价计算出库金额。

（6）确认公式无误后，按【Enter】键查看计算结果，并复制 J3 单元格中的公式至 J4:J22 单元格区域，效果如图 8-29 所示。

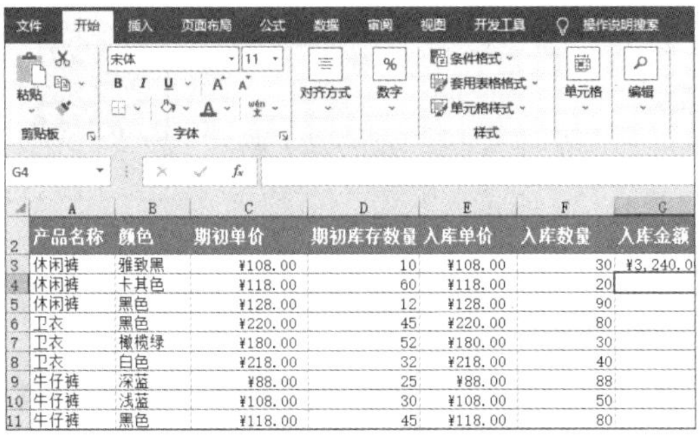

图8-24 | 利用公式计算入库金额

图8-25 | 复制公式

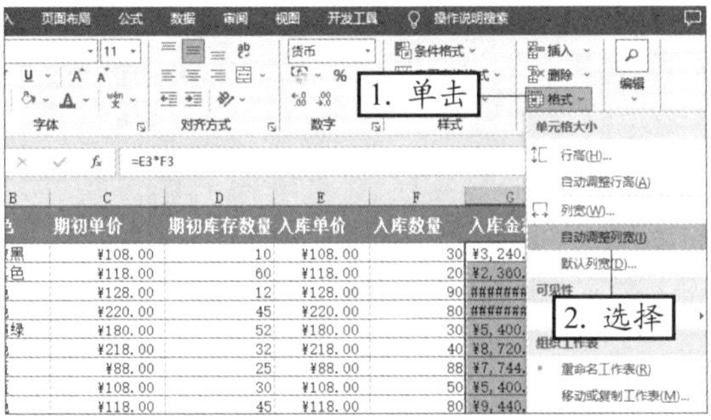

图8-26 | 选择"自动调整列宽"选项

图8-27 | 调整列宽后的效果

图8-28 | 输入公式

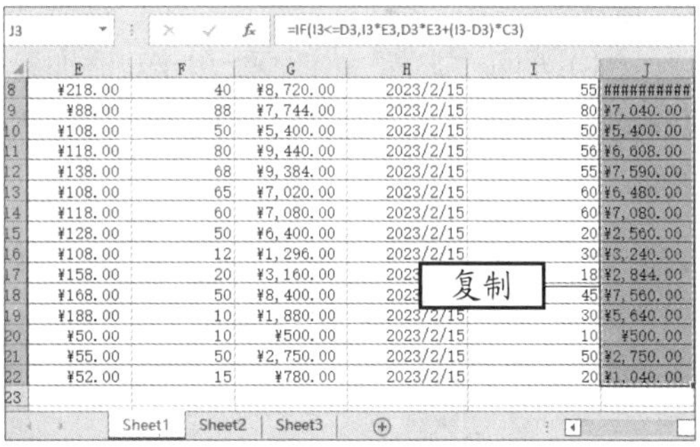

图8-29 | 复制公式

（7）在【开始】/【单元格】组中单击"格式"按钮，在打开的下拉列表中选择"自动调整列宽"选项，将 J 列单元格内容全部显示出来。

经验之谈

输入公式时，小括号"()"、中括号"[]"可直接在英文状态下输入。对于大括号"{}"而言，若不是数组公式，则可以直接在英文状态下输入；如果是数组公式，则可以在输入完公式后，按【Ctrl+Shift+Enter】组合键自动输入。

8.2.2 多条件排序数据

在处理数据时，有时需要对满足多个条件的数据进行排序，这样才会使数据结构更加清晰明了。下面将在"产品库存明细表 .xlsx"工作簿中的"Sheet1"工作表中利用"排序"对话框进行多条件排序设置，具体操作如下。

微课视频

多条件排序数据

（1）在"Sheet1"工作表中选择任意一个包含数据的单元格，然后在【数据】/【排序和筛选】组中单击"排序"按钮，如图 8-30 所示。

（2）打开"排序"对话框，在"主要关键字"下拉列表中选择"产品名称"选项，在"次序"下拉列表中选择"自定义序列"选项，如图 8-31 所示。

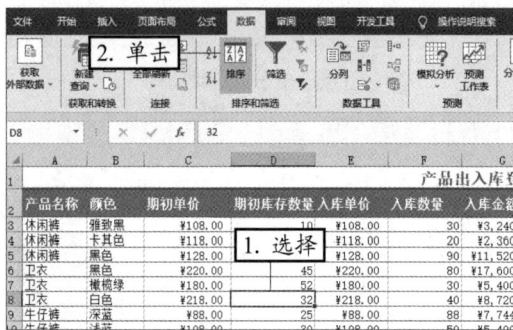

图8-30 | 单击"排序"按钮

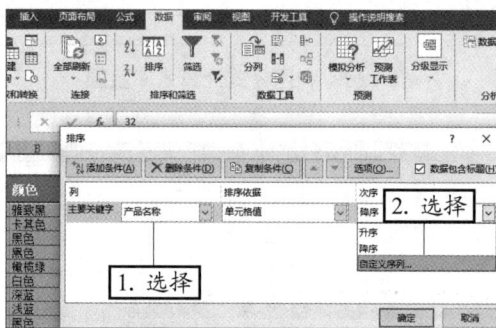

图8-31 | 设置主要关键字

（3）打开"自定义序列"对话框，在"输入序列"列表框中依次输入文本"牛仔裤""休闲裤""连衣裙""短外套""卫衣""T 恤"（每行文本之间用【Enter】键换行），然后单击"添加"按钮，如图 8-32 所示，将输入序列添加到"自定义序列"列表框中，最后单击"确定"按钮。

（4）返回"排序"对话框，单击"添加条件"按钮，在"次要关键字"下拉列表中选择"出库数量"选项，在"次序"下拉列表中选择"降序"选项，然后单击"确定"按钮，如图 8-33 所示。

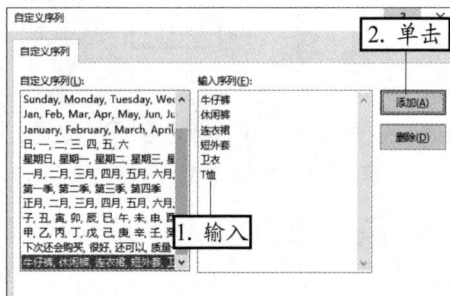

图8-32 | 输入自定义序列

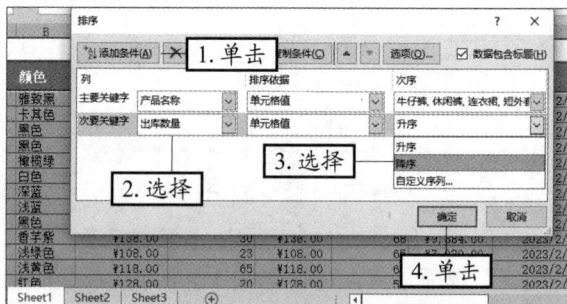

图8-33 | 设置次要关键字

（5）返回工作表后，表格中的数据将按照设置的排序方式进行排序，效果如图 8-34 所示。

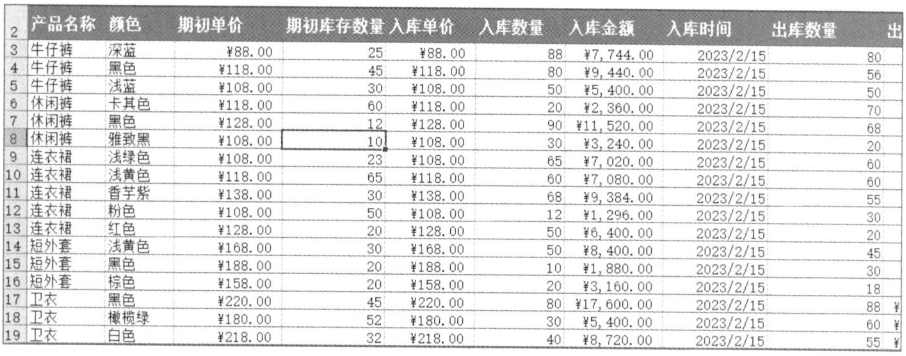

产品名称	颜色	期初单价	期初库存数量	入库单价	入库数量	入库金额	入库时间	出库数量	出
3	牛仔裤	深蓝	¥88.00	25	¥88.00	88	¥7,744.00	2023/2/15	80
4	牛仔裤	黑色	¥118.00	45	¥118.00	80	¥9,440.00	2023/2/15	56
5	牛仔裤	浅蓝	¥108.00	30	¥108.00	50	¥5,400.00	2023/2/15	50
6	休闲裤	卡其色	¥118.00	60	¥118.00	20	¥2,360.00	2023/2/15	70
7	休闲裤	黑色	¥128.00	12	¥128.00	90	¥11,520.00	2023/2/15	68
8	休闲裤	雅致黑	¥108.00	10	¥108.00	30	¥3,240.00	2023/2/15	20
9	连衣裙	浅绿色	¥108.00	23	¥108.00	65	¥7,020.00	2023/2/15	60
10	连衣裙	浅黄色	¥118.00	65	¥118.00	60	¥7,080.00	2023/2/15	60
11	连衣裙	香芋紫	¥138.00	30	¥138.00	68	¥9,384.00	2023/2/15	55
12	连衣裙	粉色	¥108.00	50	¥108.00	12	¥1,296.00	2023/2/15	20
13	连衣裙	红色	¥128.00	20	¥128.00	50	¥6,400.00	2023/2/15	20
14	短外套	浅黄色	¥168.00	30	¥168.00	50	¥8,400.00	2023/2/15	45
15	短外套	黑色	¥188.00	20	¥188.00	10	¥1,880.00	2023/2/15	30
16	短外套	棕色	¥158.00	20	¥158.00	20	¥3,160.00	2023/2/15	18
17	卫衣	黑色	¥220.00	45	¥220.00	80	¥17,600.00	2023/2/15	88 ¥
18	卫衣	橄榄绿	¥180.00	52	¥180.00	30	¥5,400.00	2023/2/15	60 ¥
19	卫衣	白色	¥218.00	32	¥218.00	40	¥8,720.00	2023/2/15	55 ¥

图8-34｜查看排序结果

8.2.3 计算安全库存、最大库存和最小库存

安全库存是为了防止临时用量增加或供应商交货误期等不确定因素而准备的缓冲库存。安全库存按一周的库存量核算，最大库存按月度最大用量和安全库存之和核算，最小库存按两周的安全库存量核算。下面将在"产品库存明细表 .xlsx"工作簿的"Sheet2"工作表中利用 TRUNC 函数和公式计算店铺的库存情况，具体操作如下。

微课视频

计算安全库存、最大库存和最小库存

（1）在"Sheet2"工作表中选择 M3 单元格，在其中输入公式"=TRUNC((L3/4)+1)"，如图 8-35 所示。

（2）按【Enter】键得到计算结果后，重新选择 M3 单元格，拖曳 M3 单元格右下角的填充柄进行公式的复制，如图 8-36 所示。

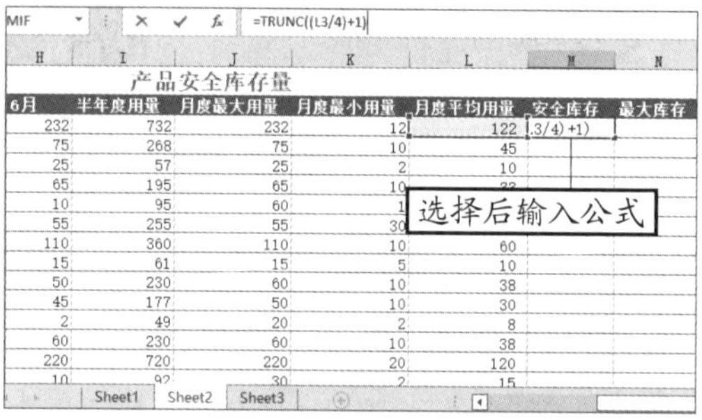

图8-35｜输入公式（1）

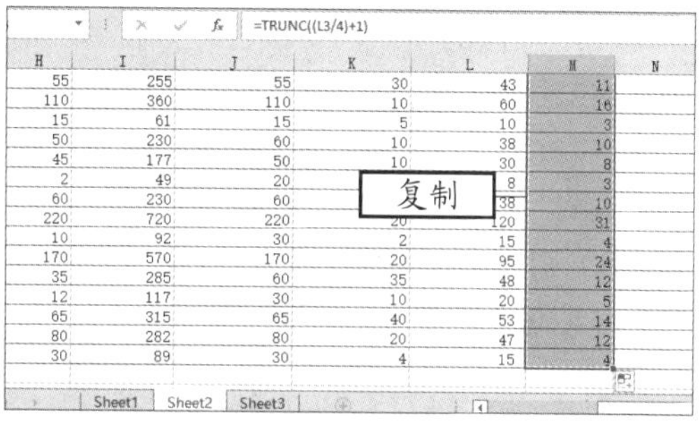

图8-36｜复制公式（1）

经验之谈

TRUNC 函数用于返回处理后的数值，该函数只截取整数部分，不会对小数部分进行四舍五入计算，其语法结构为：TRUNC（number，num_digits）。其中，number 参数表示需要截尾取整的数字，为必填项；num_digits 参数用于指定取整精度的数字，其默认值为 0。

（3）选择 N3 单元格，在其中输入公式"=J3+M3"，如图 8-37 所示。

（4）按【Enter】键得到计算结果后，重新选择 N3 单元格，拖曳 N3 单元格右下角的填充柄进行公式的复制，如图 8-38 所示。

（5）选择 O3 单元格，在其中输入公式"=M3*2"，如图 8-39 所示。

（6）按【Enter】键得到计算结果后，重新选择O3单元格，拖曳O3单元格右下角的填充柄进行公式的复制，如图8-40所示。

图8-37｜输入公式（2）

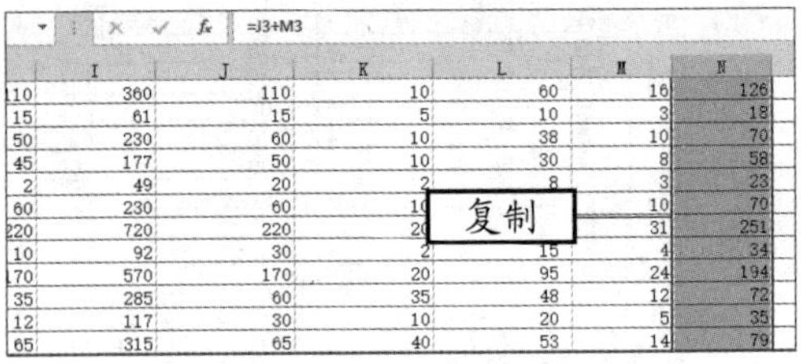

图8-38｜复制公式（2）

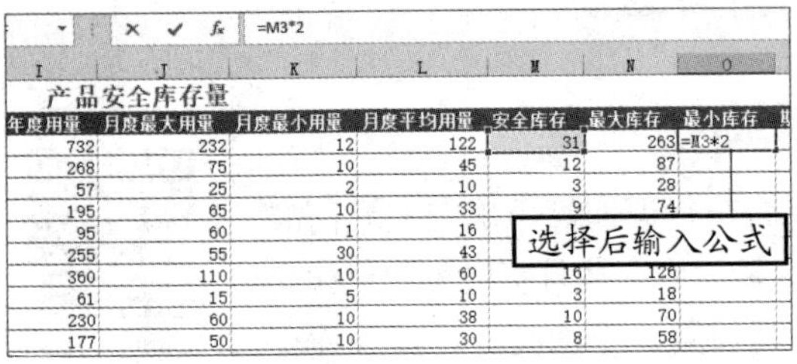

图8-39｜输入公式（3）

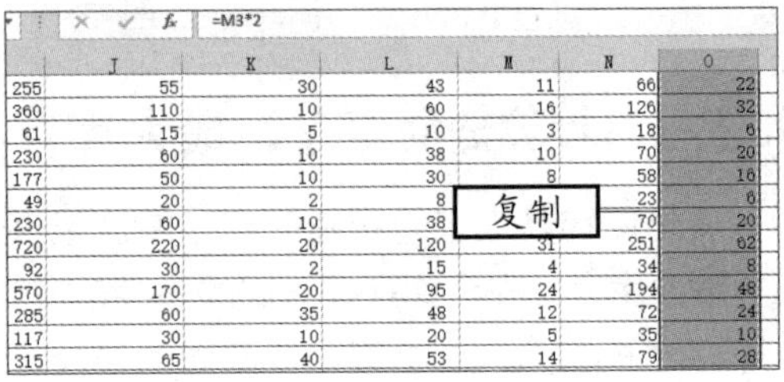

图8-40｜复制公式（3）

（7）为"Sheet2"工作表中的M22:O22单元格区域应用"红色，个性色2"样式的下边框。

8.2.4　设置条件格式进行预警提示

Excel中的"条件格式"功能可以在很大程度上提升电子表格的美观性和可读性，它通过指定多个条件来确定单元格的行为，并根据设定的条件为单元格自动应用相应的格式。下面在"产品库存明细表"工作簿的"Sheet2"工作表中将期末结存数量低于安全库存的产品显示为橙色，具体操作如下。

微课视频

设置条件格式进行预警提示

（1）在"Sheet2"工作表中选择P3单元格，输入运算符"="，然后单击"Sheet1"工作表标签，如图8-41所示。

（2）切换至"Sheet1"工作表，选择D3单元格后，输入运算符"+"，然后选择F3单元格，继续输入运算符"-"，最后单击I3单元格，如图8-42所示。

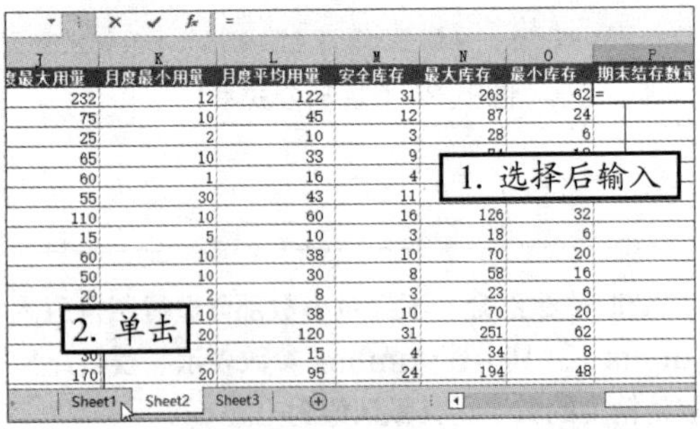

图8-41｜引用工作表

图8-42｜引用工作表中的数据

（3）按【Enter】键返回"Sheet2"工作表，并在P3单元格中显示计算结果，如图8-43所示。

（4）拖曳P3单元格右下角的填充柄，将公式复制到P4:P22单元格区域，如图8-44所示，然后为P22单元格应用"红色，个性色2"样式的下边框。

图8-43｜查看计算结果

图8-44｜复制公式

（5）选择 B3:P22 单元格区域，在【开始】/【样式】组中单击"条件格式"按钮，在打开的下拉列表中选择"新建规则"选项，如图 8-45 所示。

（6）打开"新建格式规则"对话框，在"选择规则类型"栏中选择"使用公式确定要设置格式的单元格"选项，在"为符合此公式的值设置格式"参数框中输入"=$P3<$M3"，然后单击"格式"按钮，如图 8-46 所示。

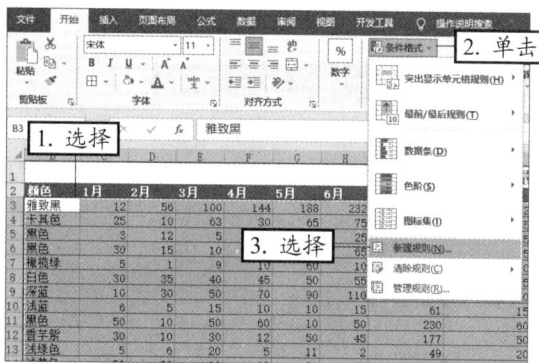

图8-45｜选择"新建规则"选项

图8-46｜"新建格式规则"对话框

（7）打开"设置单元格格式"对话框，在"填充"选项卡中选择"橙色"选项，然后依次单击"确定"按钮，如图 8-47 所示。

（8）返回工作表后，可看到符合条件的单元格以橙色突出显示，如图 8-48 所示（效果参见：效果文件\第8章\产品库存明细表.xlsx）。

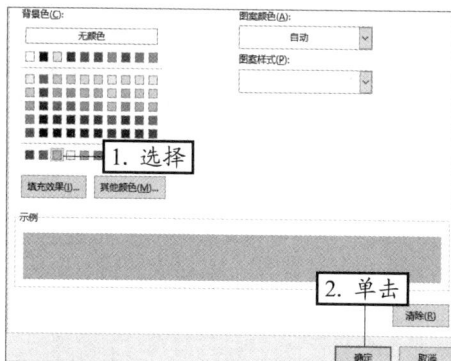

图8-47｜设置单元格填充颜色

图8-48｜应用条件格式后的单元格

职业素养

库存管理工作对电商企业的持续经营起着至关重要的作用，因此，商家要坚持严管和厚爱相结合的原则，加强对库管工作的全方位管理和经常性监督，提高管理人员敢于担当、积极作为的工作意识。

8.3 产品库龄分析

对产品库龄进行分析，可以控制库存产品的可销天数，防止滞销品产生。图 8-49 所示为产品库龄分析的最终效果，通过该表格，运营人员可以了解库存产品的情况，以此来指导店铺产品结构的调整，从而加强所售产品的竞争能力，并进行合理搭配。

图8-49 | 产品库龄分析的最终效果

下面首先综合利用 IF 函数、DATEDIF 函数和 TODAY 函数来计算产品的库龄，然后再将库龄超过 20 天的产品进行突出显示。

8.3.1 计算产品库龄

产品库龄的计算公式为：=IF(F2="",DATEDIF(E2,TODAY(),"d")+1,"")。该公式表示如果"出库日期（F2）"为空，则"库龄"为"入库日期"到今日的天数；如果"出库日期（F2）"不为空，则"库龄"为空。下面将在"产品库龄分析 .xlsx"工作簿中计算产品库龄，具体操作如下。

（1）打开素材文件"产品库龄分析 .xlsx"工作簿（素材参见：素材文件\第8章\产品库龄分析 .xlsx），选择 G3 单元格，在其中输入公式"=IF(F3="",DATEDIF(E3,TODAY(),"d")+1,"")"，如图 8-50 所示。

（2）按【Enter】键查看计算结果，如图 8-51 所示。

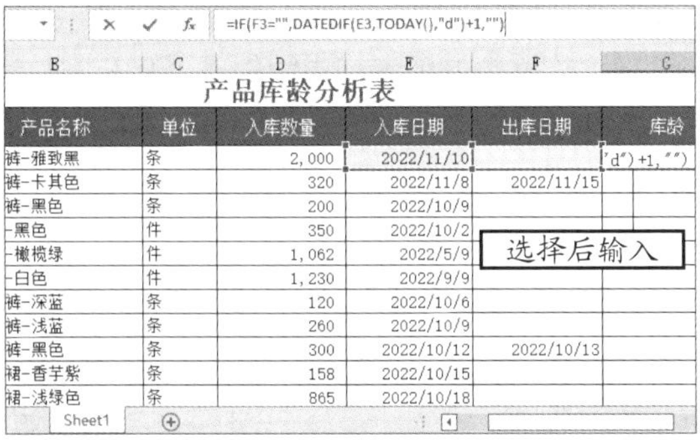

图 8-50 | 输入公式

图 8-51 | 查看计算结果

（3）重新选择 G3 单元格，拖曳 G3 单元格右下角的填充柄，将公式复制至 G23 单元格，如图 8-52 所示。

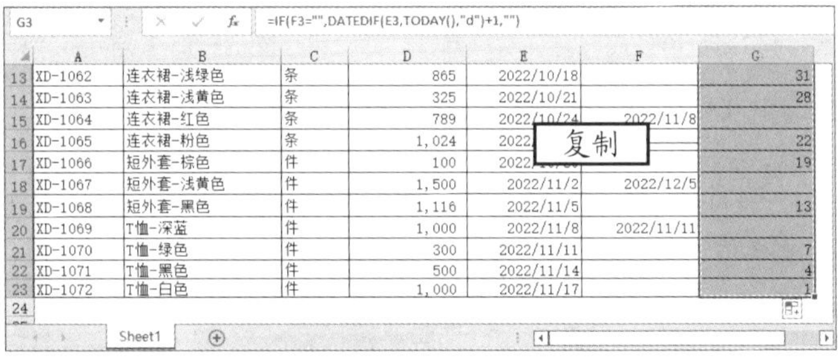

图 8-52 | 复制公式

8.3.2 突出显示库龄大的产品

不同的产品库龄，可以通过单元格的不同填充颜色来表示，底纹颜色越深，产品库龄越大，反之越小。下面将在"产品库龄分析.xlsx"工作簿中对库龄超过 20 天的产品进行突出显示，具体操作如下。

（1）选择任意一个包含数据的单元格，然后在【数据】/【排序和筛选】组中单击"筛选"按钮，如图 8-53 所示。

（2）进入筛选状态后，单击"库龄"单元格右下角的"筛选"按钮，在打开的下拉列表中取消选中"空白"复选框，然后单击"确定"按钮，如图 8-54 所示。

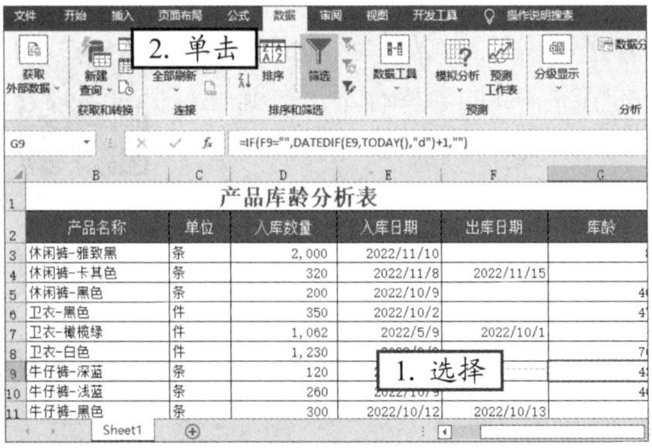

微课视频

突出显示库龄大的产品

图8-53 | 单击"筛选"按钮

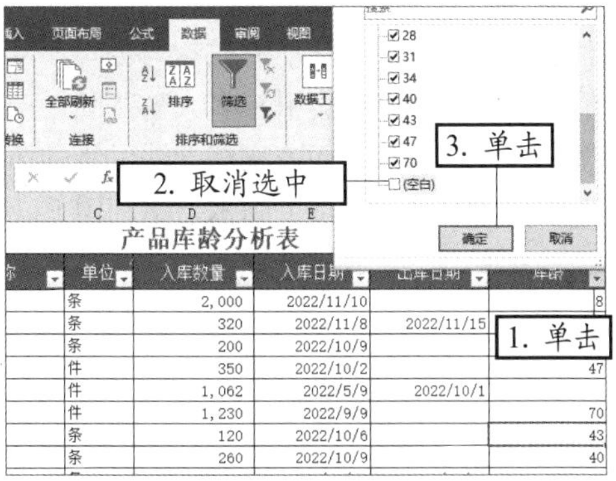

图8-54 | 设置筛选格式

（3）选择 G3:G23 单元格区域，然后在【开始】/【样式】组中单击"条件格式"按钮，在打开的下拉列表中选择"突出显示单元格规则"选项，在打开的子列表中选择"大于"选项，如图 8-55 所示。

（4）打开"大于"对话框，在参数框中输入"20"，在"设置为"下拉列表中选择"自定义格式"选项，如图 8-56 所示。

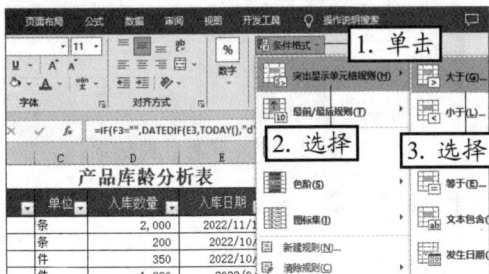

图 8-55｜选择条件格式

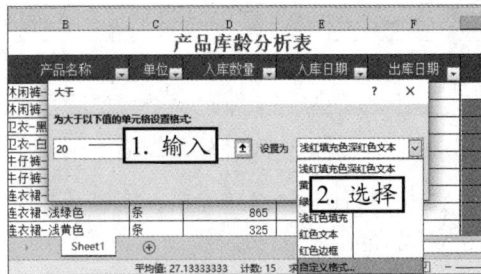

图 8-56｜自定义单元格格式

（5）打开"设置单元格格式"对话框，在"填充"选项卡的"背景色"栏中选择"橙色"选项，如图 8-57 所示，然后单击"确定"按钮。

（6）返回"大于"对话框，单击"确定"按钮，返回工作表查看突出显示单元格后的效果，如图 8-58 所示（效果参见：效果文件\第 8 章\产品库龄分析 .xlsx）。

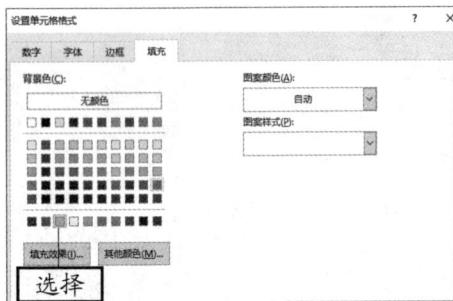

图 8-57｜设置单元格的填充颜色

图 8-58｜突出显示单元格后的效果

本章实训

　　为了提高店铺人气和销售额，商家有时会推出一些促销活动，如拼团和预售等，这些促销活动的成功与否与产品库存密切相关。例如，活动商品由于价格偏低，很可能会引起多人购买同一产品的情况，此时若库存不足，就可能发生客户拍下商品而商家却无法供货的情况，所以实时掌握商品库存情况是店铺经营的重中之重。下面本书将利用 Excel 分析店铺商品在各个平台的库存产品的周转情况，帮助读者进一步熟悉利用函数和图表计算与分析数据的方法。

　　本实训将利用 Excel 的自动求和函数计算数据，并通过条形图来分析产品的库存数量。通过本实训，读者可以熟悉并巩固函数和图表的使用方法。

微课视频

分析电商平台中的产品库存数

1. 实训目标

① 熟练使用自动求和函数。

② 利用条形图分析产品的库存数量。

2. 实训要求

首先在已有数据的 Excel 表格中利用自动求和函数计算所售产品在所有电商平台中的库存数量和库存金额，然后再利用条形图直观展示所售产品的库存情况。

3. 实训步骤

① 计算库存数量。在源数据表（素材文件 / 第 8 章 / 电商平台中的产品库存 .xlsx）中选择 H4 单元格，在【公式】/【函数库】中单击"自动求和"按钮，再将函数参数修改为"C4:G4"，如图 8-59 所示，然后按【Enter】键查看计算结果，并将该公式复制到 H5:H14 单元格区域中。

② 计算库存金额。选择 I4 单元格，在其中输入公式"=B4*H4"，如图 8-60 所示，然后按【Enter】键查看计算结果，并将该公式复制到 I5:I14 单元格区域。

③ 插入条形图。选择 A3:A14 单元格区域，按住【Ctrl】键的同时选择 H3:H14 单元格区域，然后在【插入】/【图表】组中单击"插入柱形图或条形图"按钮 📊，在打开的下拉列表中选择"二维条形图"栏中的"簇状条形图"选项。

图 8-59 | 计算库存数量

图 8-60 | 计算库存金额

④ 设置条形图。将插入的条形图移至与表格齐平的位置，并为其应用"样式 4"样式，然后选择"休闲裤"对应的数据系列，将该数据系列的填充颜色和轮廓颜色均设置为"橙色"，效果如图 8-61 所示。

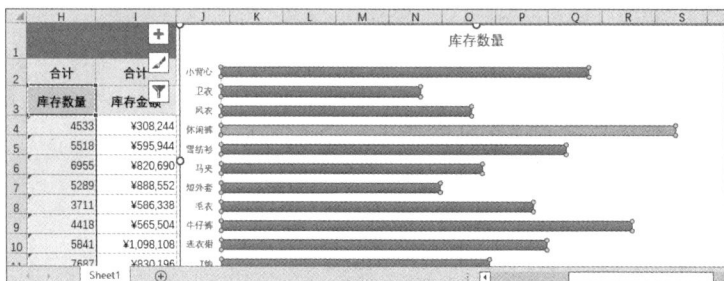

图 8-61 | 设置条形图

⑤ 添加数据标签。选择图表，为其添加数据标签（效果参见：效果文件 / 第 8 章 / 电商平台中的产品库存 .xlsx）。

第9章

销售费用分析

知识目标

◆ 掌握销售费用的分析方法。
◆ 掌握产品费用结构表的分析方法。

能力目标

◆ 能够对销售费用进行合理评估。
◆ 能够通过图表分析数据。

素养目标

◆ 培养诚信待人的优良品质。
◆ 培养自我调控能力。
◆ 培养责任意识和服务意识。

销售费用分析就是对影响销售额的数据进行搜集、分类和比较，影响销售额的因素主要包括销售收入、销售成本、销售费用和销售税金等。本章主要介绍销售收入、销售成本、销售费用和销售税金的计算，销售收入与销售成本的对比关系，以及各项费用明细的对比分析。

9.1 销售收入与销售成本分析

销售收入是企业通过销售产品所获得的货币收入及形成的应收货款。销售成本是销售产品过程中所产生的费用，其实质是对已售产品生产成本的结转。图9-1所示为销售收入与销售成本分析的最终效果，其中体现了销售收入与销售成本的相关性和对比情况。通过该表，营销人员可以清楚地了解销售收入、销售成本、销售费用及销售税金的合计数，销售收入与销售成本之间的线性关系，以及销售收入与销售成本之间的对比情况。

图9-1｜销售收入与销售成本分析的最终效果

下面首先对销售收入、销售成本、销售费用、销售税金及销售成本率、销售费用率和销售税金率进行计算，然后利用回归分析函数对销售收入与销售成本进行分析，最后利用折线图和柱形图直观展现销售收入与销售成本的对比关系。

9.1.1 计算销售收入、销售成本、销售费用和销售税金

下面将在"销售费用分析表.xlsx"工作簿中利用函数计算上半年的销售收入、销售成本、销售费用和销售税金，以及销售成本率、销售费用率和销售税金率，具体操作如下。

（1）打开素材文件"销售费用分析表.xlsx"（素材参见：素材参见/第9章/销售费用分析表.xlsx），选择B10单元格，在【公式】/【函数库】组

微课视频

计算销售收入、销售成本、销售费用和销售税金

中单击"自动求和"按钮，如图9-2所示，确认参与计算的单元格区域无误后，按【Enter】键查看计算结果。

（2）使用相同的操作计算销售成本、销售费用和销售税金的合计数，效果如图9-3所示。

图9-2 | 对销售收入求和

图9-3 | 计算其他数据

（3）选择F4单元格，按【Shift+F3】组合键，打开"插入函数"对话框，在"或选择类别"下拉列表中选择"常用函数"选项，在"选择函数"列表框中选择"IF"选项，然后单击"确定"按钮，如图9-4所示。

（4）打开"函数参数"对话框，在"Logical_test"参数框中输入"B4=0"，在"Value_if_true"参数框中输入"IF(C4=0,0,"出错")"，在"Value_if_false"参数框中输入"IF(C4=0,"出错",C4/B4)"，然后单击"确定"按钮，如图9-5所示。该函数表示当B4或C4单元格的值为0时，返回"出错"，否则返回C4÷B4的结果。

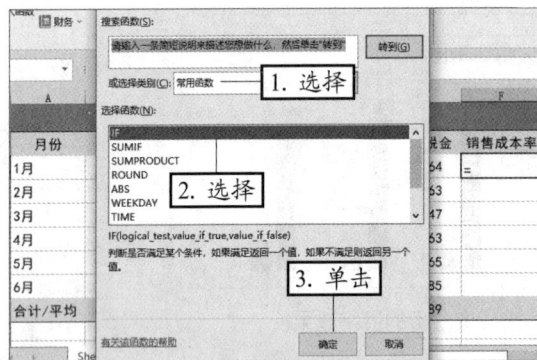

图9-4 | 选择IF函数

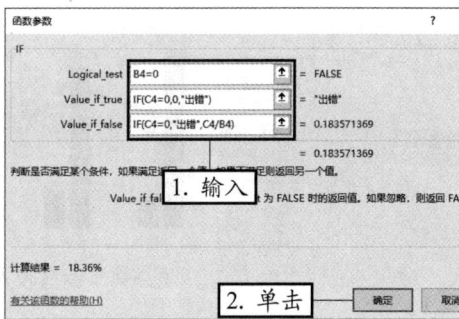

图9-5 | 设置函数参数（1）

（5）将鼠标指针移至F4单元格右下角的填充柄上，按住鼠标左键不放并向下拖曳至F9单元格后释放鼠标以复制公式，如图9-6所示。

（6）选择G4单元格，打开IF函数对应的"函数参数"对话框，依次在"Logical_test""Value_if_true""Value_if_false"参数框中输入"B4=0""0""D4/B4"，然后单击"确定"按钮，如图9-7所示。该函数表示当B4单元格的值为0时返回0，否则返回D4÷B4的结果。

（7）将鼠标指针移至G4单元格右下角的填充柄上，按住鼠标左键并向下拖曳至G9单元格后释放鼠标以复制公式，如图9-8所示。

（8）使用相同的操作计算销售税金率，其中销售税金率 = 销售税金 ÷ 销售收入，如果销售收入为"0"，则销售税金率为"0"，最终效果如图9-9所示。

图9-6｜复制公式（1）

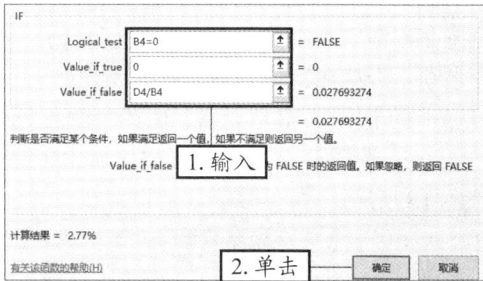

图9-7｜设置函数参数（2）

图9-8｜复制公式（2）

图9-9｜计算销售税金率

（9）选择F10单元格，在【公式】/【函数库】组单击"自动求和"按钮下方的下拉按钮，在打开的下拉列表中选择"平均值"选项，如图9-10所示。

（10）确认参与计算的单元格区域无误后，按【Enter】键查看计算结果，然后将F10单元格中的公式复制到G10:H10单元格区域中，如图9-11所示。

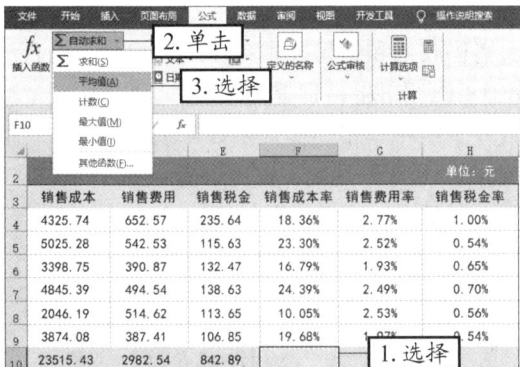

图9-10｜选择"平均值"选项

图9-11｜复制公式（3）

经验之谈

在工作表中使用自动求和、平均值、最大值、最小值和计数函数计算单元格中的数据时，可以通过改变工作表中不断闪烁的选框来调整参与计算的单元格区域。例如，图9-2中参与计算的单元格区域为B4:B9，此时，将鼠标指针定位到不断闪烁的选框4个角的任意一个角上，按住鼠标左键不放并拖曳，便可快速调整参与计算的单元格区域。

9.1.2 销售收入与销售成本回归分析

回归分析是确定两种或两种以上变量之间相互依赖的定量关系的一种统计分析方法。下面将在"销售费用分析表.xlsx"工作簿中对销售收入和销售成本进行回归分析，以判断这两者之间是否存在定量关系，具体操作如下。

（1）选择A13单元格，在其中输入文本"回归函数"后按【Enter】键，如图9-12所示。

（2）选择B13:C13单元格区域，在编辑栏中输入公式"=LINEST(C4:C9,B4:B9)"，如图9-13所示。

图9-12 | 输入文本内容

图9-13 | 输入公式

经验之谈

LINEST函数可以返回回归方程（$y=a+bx$）的截距（a）和斜率（b），以及其他回归统计值，其语法结构为：LINEST(known_y's, known_x's, const, stats)。其中，known_y's参数是关系表达式$y=a+bx$中已知的y值的集合；known_x's参数是关系表达式$y=a+bx$中已知的x值的集合；const参数为逻辑值，用于指定是否将常量b强制设为0；stats参数为逻辑值，用于指定是否返回附加回归统计值。

（3）按【Ctrl+Shift+Enter】组合键，得到销售收入和销售成本存在线性关系下的直线表达式的斜率（0.20859657）和截距（-436.556018），如图9-14所示。

（4）选择B14单元格，在【公式】/【函数库】组中单击"插入函数"按钮，打开"插入函数"对话框，在"或选择类别"下拉列表中选择"文本"选项，在"选择函数"列表框中选择"CONCATENATE"选项，如图9-15所示，然后单击"确定"按钮。

图9-14 | 得到斜率和截距

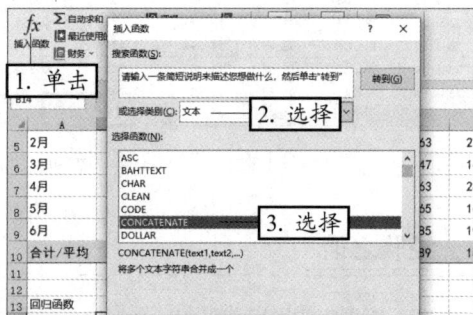

图9-15 | 选择函数

（5）打开"函数参数"对话框，依次在"Test1""Test2""Test3""Test4"参数框中输入图9-16所示的内容，然后单击"确定"按钮。

（6）返回工作表，可在 B14 单元格中查看计算结果，如图 9-17 所示。其中，y 表示"销售成本"，x 表示"销售收入"。

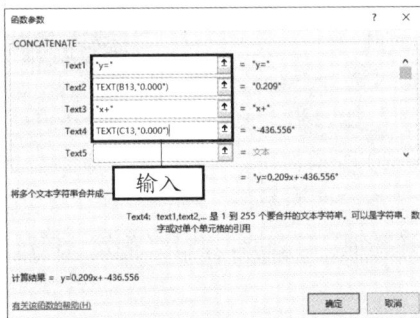

图9-16 | 设置函数参数

图9-17 | 查看计算结果

经验之谈

　　CONCATENATE 函数用于将两个或多个文本字符串合并为一个字符串，其语法结构为：CONCATENATE(text1,text2,...)。其中，text1、text2……为 1 ～ 255 个将要合并成单个文本项的原始文本项。需要注意的是，各项之间必须用逗号隔开，这些文本项既可以是数字、文本字符串，也可以用单个单元格的引用。

（7）选择 A15 单元格，在其中输入文本"相关系数"后，选择 B15 单元格，在编辑栏中输入公式"=CONCATENATE("r=",TEXT(CORREL(B4:B9,C4:C9),"0.0000"))"，然后按【Enter】键查看计算结果，如图 9-18 所示。

（8）选择 C15 单元格，在编辑栏中输入公式"=IF(CORREL(B4:B9,C4:C9)<0.2,"异常","相关")"，该公式用于判断销售收入与成本之间的相关性，若收入与成本两者之间的关系为"异常"则为不相关，若为"相关"则两者相关，最后按【Enter】键查看计算结果，如图 9-19 所示。

图9-18 | 计算相关系数

图9-19 | 利用CORREL函数判断相关性

经验之谈

　　CORREL 函数用于返回单元格区域 array1 和 array2 之间的相关系数，其语法结构为：CORREL(array1,array2)。其中，array1 表示第一组数值的单元格区域，array2 表示第二组数值的单元格区域。

9.1.3 使用图表展示销售收入与销售成本之间的变化

微课视频

使用图表展示
销售收入与销售
成本之间的变化

为了更加直观、形象地展示表格中的数据信息，下面将在"销售费用分析表.xlsx"工作簿中创建柱形图和折线图，具体操作如下。

（1）选择A3:C9单元格区域，按住【Ctrl】键的同时选择F3:F9单元格区域，然后在【插入】/【图表】组中单击"插入组合图"按钮 ，在打开的下拉列表中选择"簇状柱形图 - 折线图"选项，如图9-20所示。

（2）在【图表工具 图表设计】/【类型】组中单击"更改图表类型"按钮，打开"更改图表类型"对话框，单击选中"销售成本率"对应的"次坐标轴"复选框，单击"确定"按钮，如图9-21所示。

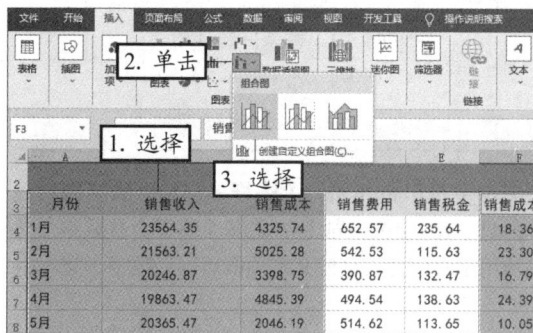

图9-20 | 插入组合图

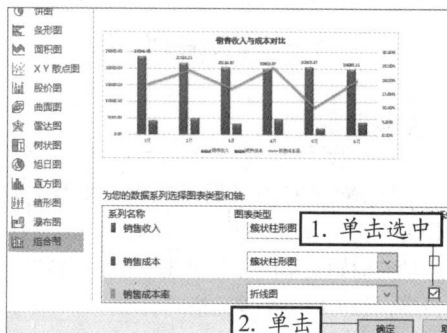

图9-21 | 设置次坐标轴

（3）返回工作表后，图表中的"销售成本率"数据系列将显示为折线图样式，然后将图表标题修改为"销售收入与成本对比"，并在【图表工具 图表设计】/【图表样式】组的"样式"列表框中选择"样式8"选项，如图9-22所示。

（4）在【图表工具 格式】/【大小】组中将图表的宽度和高度分别设置为"20厘米"和"9厘米"，然后移动图表，使其与A17单元格对齐。

（5）在"销售收入"数据系列上单击鼠标右键，在弹出的快捷菜单中选择"设置数据系列格式"命令，如图9-23所示。

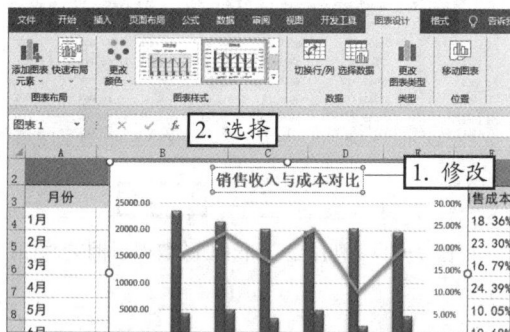

图9-22 | 修改图表标题并应用样式

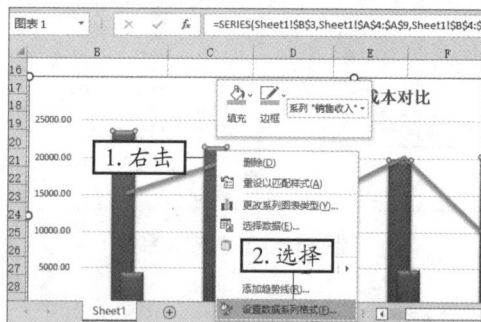

图9-23 | 选择"设置数据系列格式"命令

（6）打开"设置数据系列格式"任务窗格，在"系列选项"栏的"系列重叠"数值框中输入"-40%"，如图9-24所示。

（7）保持数据系列的选择状态，在【图表工具 图表设计】/【图表布局】组中单击"添加图表元素"按钮，在打开的下拉列表中选择"数据标签"选项，在打开的子列表中选择"数据标签外"选项，如图 9-25 所示（效果参见：效果文件\第 9 章\销售费用分析表 .xlsx）。

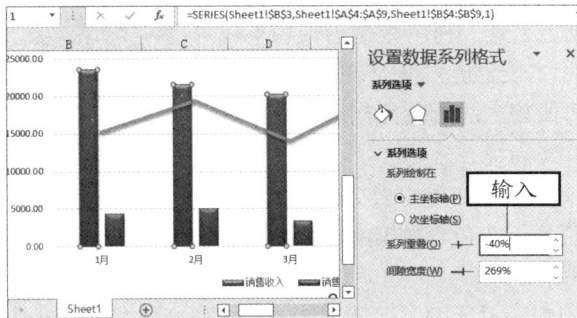

图9-24｜设置系列重叠值

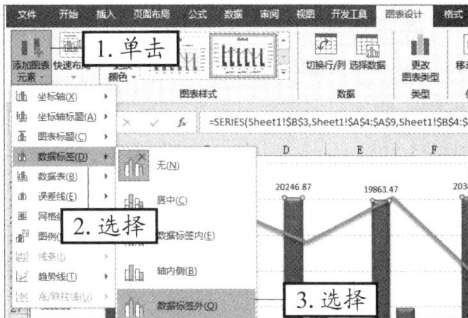

图9-25｜添加数据标签

经验之谈

若插入的折线图看起来比较突兀、不美观，则可以双击需要设置的折线图，在打开的任务窗格中单击"填充与线条"按钮，单击选中底部的"平滑线"复选框后，快速实现折线图的平滑效果。

9.2 产品费用结构表分析

网店和实体店在交易实质上是相似的，但在费用核算上却有所不同，网店除了具有与实体店相同的产品成本、人工成本和推广费用等显性费用外，还存在一些隐性费用，如退换货费用、物流费用和产品损耗费用等。因此，要想将网店经营好，商家就必须详细了解各项费用的支出情况。图 9-26 所示为产品费用结构表分析的最终效果。通过该表，商家可以快速对比所售产品"产品成本""拍摄和制作费用""推广费用"3 个项目的费用明细，不同产品所耗费的人工成本合计数被创建成柱形图，从中可以直观了解各产品的人工费用合计数。

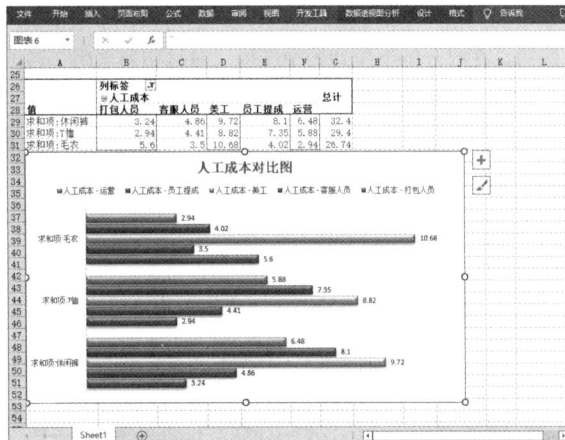

图9-26｜产品费用结构表分析的最终效果

下面首先利用数据透视表分析"产品成本""拍摄和制作费用""推广费用"这 3 项费用的构成明细，然后利用数据透视图分析各产品的人工成本明细支出情况。

9.2.1 创建数据透视表统计各项费用

微课视频

创建数据透视表
统计各项费用

数据透视表是 Excel 中重要的分析性报告工具，利用数据透视表不仅可以汇总、分析和摘要数据，还可以快速合并和比较分析大量的数据。下面将在"产品费用结构表 .xlsx"工作簿中分析网店所售产品的费用构成，具体操作如下。

（1）打开素材文件"产品费用结构表 .xlsx"工作簿（素材参见：素材文件\第9章\产品费用结构表 .xlsx），选择任意一个包含数据的单元格，然后在【插入】/【表格】组中单击"数据透视表"按钮，如图 9-27 所示。

（2）打开"来自表格或区域的数据透视表"对话框，保持"表/区域"参数框中的默认设置，并在"位置"参数框中输入"A26"，然后单击"确定"按钮，如图 9-28 所示。

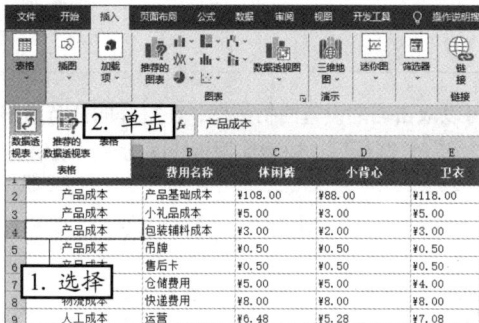

图9-27｜插入数据透视表　　图9-28｜设置数据透视表的位置

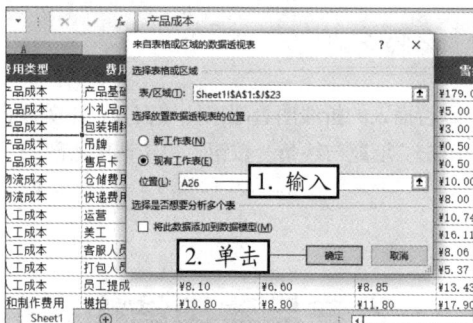

（3）在"数据透视表字段"任务窗格中依次单击选中"费用类型""费用名称""休闲裤""小背心""卫衣"5 个复选框，再将它们添加到"行""值"列表框中，如图 9-29 所示。

（4）选择 A27 单元格，在【数据透视表工具 数据透视表分析】/【活动字段】组中单击"折叠字段"按钮，如图 9-30 所示，查看构成产品成本的主要项目合计。

经验之谈

如果想让数据透视表中的"值"字段数据不被篡改，则可以在【数据透视表工具　设计】/【布局】组中单击"总计"按钮，在打开的下拉列表中选择"对行和列禁用"选项。

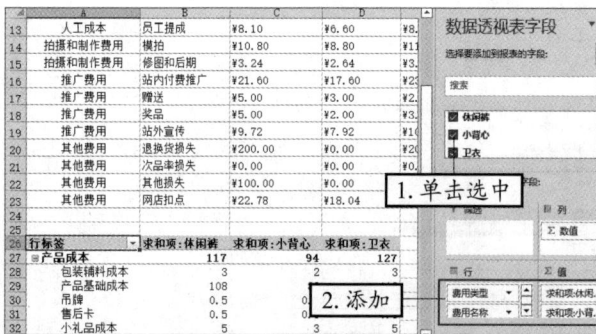

图9-29｜选择要添加的报表字段　　图9-30｜单击"折叠字段"按钮

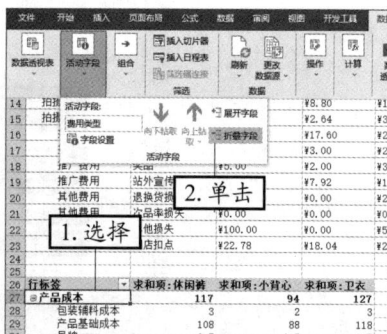

（5）单击数据透视表中"行标签"单元格右侧的"筛选"按钮⬇️，在打开的下拉列表中仅单击选中"产品成本""人工成本""推广费用"3个复选框，然后单击"确定"按钮，如图9-31所示。

（6）选择A27单元格，在【数据透视表工具 数据透视表分析】/【活动字段】组中单击"展开字段"按钮，如图9-32所示，查看所选3种费用类型的支出明细情况。

图9-31 | 筛选费用类型

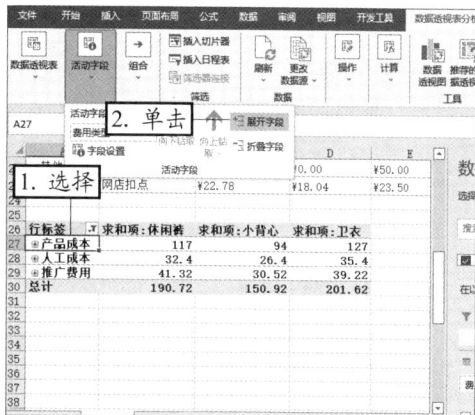

图9-32 | 单击"展开字段"按钮

（7）在"数据透视表字段"任务窗格的"值"列表框中单击"求和项：休闲裤"字段，在打开的下拉列表中选择"移至末尾"选项，如图9-33所示。

（8）在"数据透视表字段"任务窗格的"选择要添加到报表的字段"列表框中取消选中"小背心"和"卫衣"复选框，然后单击选中"T恤"和"毛衣"复选框，如图9-34所示。

图9-33 | 调整字段顺序

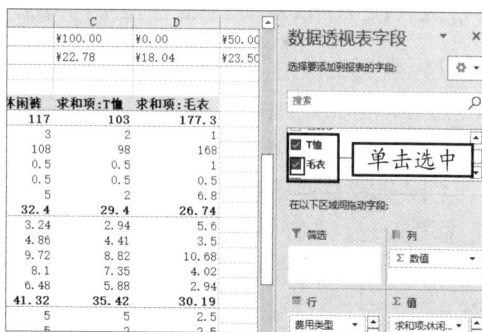

图9-34 | 删除和添加字段

（9）在【数据透视表工具 设计】/【数据透视表样式选项】组中单击选中"镶边行"复选框，然后在"数据透视表样式"组的"样式"列表框中选择"淡紫，数据透视表样式浅色12"选项，如图9-35所示。

（10）选择C2单元格，设置休闲裤的产品基础成本为"168"，如图9-36所示，然后按【Enter】键确认输入。

（11）选择数据透视表中任意一个单元格，在【数据透视表工具 数据透视表分析】/【数据】组中单击"刷新"按钮，数据透视表中休闲裤的产品基础成本将自动更新为"168"，效果如图9-37所示。

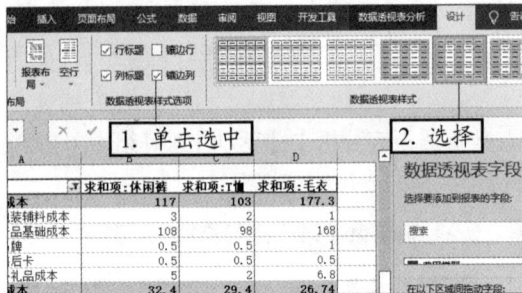

图9-35｜设置数据透视表样式

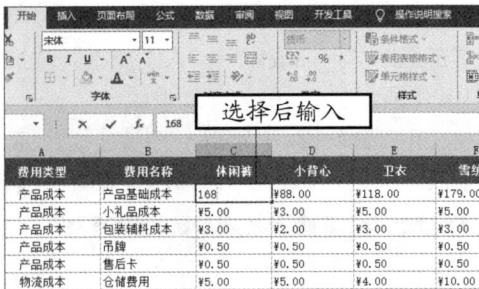

图9-36｜修改数据源

图9-37｜刷新数据透视表

经验之谈

在数据透视表中，如果只修改了数据源中的少量数据，可以直接在【数据透视表工具　数据透视表分析】/【数据】组中单击"刷新"按钮；如果修改的数据较多，则需要在"数据"组中单击"刷新"按钮下方的下拉按钮▼，在打开的下拉列表中选择"全部刷新"选项。

9.2.2　使用数据透视图分析人工成本

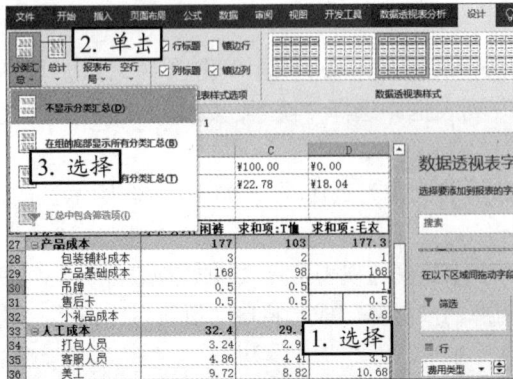

使用数据透视图，不仅可以查看不同级别的明细数据，还可以将数据显示得更加直观。下面将在"产品费用结构表.xlsx"工作簿中通过数据透视图分析人工成本，具体操作如下。

（1）选择D30单元格，在【数据透视表工具 设计】/【布局】组中单击"分类汇总"按钮，在打开的下拉列表中选择"不显示分类汇总"选项，如图9-38所示。

（2）在【数据透视表工具 数据透视表分析】/【工具】组中单击"数据透视图"按钮，如图9-39所示。

微课视频

使用数据透视图
分析人工成本

图9-38｜隐藏分类汇总字段

图9-39｜单击"数据透视图"按钮

（3）打开"插入图表"对话框，在左侧单击"条形图"选项卡，在右侧选择"簇状条形图"选项，如图9-40所示，然后单击"确定"按钮。

（4）在【数据透视图工具 设计】/【数据】组中单击"切换行/列"按钮，如图9-41所示。

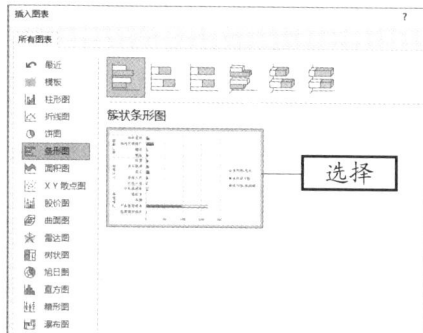

图9-40｜选择图表类型

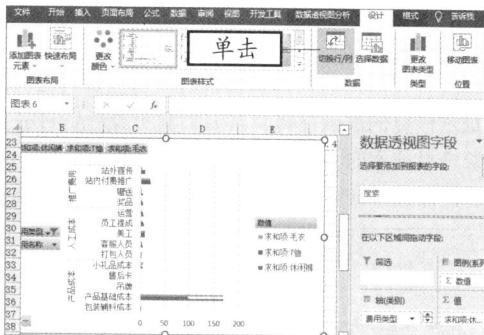

图9-41｜单击"切换行/列"按钮

（5）单击数据透视图中的"费用类型"按钮，在打开的下拉列表中仅单击选中"人工成本"复选框，然后单击"确定"按钮，如图9-42所示。

（6）在【数据透视图工具 设计】/【图表样式】组的"样式"列表框中选择"样式12"选项，如图9-43所示。

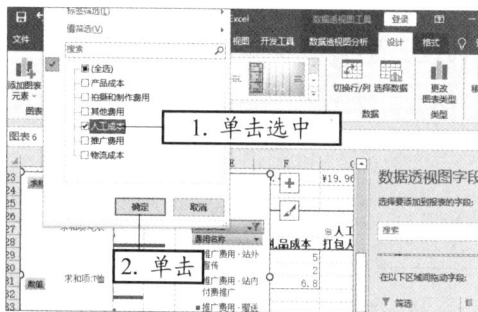

图9-42｜筛选数据

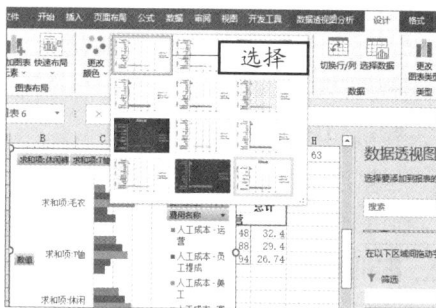

图9-43｜更改图表样式

（7）在【数据透视图工具 设计】/【图表布局】组中单击"快速布局"按钮，在打开的下拉列表中选择"布局2"选项，如图9-44所示。

（8）关闭"数据透视图字段"任务窗格，并将图表标题更改为"人工成本对比图"，然后适当调整图表的宽度和高度，并将其与A32单元格左上角对齐，如图9-45所示。

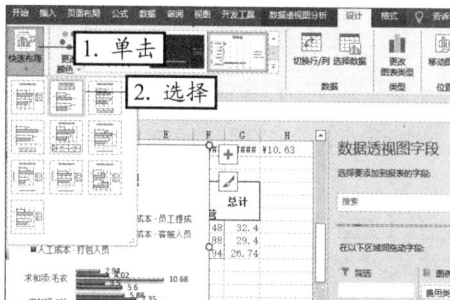

图9-44｜更改图表布局

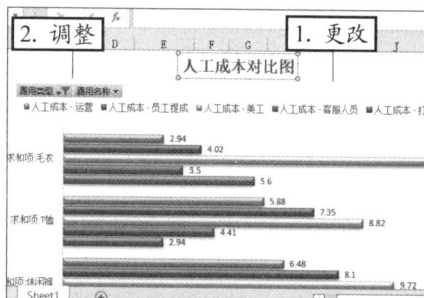

图9-45｜更改图表标题并调整图表的大小和位置

（9）在【数据透视图工具 数据透视图分析】/【显示 / 隐藏】组中单击"字段按钮"下方的下拉按钮 ▼，在打开的下拉列表中选择"全部隐藏"选项，将图表中的所有字段按钮隐藏（效果参见：效果文件 \ 第 9 章 \ 产品费用结构表 .xlsx）。

职业素养

成本核算的准确性将会直接影响所售产品的定价，进而影响店铺的整体业绩。因此，管理人员在核算产品成本时，一定要严谨务实、实事求是，同时还要与时俱进，多学习一些先进的成本核算方法，确保成本核算的准确率能满足需求。

本章实训

成本费用不仅会影响店铺的利润分配，而且还关系店铺的生存发展。所以从某种程度上来说，成本费用是店铺可持续发展的关键因素之一。下面将利用 Excel 分析店铺销售成本利润表，帮助读者进一步熟悉利用图表分析数据，以及使用函数计算数据的方法。

微课视频

分析店铺销售成本利润表

本实训将利用自动求和函数计算数据，并通过数据透视图表分析不同日期所售产品的销售金额和成本金额。通过本实训，读者可以熟悉并巩固函数和数据透视图表的使用方法。

1. 实训目标

① 熟练使用自动求和函数。
② 利用数据透视图表分析销售金额和成本金额。

2. 实训要求

首先在已有数据的 Excel 表格中利用自动求和函数计算所售产品的合计订单、总销售金额、总成本金额及总毛利润，然后利用数据透视图表分析不同日期的销售金额和成本金额。

3. 实训步骤

① 计算表格数据。在源数据表（素材文件 \ 第 9 章 \ 店铺销售成本利润表 .xlsx）中选择 L2 单元格，在【公式】/【函数库】组中单击"自动求和"按钮，将函数参数修改为"D2:D23"，并按【Enter】键查看计算结果，然后使用相同的操作计算总销售金额、总成本金额、总毛利润，其中，参与计算的单元格区域分别为 F2:F23、H2:H23、I2:23I，效果如图 9-46 所示。

② 插入数据透视图表。选择任意一个包含数据的单元格，在【插入】/【图表】组中单击"数据透视图"下方的下拉按钮 ▼，在打开的下拉列表中选择"数据透视图和数据透视表"选项。

③ 设置数据透视图。选择插入的数据透视图，在【数据透视图工具 设计】/【数据】组中单击"切换行 / 列"按钮，然后对数据透视图应用"样式 2"的图表样式，最后单击图表中的"日期"按钮，在打开的下拉列表中取消选中"3月2日"复选框，仅查看3月3日的销售数据，效果如图 9-47 所示（效果参见：效果文件 \ 第 9 章 \ 店铺销售成本利润表 .xlsx）。

图9-46 | 计算表格数据

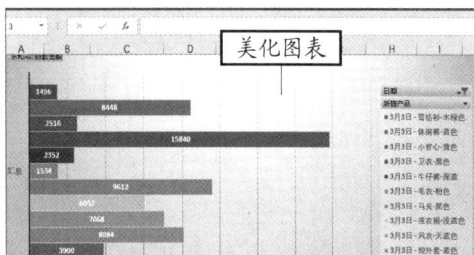

图9-47 | 利用数据透视图表分析数据

经验之谈

　　若数据透视表中含有日期数据字段，如2023年1月1日、2023/01/01等（注意日期格式需为软件能识别的格式），此时为了更好地观察和分析数据，可以调整数据透视表的布局。其方法为：在【数据透视表工具 设计】/【布局】组中单击"报表布局"按钮，在打开的下拉列表中选择"以表格形式显示"选项，然后在任意一个日期单元格上单击鼠标右键，在弹出的快捷菜单中选择"组合"命令，打开"组合"对话框，选择"月"选项，单击"确定"按钮，返回Excel操作界面，此时数据透视表中的数据将以月份的形式进行自动汇总，效果如图9-48所示。

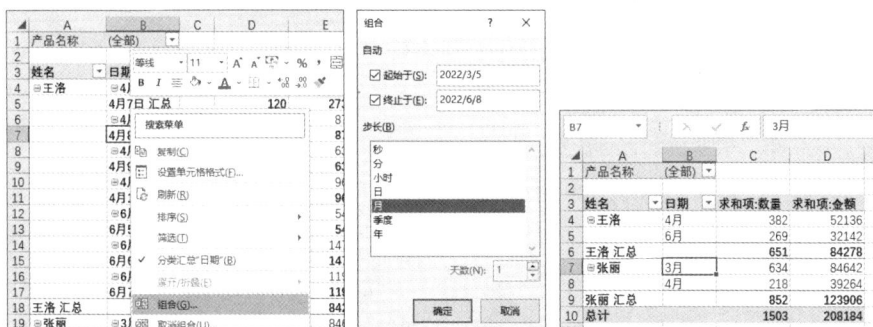

图9-48 | 调整数据透视表的布局

财务数据分析

知识目标

- ◆ 掌握利润预测与分析的方法。
- ◆ 掌握利润表比率的分析方法。

能力目标

- ◆ 能够准确预测店铺一定时期内的利润水平。
- ◆ 能够帮助店铺寻求最佳的盈利路径。

素养目标

- ◆ 培养细致的工作态度。
- ◆ 提高自主分析问题的能力。
- ◆ 深化法制规矩意识，树立正确的职业观和价值观。

　　财务数据分析是指总结和评价企业财务状况与经营成果的数据分析，包括偿债能力分析、运营能力分析和盈利能力分析等。本章主要介绍单件产品的利润预测与分析及利润比率分析，涉及的知识点包括利用回归分析法预测并分析利润；利用公式和控件建立敏感性分析模型，动态分析利润情况；以及利用折线图分析利润表比率等。

10.1　利润预测与分析

　　销售利润永远是商业经济活动的行为目标，没有足够的利润，企业就无法持续扩大发展，甚至有可能倒闭。图10-1所示为利润预测与分析的最终效果，其中清晰地显示了销量与利润之间的关系。通过拖曳创建的控制条，可以直观查看销量与利润之间的变化关系。

	Coefficient	标准误差	t Stat	P-value	Lower 95%	Upper 95%	下限 95.0%	上限 95.0%
Intercept	8170.393	48400.4	0.168808	0.869313	-99672.4	116013.2	-99672.4	116013.2
销售量	49.44046	11.09605	4.455681	0.001224	24.71692	74.164	24.71692	74.164

RESIDUAL OUTPUT

观测值	预测 实现利	残差
1	188628.1	164591.1
2	122130.7	-7802.65
3	106062.5	-22902.5
4	119708.1	-17736.9
5	184574	24814.05

项目	实际数据	变化后数据	变化率	滚动条	值
销售量	47566	47566	0	< >	50
售价	￥122.17	￥122.17	0	< >	50
变动范围	￥10.00	￥10.00	0	< >	50
固定成本	￥2,384,484.00	￥2,527,553.04	6	< >	56
利润	￥2,950,994.22	￥2,807,925.18	-0.04848164		

单因素利润敏感性分析

项目	变化率	利润	利润变化量	利润变化率
销售量	0	￥2,807,925.18	（￥143,069.04）	-4.85%
售价	0	￥2,807,925.18	（￥143,069.04）	-4.85%

图10-1｜利润预测与分析的最终效果

　　下面首先利用回归分析工具预测利润，然后再利用公式和控件动态分析利润与销量之间的变化情况。

10.1.1　利润预测

　　利润预测是指对企业未来应当达到和希望实现的利润水平及其变动趋势做出的预计和测算。下面将在"利润预测与分析.xlsx"工作簿的"利润预测"工作表中利用回归分析工具对产品的实现利润进行预测，具体操作如下。

微课视频

利润预测

　　（1）打开素材文件"利润预测与分析.xlsx"（素材参见：素材参见\第10章\利润预测与分析.xlsx），在"明细"工作表中选择F3单元格，然后输入公式"=D3-E3"，如图10-2所示，按【Enter】键查看计算结果，并将该公式复制到F4:F14单元格区域中。

　　（2）选择F3:F14单元格区域，在【公式】/【定义的名称】组中单击"定义名称"按钮，如图10-3所示。

　　（3）打开"新建名称"对话框，在"名称"文本框中输入文本"实现利润"，然后单击"确定"按钮，如图10-4所示。

（4）使用相同的操作将"明细"工作表中 B3:B14 单元格区域的名称定义为"销售量"，效果如图 10-5 所示。

图10-2｜输入公式

图10-3｜单击"定义名称"按钮

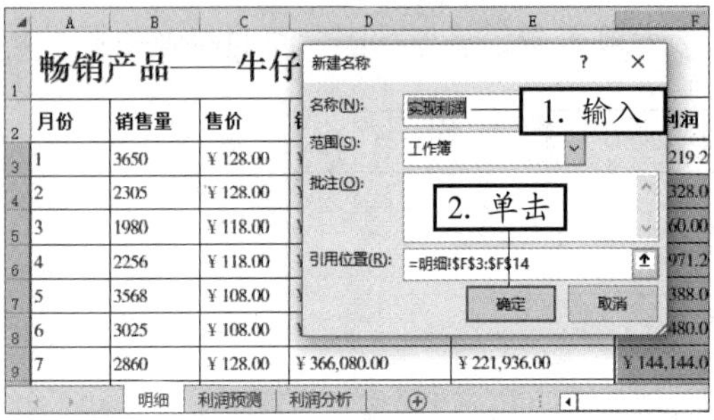

图10-4｜新建名称

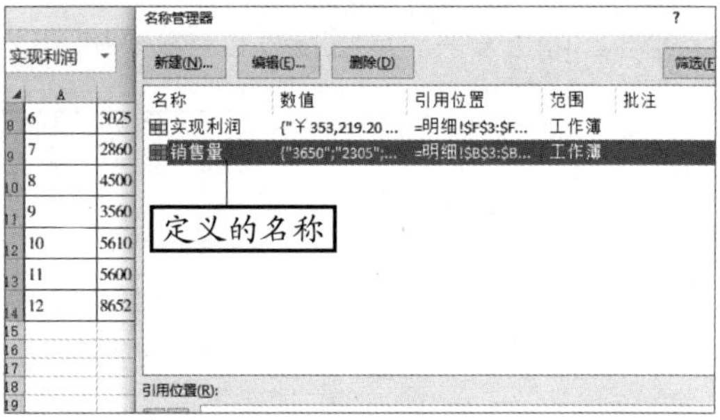

图10-5｜查看定义的名称

（5）切换到"利润预测"工作表，选择 B3:B14 单元格区域，在编辑栏中输入公式"=销售量"，如图 10-6 所示，然后按【Ctrl+Shift+Enter】组合键查看计算结果。

（6）使用相同的操作，通过定义的名称引用"明细"工作表中的数据来填充"实现利润"列，效果如图 10-7 所示。

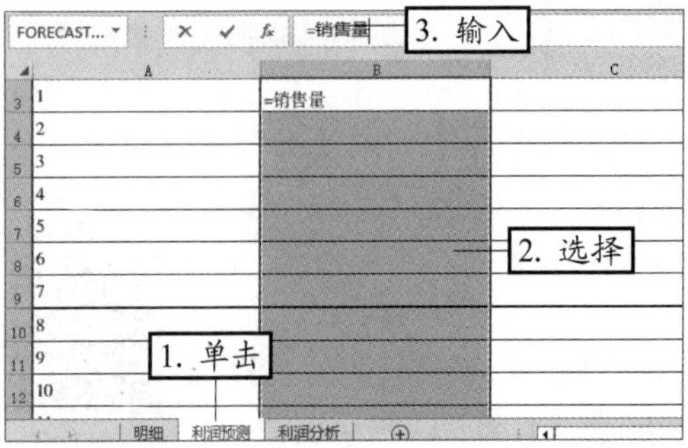

图10-6｜利用定义的名称引用数据（1）

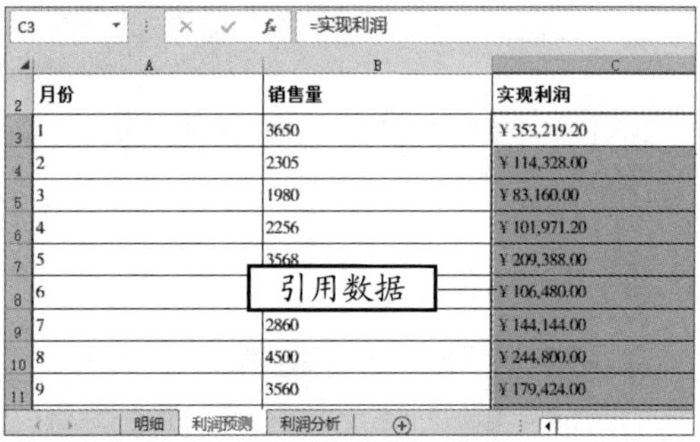

图10-7｜利用定义的名称引用数据（2）

（7）在【数据】/【分析】组中单击"数据分析"按钮，如图 10-8 所示。

（8）打开"数据分析"对话框，在"分析工具"列表框中选择"回归"选项，然后单击"确定"按钮，如图 10-9 所示。

（9）打开"回归"对话框，在"输入"栏的"Y 值输入区域"参数框中输入"$C$2:$C$14"，在"X 值输入区域"参数框中输入"$B$2:$B$14"，然后单击选中"标志"复选框，接着将"输出区域"设置为"F2"，并在"残差"栏中单击选中"残差"复选框，最后单击"确定"按钮，如图 10-10 所示。

（10）返回工作表后，工作表中将显示回归分析数据，并根据提供的单元格区域的数据得到结果。通过工作表"RESIDUAL OUTPUT"栏中的数据可查看预测的销售数据及其变化趋势，如图10-11所示。

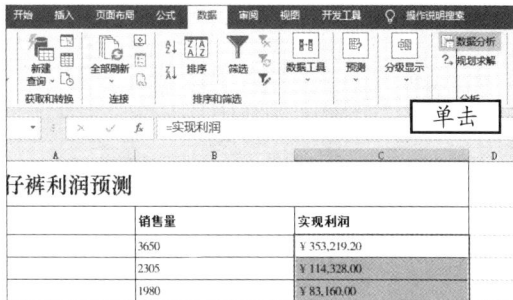

图10-8 | 单击"数据分析"按钮

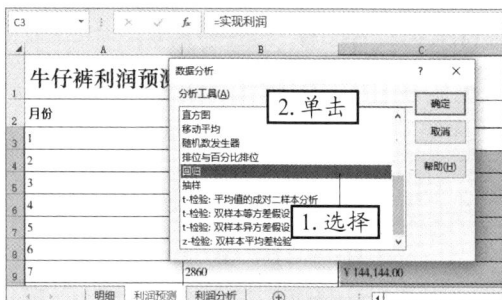

图10-9 | 选择分析工具

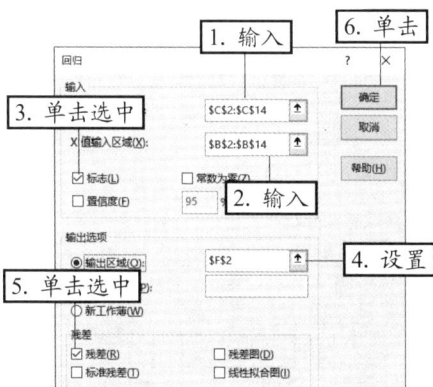

图10-10 | 设置回归分析参数

图10-11 | 查看回归分析结果

经验之谈

回归分析是对具有因果关系的影响因素（自变量）和预测对象（因变量）进行的数据统计分析，只有当自变量与因变量确实存在某种关系时，建立的回归方程才有意义。针对本例而言，自变量为"销售量"，因变量为"实现利润"。

10.1.2 动态分析产品利润

在利用公式创建产品敏感性分析报告的模型中，利用滚动条控件可实现产品利润在不同因素下的动态分析效果。下面将在"利润预测与分析.xlsx"工作簿的"利润分析"工作表中对牛仔裤这款畅销产品的利润进行动态分析，具体操作如下。

（1）打开"利润分析"工作表，在【开发工具】/【控件】组中单击"插入"按钮，在打开的下拉列表中选择"表单控件"栏中的"滚动条"选项，如图10-12所示。

（2）在E3单元格中通过拖曳鼠标绘制一个大小与单元格大小相近的滚动条控件，如图10-13所示。在设置滚动条时，可通过拖曳控制点进一步调整控制其大小，按键盘上的方向键可微调其在单元格中的位置。

微课视频

动态分析产品利润

图 10-12 | 插入滚动条

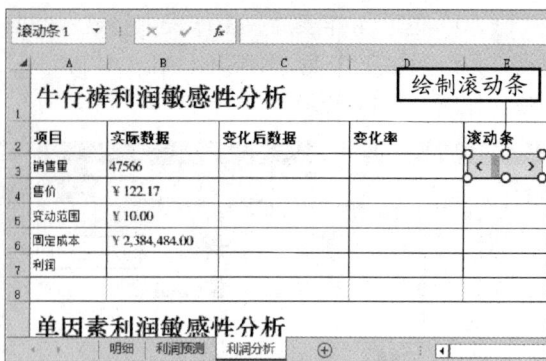

图 10-13 | 绘制滚动条

（3）使用相同的操作在 E4 单元格、E5 单元格及 E6 单元格中绘制与单元格大小相近的 3 个滚动条，然后利用键盘上的方向键适当调整滚动条之间的距离，完成后的效果如图 10-14 所示。

（4）选择 B7 单元格，在其中输入公式"=B3*B4-B5*B3-B6"，如图 10-15 所示。

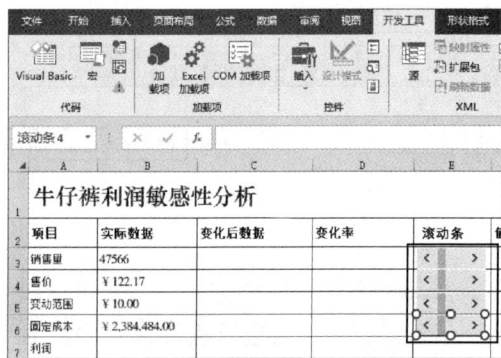

图 10-14 | 绘制其他滚动条

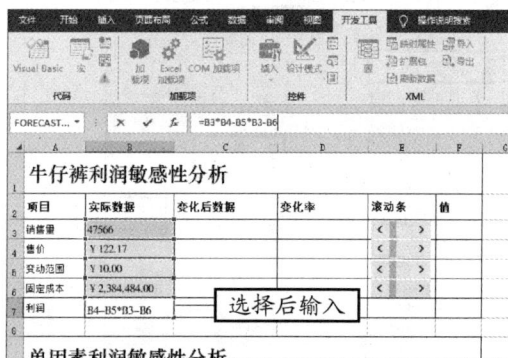

图 10-15 | 输入公式（1）

（5）按【Enter】键查看计算结果，然后选择 C3:C7 单元格区域，在编辑栏中输入公式"=B3*D3/100+B3"，如图 10-16 所示。

（6）按【Ctrl+Enter】组合键查看计算结果。选择 C7 单元格，在编辑栏中输入公式"=C3*C4-C5*C3-C6"，如图 10-17 所示，按【Enter】键查看计算结果。

图10-16 | 输入公式（2）

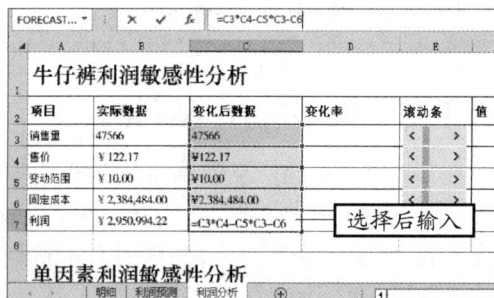

图10-17 | 输入公式（3）

（7）选择 D3:D7 单元格区域，在编辑栏中输入公式"=F3-50"，如图 10-18 所示。

（8）按【Ctrl+Enter】组合键查看计算结果，然后选择 D7 单元格，在编辑栏中输入公式"=(C7-B7)/B7"，如图 10-19 所示。

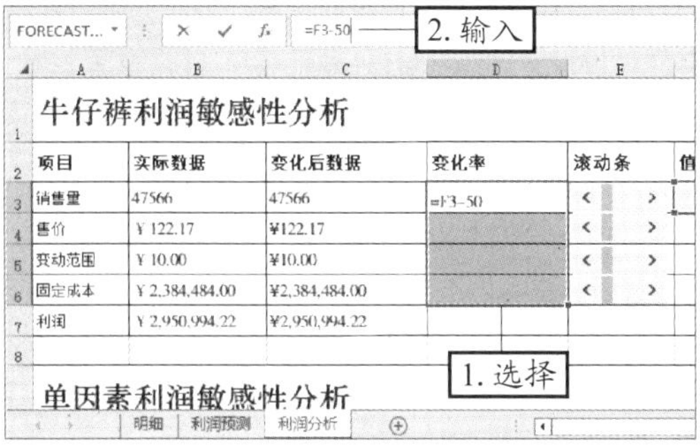

图10-18 | 输入公式（4）

图10-19 | 输入公式（5）

（9）按【Enter】键查看计算结果，然后选择 B11:B14 单元格区域，在编辑栏中输入公式"=D3"，如图 10-20 所示。

（10）按【Ctrl+Enter】组合键查看计算结果，然后选择 C11:C14 单元格区域，在编辑栏中输入公式"=$C$7"，如图 10-21 所示。

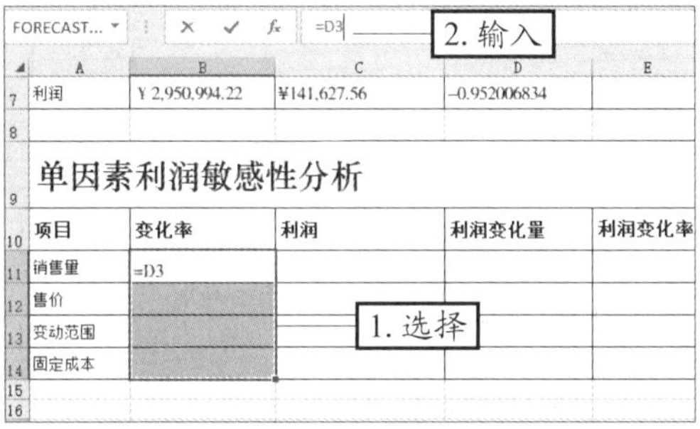

图10-20 | 输入公式（6）

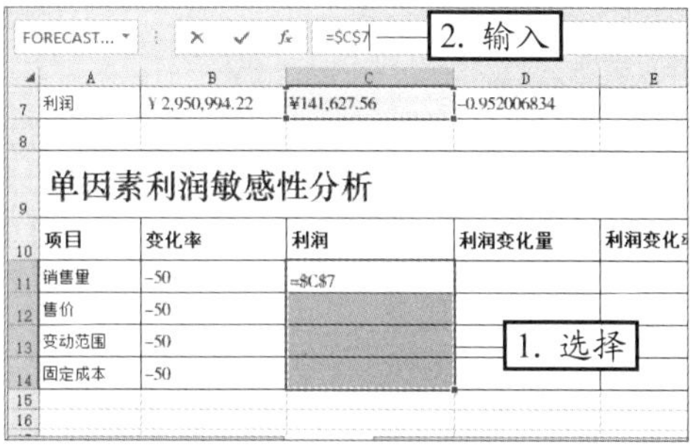

图10-21 | 输入公式（7）

（11）按【Ctrl+Enter】组合键查看计算结果，然后选择 D11:D14 单元格区域，在编辑栏中输入公式"=$C$7-$B$7"，如图 10-22 所示。

（12）按【Ctrl+Enter】组合键查看计算结果，然后选择 E11:E14 单元格区域，在编辑栏中输入公式"=D11/$B$7"，如图 10-23 所示。

图10-22 | 输入公式（8）

图10-23 | 输入公式（9）

（13）按【Ctrl+Enter】组合键查看计算结果，然后在 E3 单元格中的滚动条上单击鼠标右键，在弹出的快捷菜单中选择"设置控件格式"命令，如图 10-24 所示。

（14）打开"设置控件格式"对话框，单击"控制"选项卡，设置"单元格链接"为"F3"，如图 10-25 所示，然后单击"确定"按钮。

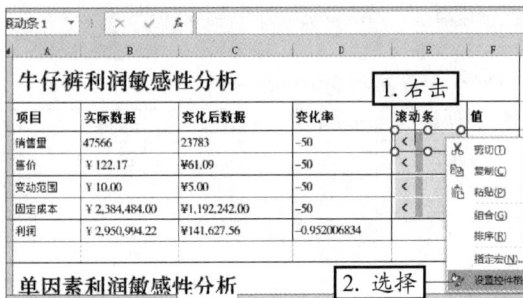

图 10-24 ｜选择"设置控件格式"命令

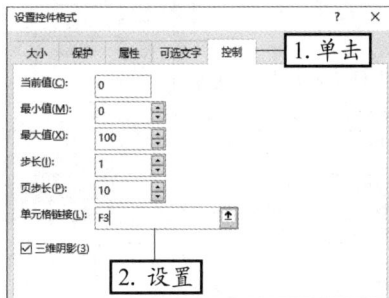

图 10-25 ｜设置单元格链接

（15）使用相同的操作将 E4 单元格、E5 单元格和 E6 单元格中的滚动条分别链接到 F4 单元格、F5 单元格和 F6 单元格，图 10-26 所示为 E6 单元格中滚动条的设置内容。

（16）拖曳滚动条，将所有项目的变化率均调整为"0"，如图 10-27 所示。

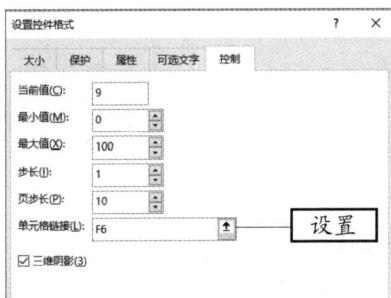

图 10-26 ｜设置其他滚动条

图 10-27 ｜调整滚动条

（17）将销售量的变化率调整为"10"，可见在其他因素不变的前提下，利润将增加 18% 左右，如图 10-28 所示。

（18）将固定成本的变化率调整为"6"，可见在其他因素不变的前提下，利润将减少 5% 左右，如图 10-29 所示（效果参见：效果文件\第 10 章\利润预测与分析 .xlsx）。

图 10-28 ｜查看销售量与利润的关系

图 10-29 ｜查看固定成本与利润的关系

10.2 利润表比率分析

利润表比率分析是指通过对企业收入和费用支出情况的计算，查看企业盈利的能力，从而评价企业的经营成果。图 10-30 所示为利润比率分析的最终效果，其中主要是对毛利率和净利率进行分析。通过创建的柱形图和趋势线可以看出：该企业的净利率呈增长趋势，表明其经营业绩突出，市场竞争能力较强；而毛利率出现了短时间的波动，但整体还是呈上升趋势，说明企业经营稳定，且持续盈利能力较强。

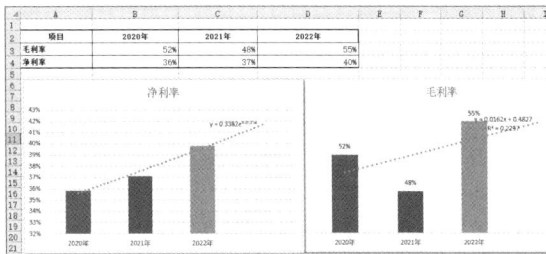

图10-30 | 利润表比率分析的最终效果

下面首先计算近3年的净利润，然后计算毛利率和净利率，最后通过柱形图来分析净利率和毛利率的变化趋势。

10.2.1 利润表比率的计算

常用的利润表比率包括毛利率、净利率、净资产收益率、净值报酬率和市盈率。其中，毛利率的计算公式为"毛利率＝（营业收入－营业成本）÷营业收入"，净利率的计算公式为"净利率＝净利润÷营业收入"。下面将在"利润比率分析.xlsx"工作簿中对"利率表比率分析"工作表中的毛利率和净利率进行计算，具体操作如下。

（1）打开素材文件"利润表比率分析.xlsx"工作簿（素材参见：素材文件\第10章\利润表比率分析.xlsx），在"利润表"工作表中选择B15:D15单元格区域，在编辑栏中输入公式"=B4-B7-B10-B11-B12-B13+B14"，如图10-31所示。

（2）按【Ctrl+Enter】组合键查看计算结果，然后选择B18:D18单元格区域，在编辑栏中输入公式"=B15+B16-B17"，如图10-32所示。

图10-31 | 输入公式（1）

图10-32 | 输入公式（2）

（3）按【Ctrl+Enter】组合键查看计算结果，然后选择B20:D20单元格区域，在编辑栏中输入公式"=B18-B19"，如图10-33所示。

（4）按【Ctrl+Enter】组合键查看计算结果，然后切换到"利润表比率分析"工作表，在其中选择 B3:D3 单元格区域，在编辑栏中输入公式"=(利润表 !B4- 利润表 !B7)/ 利润表 !B4"，如图 10-34 所示。

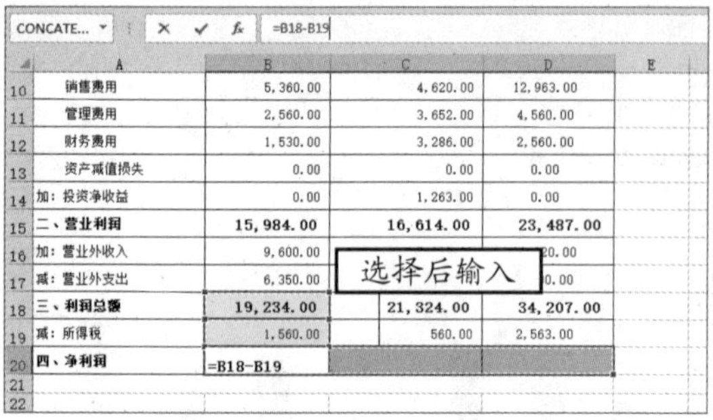

图10-33 | 输入公式（3）

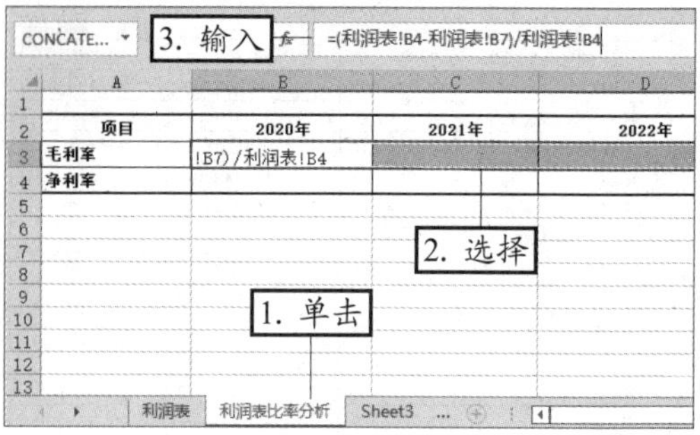

图10-34 | 输入公式（4）

（5）按【Ctrl+Enter】组合键查看计算结果，然后选择 B4:D4 单元格区域，在编辑栏中输入公式"= 利润表 !B20/ 利润表 !B4"，如图 10-35 所示。

（6）按【Ctrl+Enter】组合键查看计算结果，如图 10-36 所示。

图10-35 | 输入公式（5）

图10-36 | 查看计算结果

经验之谈

利润表中的利润依次分为：营业利润、利润总额和净利润。其中，营业利润 = 营业收入 - 营业成本 - 税金及附加费用 - 销售费用 - 管理费用 - 财务费用 - 资产减值损失 + 公允价值变动收益（- 公允价值变动损失）+ 投资收益（- 投资损失）+ 资产处置收益（- 资产处置损失）+ 其他收益；利润总额 = 营业利润 + 营业外收入 - 营业外支出；净利润 = 利润总额 - 所得税。

10.2.2 利润表比率变化趋势分析

趋势分析法是指将不同时期数据中的相同指标或比率进行比较，进而直接观察其增减变化情况及变化幅度，适用于企业的销售趋势分析、收益趋势分析和财务比率的变化趋势分析等。下面将在"利润比率分析 .xlsx"工作簿的"利率表比率分析"工作表中插入二维柱形图，然后使用线性趋势线和对数趋势线对毛利率和利润率的变化趋势进行分析，具体操作如下。

（1）打开"利润表比率分析"工作表，选择 A2:D3 单元格区域，然后在【插入】/【图表】组中单击"插入柱形图或长形图"按钮，在打开的下拉列表中选择"二维柱形图"栏中的"簇

微课视频

利润表比率变化趋势分析

状柱形图"选项，如图 10-37 所示。

（2）在【图表工具 图表设计】/【图表布局】组中单击"快速布局"按钮，在打开的下拉列表中选择"布局 1"选项，如图 10-38 所示。

（3）选择图表中的图例，然后按【Delete】键将其删除，如图 10-39 所示。

（4）在【图表工具 图表设计】/【快速布局】组中单击"添加图表元素"按钮，在打开的下拉列表中选择"趋势线"选项，在打开的子列表中选择"线性"选项，如图 10-40 所示。

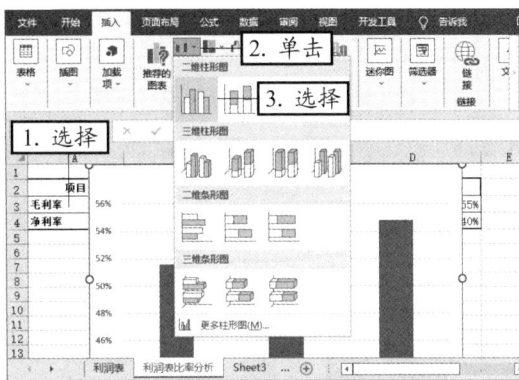

图10-37 | 选择图表类型

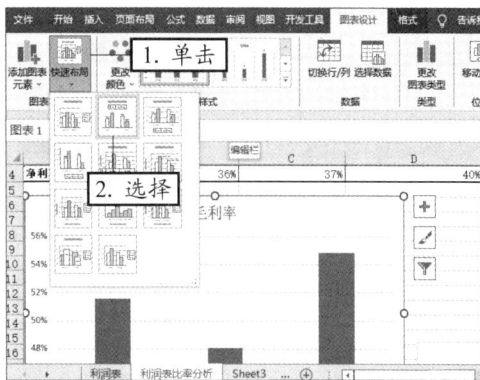

图10-38 | 更改图表布局

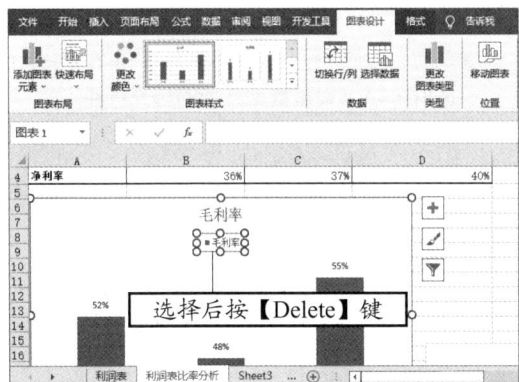

图10-39 | 删除图例

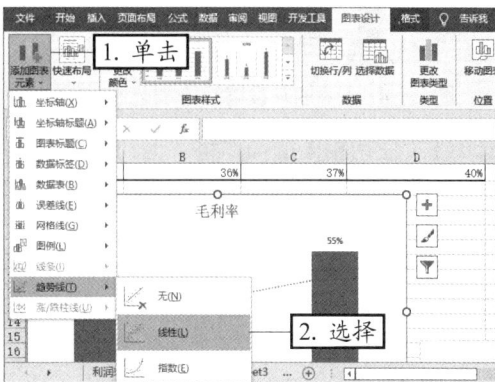

图10-40 | 选择趋势线类型

（5）双击添加的趋势线，打开"设置趋势线格式"任务窗格，在"趋势线选项"栏的"前推"数值框中输入"1"，然后单击选中"显示公式"和"显示 R 平方值"复选框，如图 10-41 所示。

（6）使用相同的操作为净利率数据（单元格区域为 A2:D2 和 A4:D4）创建二维簇状柱形图，图表布局和样式均保持默认设置，然后调整"毛利率"图表和"净利率"图表在工作表中的位置，效果如图 10-42 所示。

（7）选择"净利率"图表，在【图表工具 图表设计】/【快速布局】组中单击"添加图表元素"按钮，在打开的下拉列表中选择"趋势线"选项，在打开的子列表中选择"指数"选项，打开"设置趋势线格式"任务窗格，在"趋势线选项"栏的"前推"数值框中输入"1"，最后单击选中"显示公式"复选框，如图 10-43 所示。

（8）单击"净利率"图表中的数据系列，在打开的"设置数据系列格式"任务窗格中单击"填充与线条"按钮，在展开的"填充"栏中单击选中"依数据点着色"复选框，如图 10-44 所示。

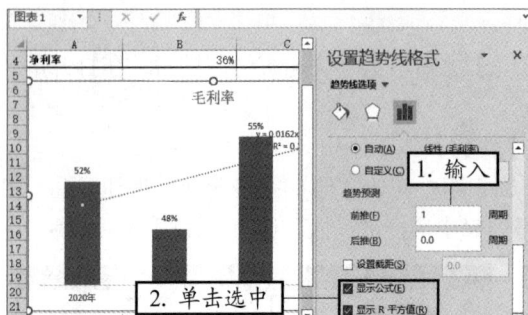

图10-41｜设置趋势线格式

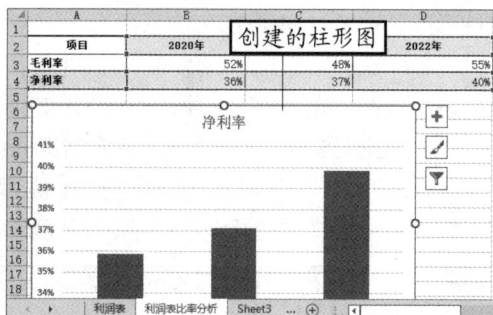

图10-42｜创建二维簇状柱形图

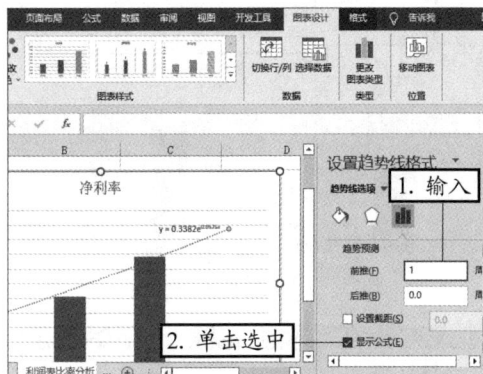

图10-43｜添加并设置趋势线选项

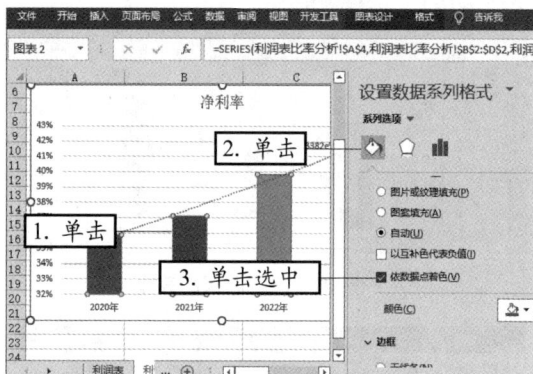

图10-44｜设置数据系列的填充颜色

（9）使用相同的操作将"毛利率"图表中的数据系列设置为相同的填充颜色，然后单击"净利率"图表中的图表区，在打开的"设置图表区格式"任务窗格中单击"效果"按钮🔷，在"阴影"栏中单击"预设"按钮，在打开的下拉列表中选择"外部"栏中的"偏移：右下"选项，如图10-45所示。

（10）使用相同的操作为"毛利率"图表添加相同的阴影效果，然后选择"净利率"图表中的趋势线，在【图表工具 格式】/【形状样式】组中将趋势线的粗细设置为"3磅"，将颜色设置为"橙色，个性色6"，如图10-46所示（效果参见：效果文件\第10章\利润表比率分析.xlsx）。

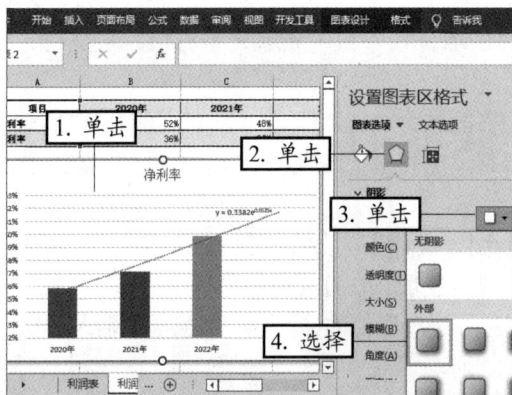

图10-45｜为图表添加阴影效果

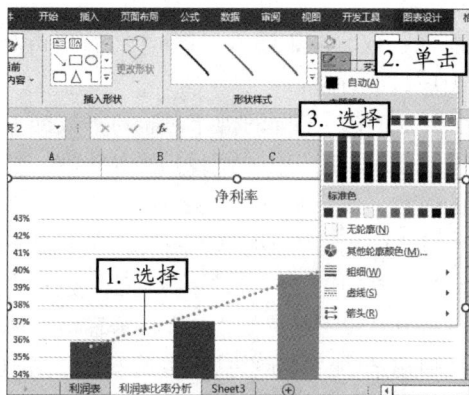

图10-46｜设置趋势线的外形

职业素养

利润是衡量企业盈利能力的重要指标，也是财务报告使用者进行决策的重要参考。一个盈利能力强的企业往往与其自身的发展战略密切相关，如华为公司在遭遇芯片危机时，仍有较好的利润，这说明华为以研发、创新为核心的企业发展战略是成功的，加上基础研究和原始创新的不断加强，实现了一些核心技术的突破。因此，作为新时代的青年，要想有所作为，就要不断加强自身创新能力的培养，把握时代、引领时代，真正掌握发展的主动权。

本章实训

利润反映了企业一个会计期间内的经营成果。通过对利润表的分析，可以了解企业的经营水平和盈利能力，以及经营管理中存在的问题，借以判断企业的发展趋势。下面将利用 Excel 分析店铺的销售利润表，以帮助读者进一步熟悉利用图表分析数据和使用函数计算数据的方法。

本实训首先计算表格中的数据，然后再利用图表来分析数据。通过本实训，读者可以熟悉并巩固计算与直观展示表格数据的方法。

> 微课视频
>
> 分析店铺销售利润表

1. 实训目标

① 熟练使用求和函数。
② 熟练插入饼图和折线图。

2. 实训要求

首先在已有数据的 Excel 表格中利用 SUM 函数计算各个分店的销售总额和半年的合计销售额，然后插入饼图和折线图来分析不同分店和不同月份的销售利润，并对插入的图表进行美化。

3. 实训步骤

① 计算总利润。在源数据表（素材参见：素材文件 \ 第 10 章 \ 销售利润表 .xlsx）中选择 E4:E9 单元格区域，输入公式 "=SUM(B4:E4)" 后，按【Ctrl+Enter】组合键查看计算结果，然后使用相同的操作计算 "合计" 栏中的总利润，如图 10-47 所示。

② 插入并编辑饼图。选择 A3:E3 单元格区域和 A10:E10 单元格区域，插入一个二维饼图，然后修改图表标题为 "各分店总利润"，并为其应用 "样式 3" 样式，接着打开 "设置数据标签格式" 任务窗格，在 "标签选项" 列表框中取消选中 "百分比" 复选框，效果如图 10-48 所示。

图 10-47 | 计算各月利润和总利润

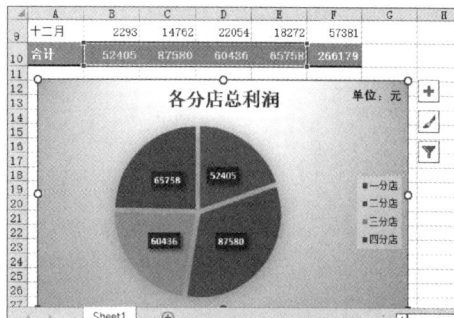

图 10-48 | 插入并美化饼图

③ 插入并编辑折线图。选择 A3:A9 单元格区域和 F3:F9 单元格区域，插入一个二维折线图，然后修改图表标题为"各月总利润"，并为其应用"样式 3"样式，接着打开"设置数据系列格式"任务窗格，在"线条"栏中单击选中"平滑"复选框。

④ 添加并设置指数趋势线。选择折线图，为其添加指数趋势线，然后通过"设置趋势线格式"任务窗格将 R 平方值显示在图表中，效果如图 10-49 所示（效果参见：效果文件 \ 第 10 章 \ 成本利润表 .xlsx）。

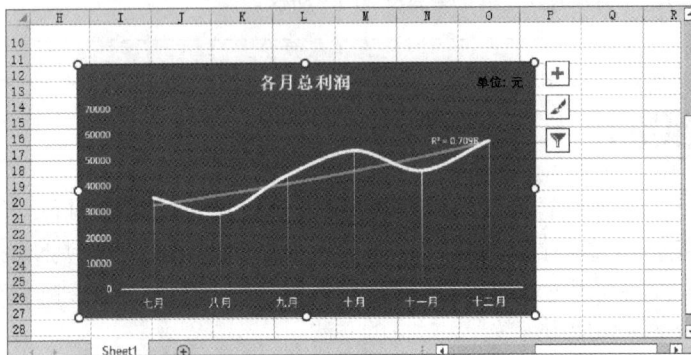

图 10-49 │ 添加并设置指数趋势线

第11章 营销决策分析

知识目标

◆ 掌握市场需求量的分析方法。

◆ 掌握产品定价策略的分析方法。

◆ 掌握销售成本预测的分析方法。

◆ 掌握客户消费能力的分析方法。

能力目标

◆ 能够为店铺产品合理定价。

◆ 能够把握市场动向并对客户进行精准营销。

素养目标

◆ 具备良好的心理素质。

◆ 培养应变能力和抗压能力。

◆ 培养脚踏实地、敢想敢为和善作善成的优良品质。

知识导入

分析营销决策数据，不仅可以规范客户的个人行为，还能帮助企业在日益激烈的市场竞争中取得胜利。本章主要介绍市场需求量分析、产品定价策略分析、销售成本预测分析和客户消费能力分析4个方面的内容，涉及的知识点包括分析指数平滑工具的使用，INT函数、FORECAST函数、MATCH函数和INDEX函数的使用，以及散点图的创建与分析等。

11.1 市场需求量分析

市场需求量分析主要是估计市场规模的大小及产品的潜在需求量。图11-1所示为根据2011—2022年的市场需求量，使用二次指数平测法预测2023年和2024年女装市场潜在需求量的最终效果。其中，二次指数平滑值是在一次指数平滑值的基础上得到的。

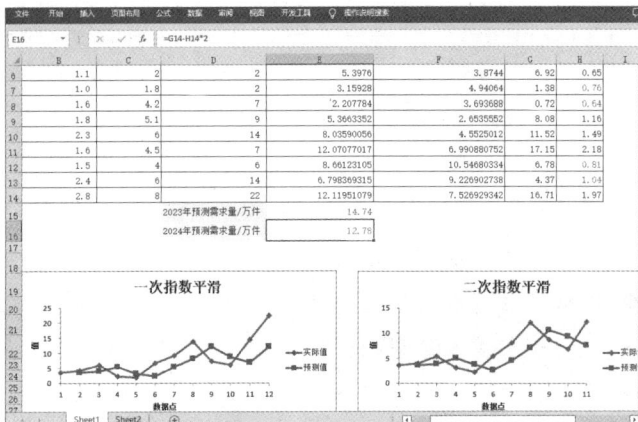

图11-1 | 市场需求量分析的最终效果

下面首先在"数据"选项卡中添加分析工具库，然后利用工具库中的指数平滑工具对2023年和2024年女装市场潜在需求量进行预测。

11.1.1 添加分析工具库

分析工具库是Excel中的一个加载项程序，默认情况下是隐藏的。要想使用分析工具库，则需要先将其添加到Excel中。下面将在"市场需求量分析.xlsx"工作簿中添加分析工具库，具体操作如下。

微课视频

添加分析工具库

（1）打开素材文件"市场需求量分析.xlsx"（素材参见：素材文件\第11章\市场需求量分析.xlsx），单击"文件"选项卡，在打开的下拉列表中选择"更多"选项，在打开的子列表中选择"选项"选项，如图11-2所示。

（2）打开"Excel选项"对话框，在左侧单击"加载项"选项卡，在右侧的"管理"下拉列表中选择"Excel加载项"选项，然后单击"转到"按钮，如图11-3所示。

（3）打开"加载宏"对话框，在"可用加载宏"列表框中单击选中"分析工具库"复选框和"规划求解加载项"复选框，然后单击"确定"按钮，如图11-4所示。

（4）返回工作表后，在"数据"选项卡的"分析"组中便可看到添加的数据分析工具，如图11-5所示。

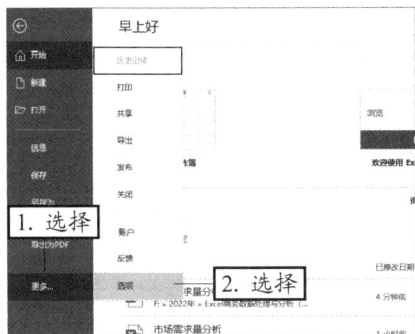

图11-2 | 选择"选项"选项

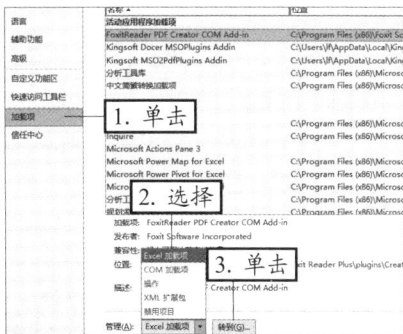

图11-3 | 转到Excel加载项

图11-4 | 选择可用加载项

图11-5 | 查看添加的数据分析工具

11.1.2 利用指数平滑工具分析市场需求量

指数平滑法是一种改良的加权平均法，它是根据本期的实际值和预测值，并借助平滑系数（α）进行加权平均计算的，从而预测下一期的值。一次指数平滑主要用于分析某一数据分析的发展趋势，若要计算具体的预测值，则还需进行二次指数平滑。下面将在"市场需求量分析.xlsx"工作簿中通过二次指数平滑对2023年和2024年的市场需求量进行预测，涉及的公式有：$Y_{t+T}=a_t-b_t \times T$，$a_t=2 \times S_t^{(1)}-S_t^{(2)}$，$b_t=(\alpha/1-\alpha) \times (S_t^{(1)}-S_t^{(2)})$。具体操作如下。

（1）在"市场需求量分析.xlsx"工作簿中单击"Sheet1"工作表标签，然后在【数据】/【分析】组中单击"数据分析"按钮，如图11-6所示。

（2）打开"数据分析"对话框，在"分析工具"列表框中选择"指数平滑"选项，然后单击"确定"按钮，如图11-7所示。

> 微课视频
>
> 利用指数平滑工具分析市场需求量

图11-6 | 单击"数据分析"按钮

图11-7 | 选择分析工具

（3）打开"指数平滑"对话框，在"输入"栏的"输入区域"参数框中输入"$D$3:$D$14"，在"阻尼系数"数值框中输入"0.3"，在"输出选项"栏的"输出区域"文本框中输入"$E$3"，然后单击选中"图表输出"复选框，单击"确定"按钮，如图11-8所示。

（4）返回工作表，此时，"Sheet 1"工作表中的E3:E14单元格区域显示了一次指数平滑的数值，并通过图表显示了实际值与预测值的对比效果，将图表标题修改为"一次指数平滑"，效果如图11-9所示。

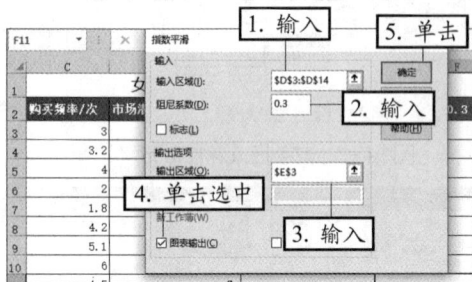

图11-8｜设置一次指数平滑参数

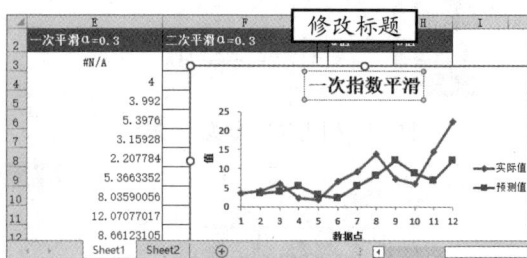

图11-9｜查看一次指数平滑结果并修改图表标题

经验之谈

Excel中的指数平滑法需要使用阻尼系数，阻尼系数越小，对近期实际预测结果的影响越大。在实际应用中，阻尼系数是根据时间系列的变化特征来选取的。若时间序列数据波动不大，则阻尼系数的取值就应介于0.1和0.3之间；若时间序列数据具有明显的变化倾向，则阻尼系数的取值就应介于0.6和0.9之间。

（5）适当调整图表的显示位置后，再次打开"指数平滑"对话框，在"输入"栏的"输入区域"参数框中输入"$E$4:$E$14"，在"阻尼系数"数值框中输入"0.3"；在"输出选项"栏的"输出区域"参数框中输入"$F$4"，然后单击选中"图表输出"复选框，单击"确定"按钮，如图11-10所示。

（6）返回工作表，"Sheet 1"工作表中的F4:F14单元格区域显示了二次指数平滑的数值，并通过图表显示了实际值与预测值的对比效果，将图表标题修改为"二次指数平滑"，效果如图11-11所示。

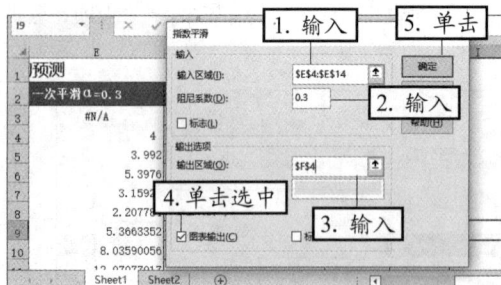

图11-10｜设置二次指数平滑参数

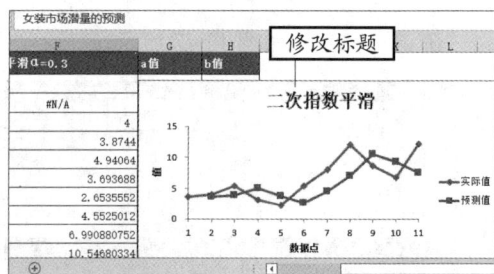

图11-11｜查看二次指数平滑结果并修改图表标题

（7）由二次指数平滑公式 $Y_{t+T}=a_t-b_t \times T$ 可知：要计算最终的预测值，需要先计算 a_t 和 b_t 值。其中，$a_t=2 \times S_t^{(1)}-S_t^{(2)}$，$b_t=(\alpha/1-\alpha) \times (S_t^{(1)}-S_t^{(2)})$，$S_t^{(1)}$ 对应"Sheet 1"工作表中的一次指数平滑值，$S_t^{(2)}$ 对应该工作表中的二次指数平滑值，α 对应阻尼系数0.3。所以选择G5:G14单元格区域，然后在编辑栏中输入公式"=2*E5-F5"，如图11-12所示，最后按【Ctrl+Enter】组合键查看计算结果。

（8）选择 H5:H14 单元格区域，在编辑栏中输入公式"=0.3/(1-0.3)*(E5-F5)"，如图 11-13 所示，然后按【Ctrl+Enter】组合键查看计算结果。

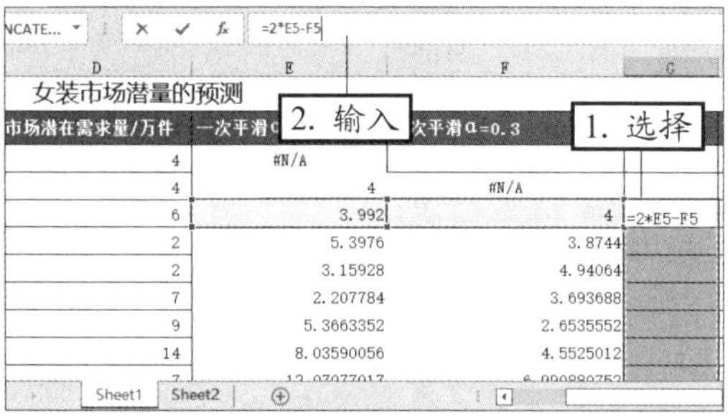

图11-12 | 计算a值

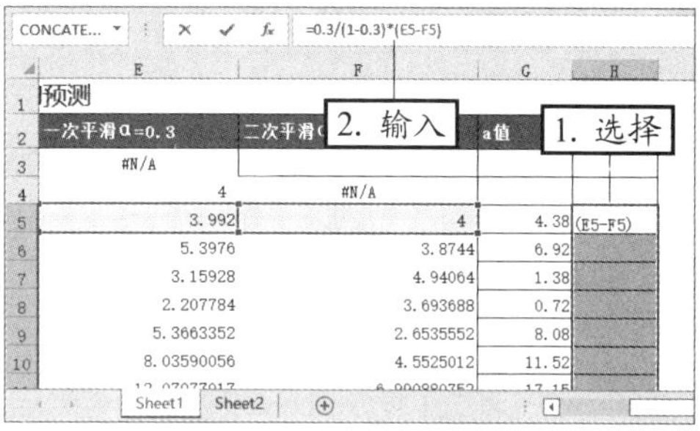

图11-13 | 计算b值

（9）由二次指数平滑公式 $Y_{t+T}=a_t-b_t \times T$ 可知：2023 年女装市场的潜在需求量 = $a_{2022}-b_{2022} \times$（2023-2022）。所以，选择 E15 单元格，在其中输入公式"=G14-H14×1"，如图 11-14 所示，然后按【Enter】键查看计算结果。

（10）使用相同的操作预测 2024 年的女装需求量。需要注意的是，公式中的"T"值不再是"1"，而应该是"2"（2024-2022），如图 11-15 所示，然后按【Enter】键查看计算结果。

（11）调整插入的"一次指数平滑"图表和"二次指数平滑"图表，使之对齐 A18 单元格的左上角，然后适当增加"二次指数平滑"图表的宽度，并为 E3: F14 单元格区域添加边框（效果参见：效果文件\第 11 章\市场需求量分析 .xlsx）。

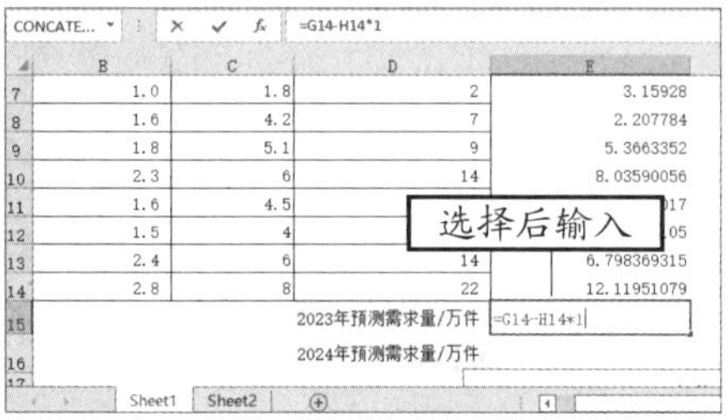

图11-14 | 预测2023年的需求量

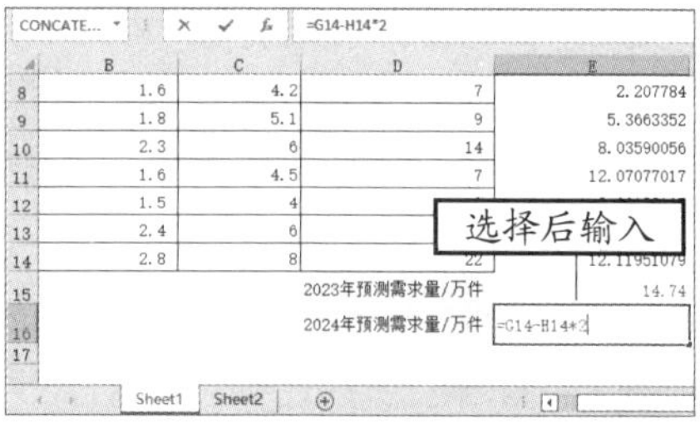

图11-15 | 预测2024年的需求量

经验之谈

折线图的数据点默认为小方块、圆点、三角形和菱形等常规几何形状，若需要制作能体现特殊效果的折线图，则可以对折线图中的数据点进行自定义设置，方法为：在【插入】/【插图】组中单击"形状"按钮，在打开的下拉列表中选择任意形状后，在工作表中拖曳鼠标进行绘制；选择绘制好的形状，按【Ctrl+X】组合键进行剪切，然后单击折线图中的数据点，按【Ctrl+V】组合键进行粘贴，更改折线图上数据点的样式。

11.2 产品定价策略分析

定价策略是指企业通过对客户需求的估算和成本分析，选择一种能够吸引客户、实现市场营销目的的策略。图 11-16 所示为产品定价策略分析的最终效果。营销人员通过该表不仅可以了解客户能够接受的价格范围，还可以从中选出最优的定价方案。

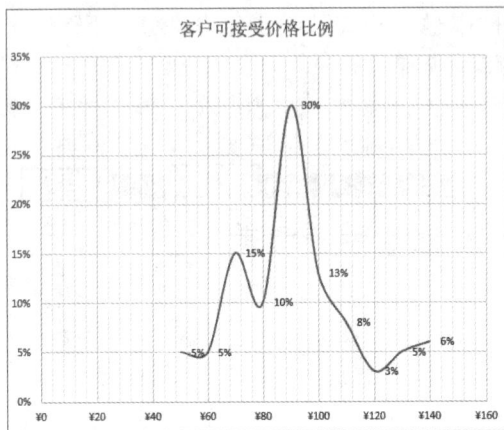

图11-16｜产品定价策略分析的最终效果

下面首先利用散点图分析客户能接受的价格范围，然后计算出不同定价下产品的销售利润，最后选择最大利润所对应的产品定价方案。

11.2.1 创建客户可接受价格比例图表

下面将在"产品定价策略分析.xlsx"工作簿的"价格区间"工作表中利用散点图分析客户可接受的价格比例，具体操作如下。

（1）打开素材文件"产品定价策略分析.xlsx"工作簿（素材参见：素材文件\第11章\定价策略分析.xlsx），在"价格区间"工作表中选择A2:B12单元格区域，然后在【插入】/【图表】组中单击"散点图"按钮 ，在打开的下拉列表中选择"散点图"栏中的"带平滑线的散点图"选项，如图11-17所示。

（2）返回工作表后，"价格区间"工作表中将自动插入带平滑线的散点图，由图可知：客户最愿意接受的价格区间为 80～110 元。将图表标题修改为"客户可接受价格比例"，如图 11-18 所示。

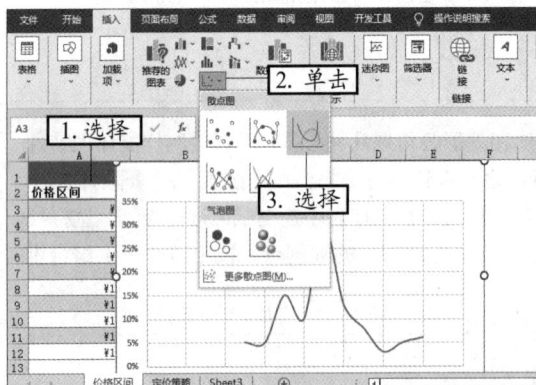

图11-17｜插入散点图

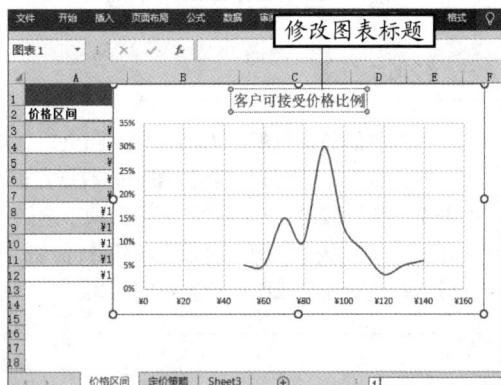

图11-18｜修改图表标题

（3）在图表中的"系列'可接受比例'"图表元素上单击鼠标右键，在弹出的快捷菜单中选择"添加数据标签"命令，如图 11-19 所示。

（4）选择插入的图表，在【图表工具 图表设计】/【图表布局】组中单击"添加图表元素"按钮，在打开的下拉列表中选择"网格线"选项，在打开的子列表中选择"主轴次要垂直网格线"选项，如图 11-20 所示，然后适当调整图表的大小和位置。

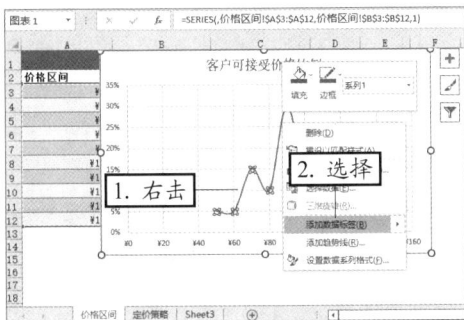

图11-19｜添加数据标签

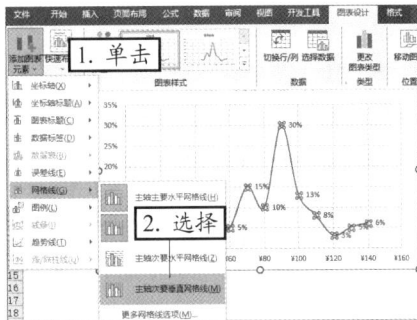

图11-20｜添加主要网格线

经验之谈

在图表中单击鼠标右键后，可以进行相应的快捷设置。如在图表区中单击鼠标右键，在弹出的快捷菜单中可以进行移动图表、选择数据、更改图表类型、设置图表区域格式等操作；在数据系列上单击鼠标右键，在弹出的快捷菜单中可以进行添加趋势线、设置数据系列格式等操作。

11.2.2 建立求解变量模型

在对最优定价进行分析之前，还需要建立求解变量模型，并计算模型中的各项指标，从而为后面最优定价的选择做准备。下面将在"产品定价策略分析.xlsx"工作簿的"定价策略"工作表中建立求解变量模型，并利用公式来计算模型中的各项指标，具体操作如下。

建立求解变量模型

（1）打开"定价策略"工作表，在 A10 单元格中输入文本"求解变量"，然后在 A11:G11 单元格区域中依次输入文本"变动成本""总成本""边际成本""销售收入""边际收入""边际利润""销售利润"，如图 11-21 所示。

（2）选择 A11:G16 单元格区域，按【Ctrl+T】组合键，在打开的"创建表"对话框中保持默认设置，单击"确定"按钮，如图 11-22 所示。

（3）在【表格工具 表设计】/【工具】组中单击"转换为区域"按钮，在打开的对话框中单击"确定"按钮，如图 11-23 所示。

（4）选择 A10:G10 单元格区域，在【开始】/【对齐方式】组中单击"合并后居中"按钮，然后在【开始】/【样式】组中单击"单元格样式"按钮，在打开的下拉列表中选择"数据和模型"栏中的"输出"选项，如图 11-24 所示。

（5）选择 A12 单元格，在其中输入公式"=C3*D3"，如图 11-25 所示，然后按【Enter】键查看计算结果。

（6）使用相同的操作根据已知数据计算"求解变量"中的各项指标，最终的计算结果如图 11-26 所示。计算各项指标时涉及的公式依次为"B12=E3+A12""D12=B3*D3""G12=D12-B12"。

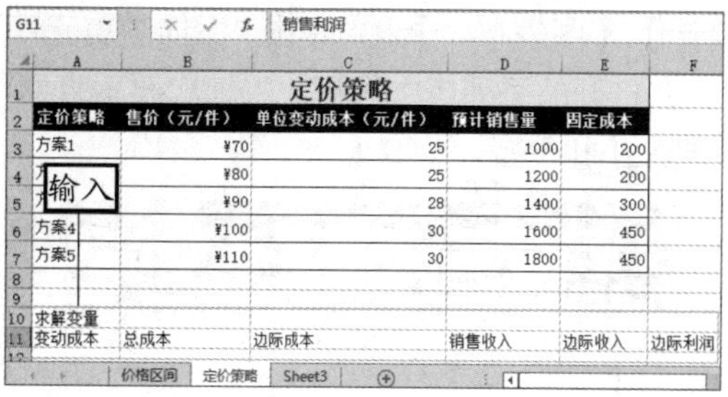

图11-21｜在单元格中输入文本

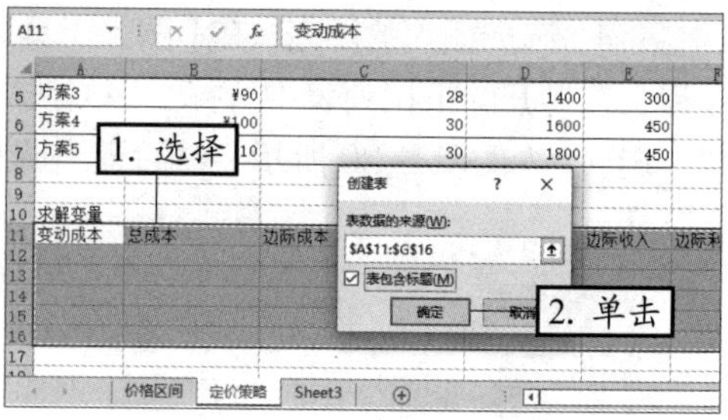

图11-22｜创建智能表格

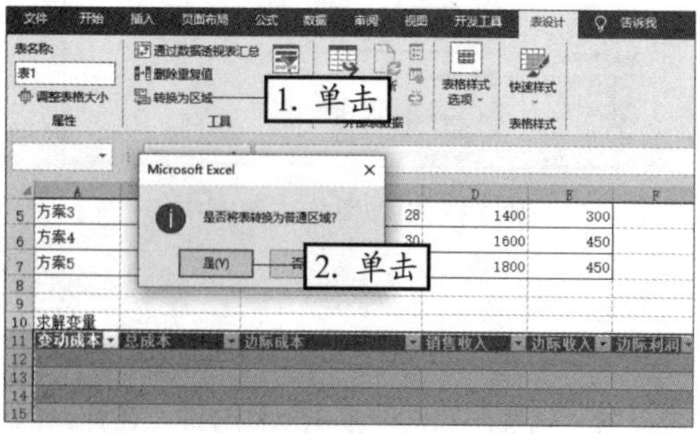

图11-23｜将表格转换为普通区域

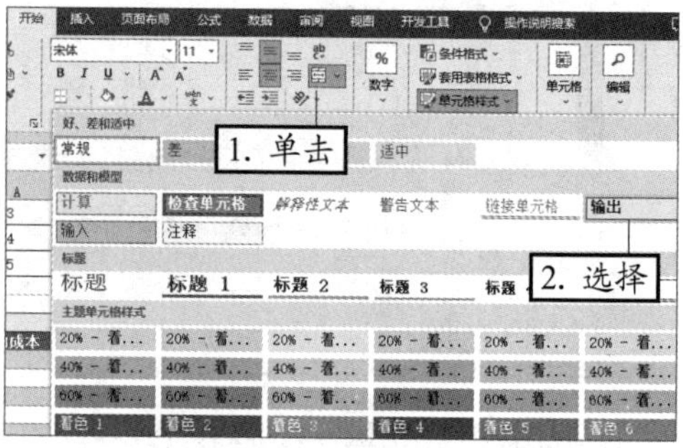

图11-24｜设置单元格的对齐方式和样式

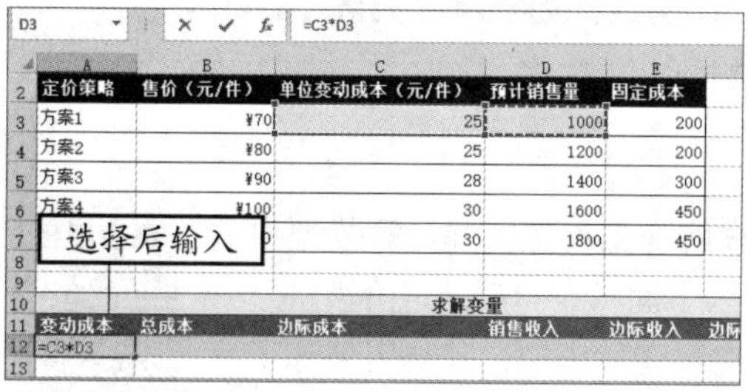

图11-25｜计算变动成本

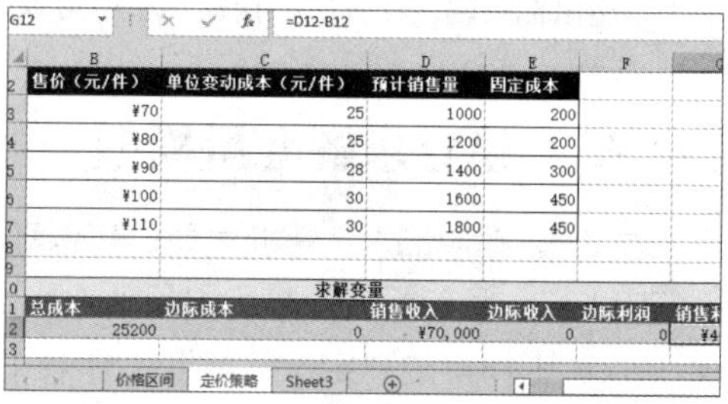

图11-26｜计算方案1中的其他指标

（7）根据提供的计算公式依次计算方案2、方案3、方案4和方案5中的求解变量指标，结果如图11-27所示。

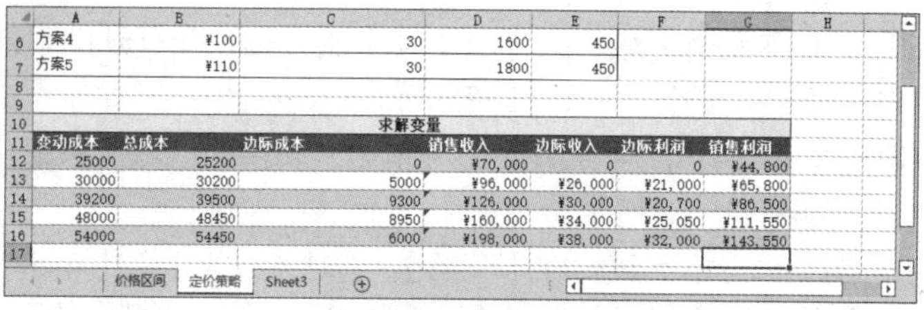

图11-27｜计算结果

经验之谈

图11-26所示的边际成本（C12）、边际收入（E12）和边际利润（F12）的计算结果均为"0"，这是因为计算是从第二档定价开始的，所以方案1中的相关指标为"0"。其他方案对应的计算公式应以方案2为依据，则边际成本（C13）=B13-B12，边际收入（E13）=D13-D12，边际利润（F13）=E13-C13，以此类推，这样便可快速计算出其他方案的相同指标。

11.2.3 计算并分析最优定价

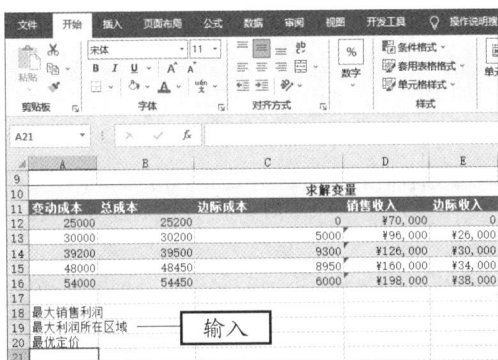

通过求解变量模型可以得出不同产品定价方案的销售利润。下面将在"产品定价策略分析.xlsx"工作簿的"定价策略"工作表中通过最大销售利润值来分析最优定价，具体操作如下。

（1）在"定价策略"工作表的 A18:A20 单元格区域中依次输入文本"最大销售利润""最大利润所在区域""最优定价"，如图 11-28 所示。

（2）选择 A18:A20 单元格区域，在【开始】/【对齐方式】组中单击"自动换行"按钮，然后在该选项卡的"字体"组中单击"填充颜色"按钮右侧的下拉按钮，在打开的下拉列表中选择"标准色"栏中的"黄色"选项，如图 11-29 所示。

图11-28｜在单元格中输入文本

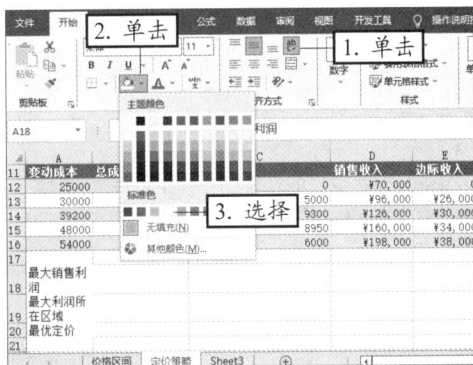

图11-29｜设置单元格的对齐方式和填充颜色

（3）选择 B18 单元格，在【公式】/【函数库】组中单击"自动求和"按钮右侧的下拉按钮，在打开的下拉列表中选择"最大值"选项，如图 11-30 所示。

（4）此时，B18 单元格中将自动显示参与了运算的单元格区域，然后删除括号中的原有内容，重新输入参数"G12:G16"，如图 11-31 所示，最后按【Enter】键查看计算结果。

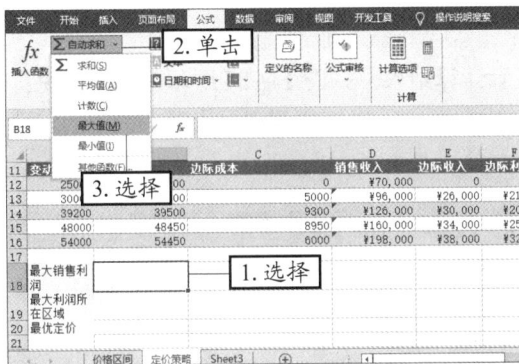

图 11-30｜选择"最大值"选项

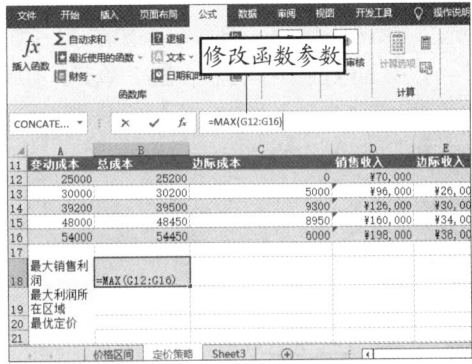

图 11-31｜修改函数参数

（5）选择 B19 单元格，按【Shift+F3】组合键，打开"插入函数"对话框，在"或选择类别"下拉列表中选择"查找与引用"选项，在"选择函数"列表框中选择"MATCH"选项，如图 11-32 所示，然后单击"确定"按钮。

（6）打开"函数参数"对话框，在"Lookup_value"参数框中输入"B18"；在"Lookup_array"参数框中输入"G12:G16"，在"Match_type"参数框中输入"0"，然后单击"确定"按钮，如图 11-33 所示。

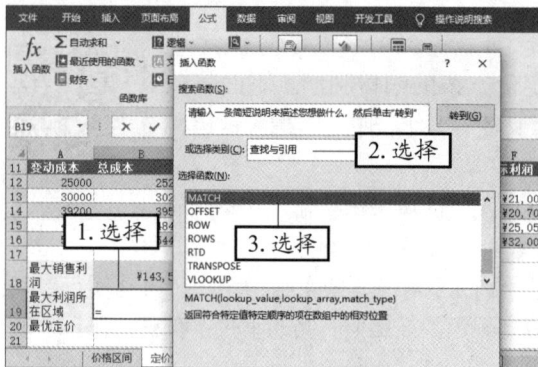

图11-32｜选择要插入的函数（1）

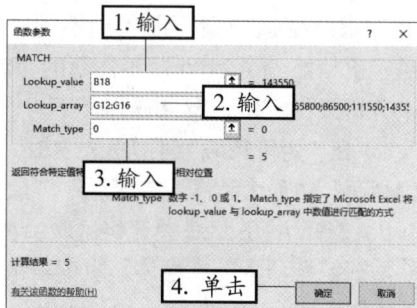

图11-33｜设置函数参数（1）

（7）返回工作表后选择B20单元格，打开"插入函数"对话框，在"或选择类别"下拉列表中选择"查找与引用"选项，在"选择函数"列表框中选择"INDEX"选项，如图11-34所示，最后单击"确定"按钮。

（8）打开"选定参数"对话框，选择"参数"列表框中的第一种方式，单击"确定"按钮，如图11-35所示。

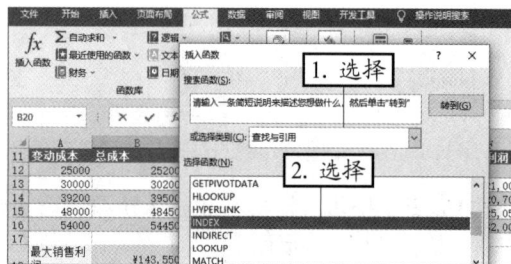

图11-34｜选择要插入的函数（2）

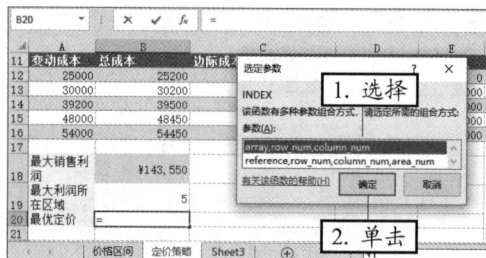

图11-35｜选定参数组合方式

（9）打开"函数参数"对话框，在"Array"参数框中输入"B3:B7"，在"Row_num"参数框中输入"B19"，如图11-36所示，然后单击"确定"按钮。

（10）返回工作表后，B20单元格中将显示计算结果，如图11-37所示（效果参见：效果文件\第11章\产品定价策略分析.xlsx）。由此可见，当销售利润最大时，最优的定价为"110"，所对应的方案为"方案5"。

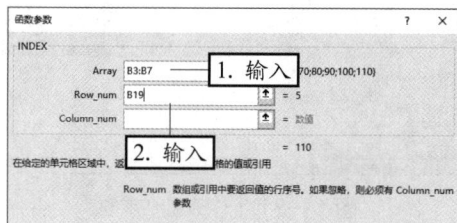

图11-36｜设置函数参数（2）

图11-37｜查看计算结果

11.3 销售成本预测分析

企业的各项经营活动与产品的销售情况密切相关，因此，销售预测是经营预测的起点和基础。在销售预测中，成本预测是不容忽视的。通过成本预测，营销人员可以掌握未来的成本水平及其变化趋势，从而有助于降低决策的盲目性。图 11-38 所示为销售成本预测分析的最终效果。通过创建的散点图可以看出，该企业的销售成本呈上升趋势，F14 单元格中显示了预测的 12 月的销售成本。

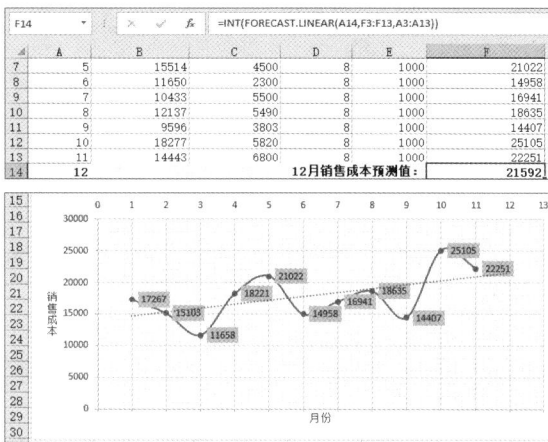

图11-38│销售成本预测分析的最终效果

下面首先通过创建的散点图来对比前 11 个月的销售成本，然后再通过趋势线来分析销售成本的变化趋势，最后利用 INT 函数和 FORECAST.LINEAR 函数预测 12 月的销售成本。

11.3.1 创建散点图

散点图可以展示出因变量随自变量的变化而变化的大致趋势。下面将在"销售成本预测分析 .xlsx"工作簿中利用散点图查看每个月销售成本合计数的变化情况，具体操作如下。

（1）打开素材文件"销售成本预测分析 .xlsx"工作簿（素材参见：素材文件\第 11 章\销售成本预测分析 .xlsx），选择 A3:A13 单元格区域，按住【Ctrl】键的同时选择 F3:F13 单元格区域，然后在【插入】/【图表】组中单击"散点图"按钮，在打开的下拉列表中选择"散点图"栏中的"带平滑线和数据标记的散点图"选项，如图 11-39 所示。

（2）在【图表工具 图表设计】/【图表布局】组中单击"快速布局"按钮，在打开的下拉列表中选择"布局 10"选项，如图 11-40 所示。

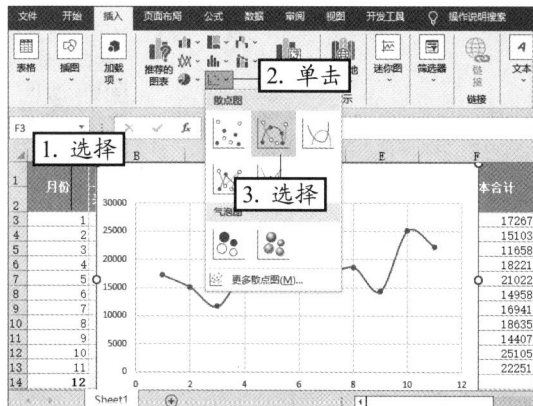

图11-39│插入散点图

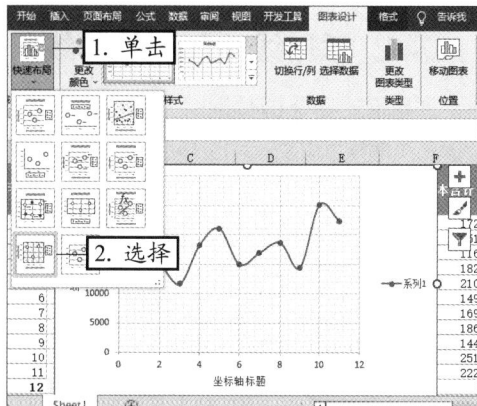

图11-40│更改图表布局

（3）在【图表工具 图表设计】/【图表样式】组的"样式"列表框中选择"样式1"选项，如图11-41所示。

（4）双击水平轴，打开"设置坐标轴格式"任务窗格，在"坐标轴选项"栏的"大"数值框中输入"1.0"，如图11-42所示。

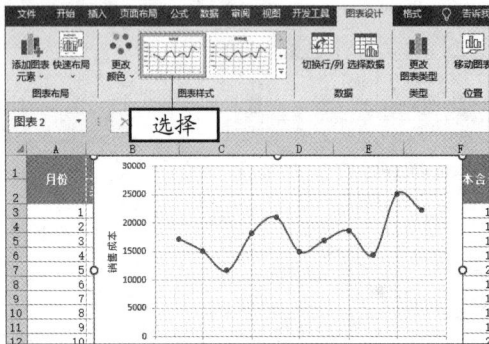

图11-41｜更改图表样式

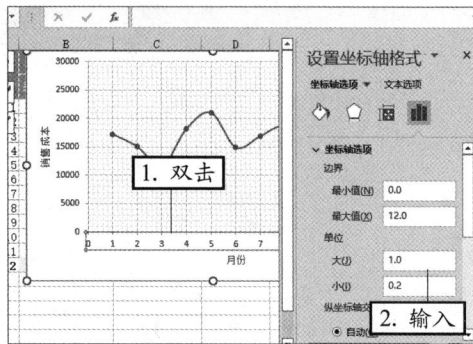

图11-42｜设置水平轴单位

（5）在数据系列上单击鼠标右键，在弹出的快捷菜单中选择"添加数据标签"命令，如图11-43所示。

（6）在添加的数据标签上单击鼠标右键，在弹出的快捷菜单中单击"填充"按钮，在打开的下拉列表中选择"标准色"栏中的"橙色"选项，如图11-44所示。

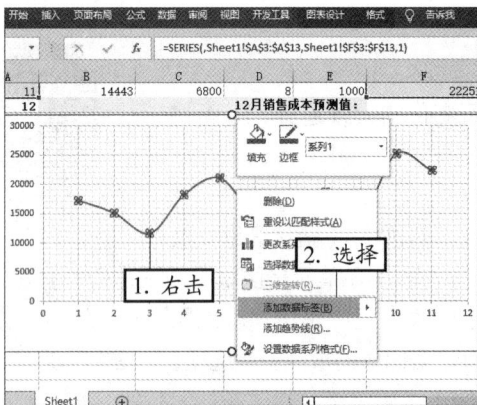

图11-43｜添加数据标签

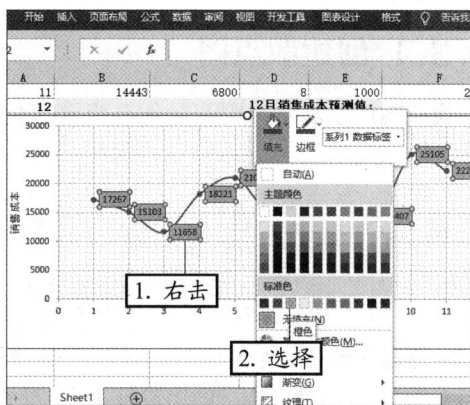

图11-44｜设置数据标签的填充颜色

11.3.2 添加线性预测趋势线

利用 Excel 分析数据时，除了可以根据数据建立图表外，还可以利用趋势线、误差线和折线等工具使数据结果一目了然。下面将在"销售成本预测分析.xlsx"工作簿中利用趋势线预测12月的销售成本，具体操作如下。

微课视频

添加线性预测
趋势线

（1）在插入的散点图上单击鼠标右键，在弹出的快捷菜单中选择"趋势线"命令，如图11-45所示。

（2）打开的"设置坐标轴格式"任务窗格将自动切换为"设置趋势线格式"任务窗格，在"趋势线选项"栏的"前推"数值框中输入"1.0"，如图11-46所示。

（3）选择图表中的水平轴，在"设置坐标轴标题格式"任务窗格中单击"坐标轴选项"

选项卡，展开"标签"列表，在"标签位置"下拉列表中选择"高"选项，如图 11-47 所示。

（4）选择图表中的垂直轴标题，在"设置坐标轴标题格式"任务窗格中单击"文本选项"选项卡，展开"对齐方式"列表，在"文字方向"下拉列表中选择"竖排"选项，如图 11-48 所示。

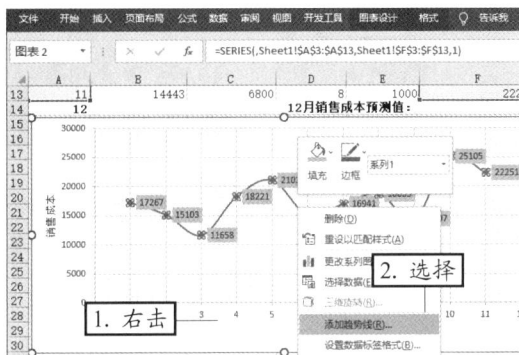

图11-45 | 添加趋势线

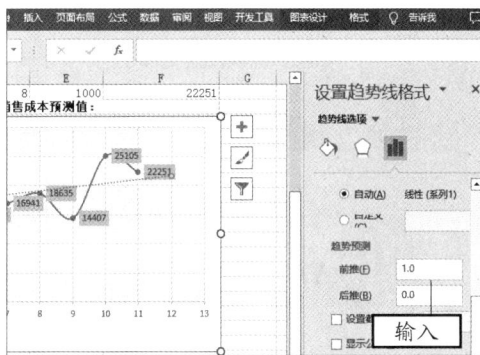

图11-46 | 设置趋势线预测期数

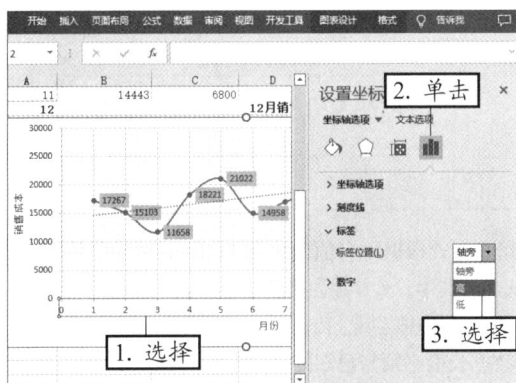

图11-47 | 设置坐标轴标签的位置

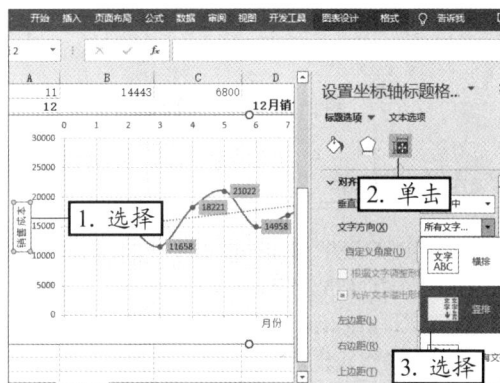

图11-48 | 更改垂直轴标题的文字方向

11.3.3 INT函数和FORECAST.LINEAR函数的使用

下面将在"销售成本预测分析.xlsx"工作簿中利用 INT 函数和 FORECAST.LINEAR 函数（其中，FORECAST.LINEAR 函数主要用于依据现有值"销售成本合计"所产生的等差序列计算或预测未知的数据）计算 12 月的销售成本预测值，具体操作如下。

（1）选择 F14 单元格，按【Shift+F3】组合键，打开"插入函数"对话框，在"或选择类别"下拉列表中选择"统计"选项，在"选择函数"列表框中选择"FORECAST.LINEAR"选项，然后单击"确定"按钮，如图 11-49 所示。

（2）打开"函数参数"对话框，在"X""Known_y's""Known_x's"参数框中分别输入"A14""F3:F13""A3:A13"，然后单击"确定"按钮，如图 11-50 所示。

（3）返回工作表后，F14 单元格中将自动显示计算结果，如图 11-51 所示。

（4）重新选择 F14 单元格，将鼠标指针定位至编辑栏中运算符"="的后面，然后输入"INT"，并在其后输入前括号"("，最后将鼠标指针定位至末尾，输入后括号")"，如图 11-52 所示（效果参见：效果文件\第 11 章\销售成本预测分析.xlsx）。

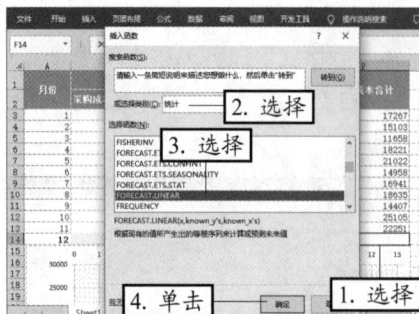

图11-49｜选择函数　　　　　图11-50｜设置函数参数

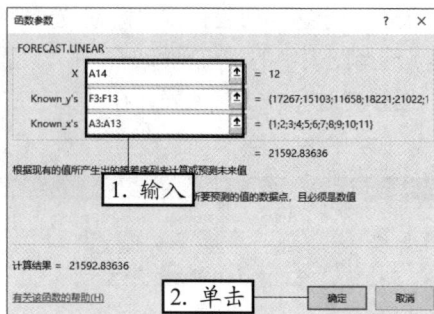

图11-51｜查看计算结果　　　　图11-52｜修改公式

经验之谈

　　FORECAST.LINEAR 函数的作用是使用线性回归方式根据现有值预测未来值，其语法结构为：FORECAST.LINEAR（x,known_y's,known_x's）。其中，x 参数为必填参数，表示要进行值预测的数据点；known_y's 参数为必填参数，表示相关数组或数据区域；known_x's 参数为必填参数，表示相关数组或数据区域。需要注意的是，x 系列的数据长度必须与已知的 y 系列的数据长度相同。

11.4 客户消费能力分析

　　通过分析客户的消费能力，营销人员可以有针对性地制订销售计划，从而提高产品的销售成功率。客户消费能力的分析主要包括人口结构（如年龄、性别和职业等）、消费者的收入水平及消费者的消费状况等。图 11-53 所示为客户消费能力分析的最终效果。

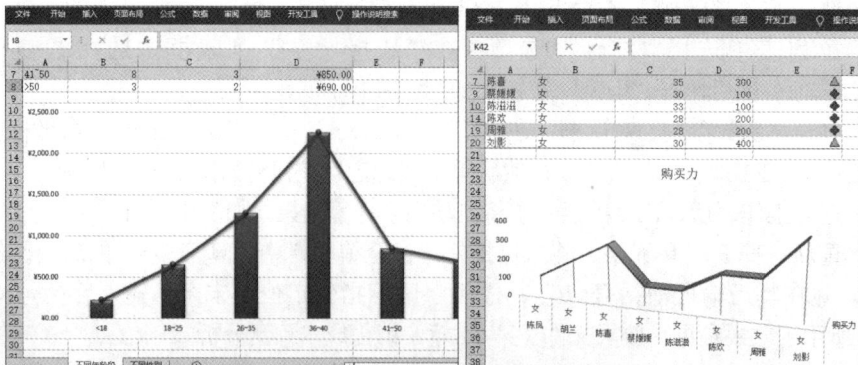

图11-53｜客户消费能力分析的最终效果

下面首先通过创建带折线的柱形图来分析不同年龄段客户的平均月消费额，然后利用折线图对比不同性别客户的购买力，最后通过"筛选"功能分别查看男性客户和女性客户的购买力。

11.4.1 不同年龄段客户的消费能力分析

交易成功率是影响店铺销量和口碑的重要因素，而提升交易成功率的关键在于分析不同年龄段客户的消费能力，做到有的放矢，最终促成交易。下面将在"客户消费能力分析.xlsx"工作簿中创建带折线的柱形图来分析不同年龄段客户的消费能力，具体操作如下。

（1）打开素材文件"客户消费能力分析.xlsx"工作簿（素材参见：素材文件\第11章\客户消费能力分析.xlsx），在"不同年龄段"工作表中选择A2:A8单元格区域，按住【Ctrl】键的同时选择D2:D8单元格区域，然后在【插入】/【图表】组中单击"插入柱形图或条形图"按钮，在打开的下拉列表中选择"簇状柱形图"选项，如图11-54所示。

（2）在【图表工具 图表设计】/【数据】组中单击"选择数据"按钮，打开"选择数据源"对话框，在"图例项（系列）"列表中单击"添加"按钮，如图11-55所示。

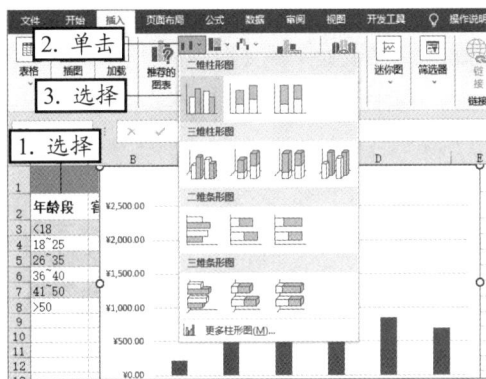

图11-54 | 插入簇状柱形图

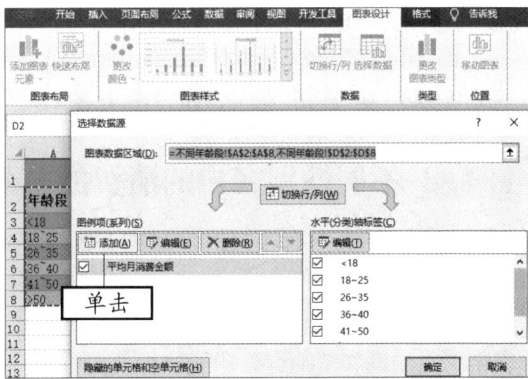

图11-55 | 添加数据系列

（3）打开"编辑数据系列"对话框，在"系列名称"参数框中输入"平均月消费金额 - 折线图"，在"系列值"参数框中输入"= 不同年龄段!$D$3:$D$8"，然后单击"确定"按钮，如图11-56所示。

（4）返回"选择数据源"对话框，单击"确定"按钮，完成编辑数据系列的操作。在新添加的数据系列上单击鼠标右键，在弹出的快捷菜单中选择"更改系列图表类型"命令，如图11-57所示。

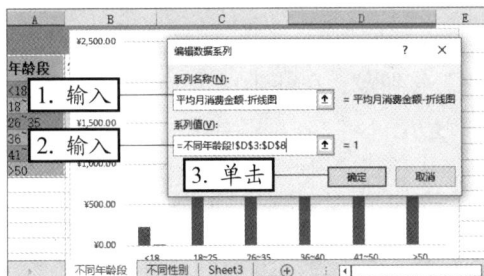

图11-56 | 编辑数据系列

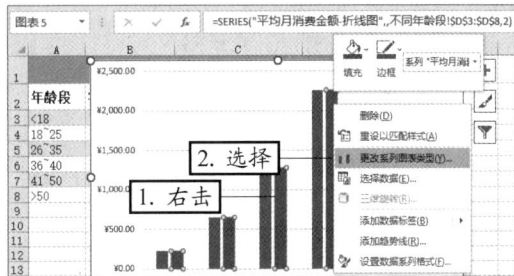

图11-57 | 选择"更改系列图表类型"命令

（5）打开"更改图表类型"对话框，单击"所有图表"选项卡，在左侧单击"组合图"选项卡，在右侧单击"平均月消费金额 - 折线图"系列对应的"图表类型"右侧的下拉按钮▼，在打开的下拉列表中选择"带数据标记的折线图"选项，如图11-58所示，然后单击"确定"按钮。

（6）返回工作表后，在【图表工具 图表设计】/【图表样式】组的"样式"列表框中选择"样式8"选项，如图11-59所示。

（7）由图可知，36～40岁这一年龄段的客户消费能力是最强的，适当调整图表的宽度和高度，并移动图表，使其左上角与A10单元格左上角对齐。

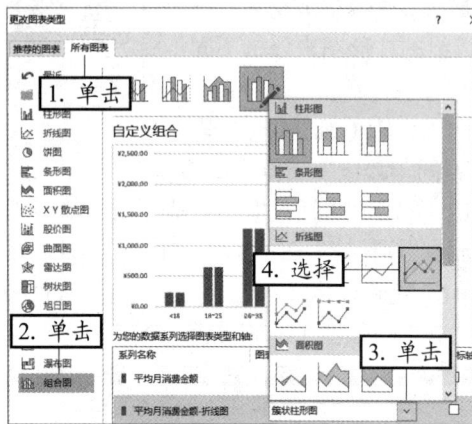

图11-58｜更改指定数据系列的图表类型

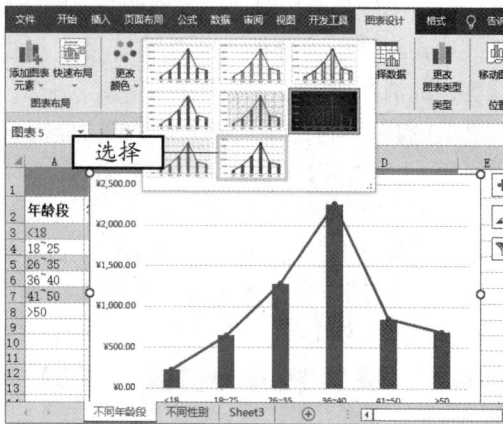

图11-59｜选择图表样式

11.4.2 不同性别客户的消费能力分析

不同性别的客户有不同的产品购买需求。例如，男性客户的购买行为相对较少，且多是有目的性的，一旦决定购买某种产品后，男性比女性更容易做出购买决定。下面将在"客户消费能力分析.xlsx"工作簿的"不同性别"工作表中利用图表和"筛选"功能分析是男性客户的消费能力更强还是女性客户的消费能力更强，具体操作如下。

微课视频

不同性别客户的消费能力分析

（1）在"不同性别"工作表中选择E3:E20单元格区域，然后单击【开始】/【样式】组中的"条件格式"按钮，在打开的下拉列表中选择"图标集"选项，在打开的子列表中选择"其他规则"选项，如图11-60所示。

（2）打开"新建格式规则"对话框，在"图标样式"下拉列表中选择三标志选项，并单击选中右侧的"仅显示图标"复选框，将绿色圆圈的"值"设置为">=500"、"类型"设置为"数字"；继续将黄色三角形的"值"设置为"<500且>=300"、"类型"设置为"数字"，最后单击"确定"按钮，如图11-61所示。

（3）选择A3:B20单元格区域，按住【Ctrl】键的同时选择D3:D20单元格区域，然后在【插入】/【图表】组中单击"插入折线图或面积图"按钮，在打开的下拉列表中选择"三维折线图"栏中的"三维折线图"选项，如图11-62所示。

（4）在【图表工具 图表设计】/【图表样式】组中单击"更改颜色"按钮，在打开的下拉列表中选择"彩色"栏中的"彩色调色板3"选项，如图11-63所示。

（5）选择"不同性别"工作表中任意一个包含数据的单元格，然后在【数据】/【排序和筛选】组中单击"筛选"按钮，使工作表进入筛选状态，接着单击"性别"单元格右侧的下拉按钮，在打开的下拉列表中仅单击选中"女"复选框，最后单击"确定"按钮，如图11-64所示。

（6）返回工作表后，工作表中将自动筛选出符合条件的8条记录，并对应显示在三维折线图上，然后为图表应用"样式4"样式，如图11-65所示。

（7）使用相同的操作筛选出男性客户的购买力（效果参见：效果文件\第11章\客户消费能力分析.xlsx）。通过两次筛选，明显看出男性的购买力不仅比女性强，而且人数也比女性多。

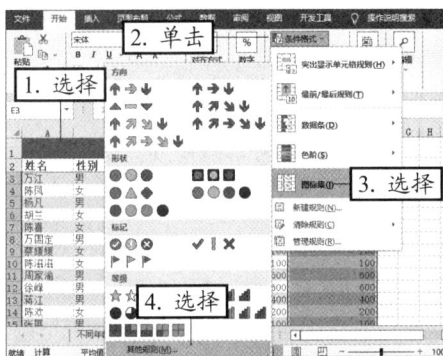

图11-60 | 选择"其他规则"选项

图11-61 | "新建格式规则"对话框

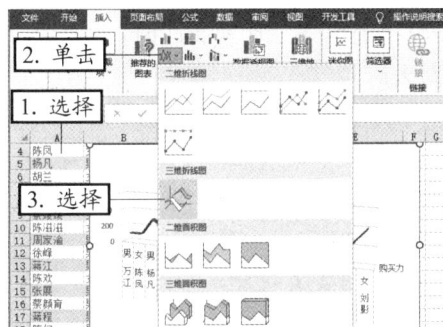

图11-62 | 插入三维折线图

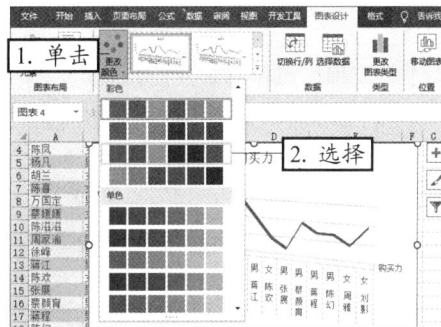

图11-63 | 更改图表颜色

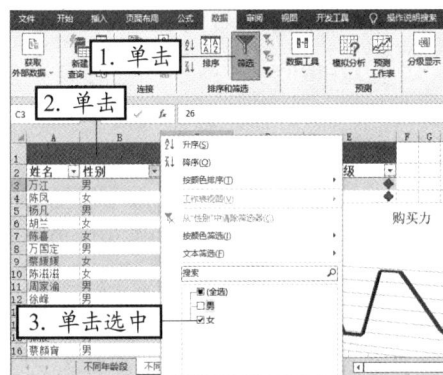

图11-64 | 筛选数据

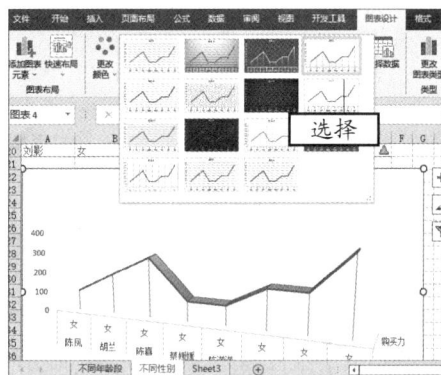

图11-65 | 应用图表样式

本章实训

销售是店铺经营中最具挑战性的一个环节，而影响销售的因素有很多，包括产品销量、客户特点、市场环境及店铺自身的经营状况等。其中，销量和客户是影响销售策略最主要的因素。下面将利用 Excel 分析产品销量预测表，帮助读者进一步熟悉利用指数平滑工具和图表分析数据的方法。

本实训将利用 Excel 的数据分析工具对 10 月的产品销量进行预测。通过

微课视频

分析产品销量
预测表

本实训，读者可以熟悉并巩固指数平滑工具的使用方法。

1. 实训目标

① 熟练使用指数平滑工具。

② 能够对图表进行适当美化。

2. 实训要求

首先在已有数据的 Excel 表格中利用指数平滑工具进行两次指数平滑预测，然后根据平滑公式对 10 月的销量进行计算，最后对图表进行美化处理。

3. 实训步骤

① 对表格数据进行指数预测。在源数据表（素材参见：素材文件 / 第 11 章 / 产品销量预测表 .xlsx）中选择 B9:D9 单元格区域，然后在【数据】/【分析】组中单击"数据分析"按钮，在打开的"数据分析"对话框中选择"指数平滑"选项，单击"确定"按钮，打开"指数平滑"对话框，分别设置"输入区域"为"$B$3:$B$11"，"阻尼系数"为"0.3"，"输出区域"为"$C$3"，单击选中"图表输出"复选框，最后单击"确定"按钮。此时，工作表中的 C3:C11 单元格区域中将显示一次指数平滑的数值和图表。

② 进行二次指数预测。适当调整图表的大小和显示位置后，再次打开"指数平滑"对话框，在"输入区域"数值框中输入"$C$4:$C$11"，在"阻尼系数"数值框中输入"0.3"；在"输出区域"数值框中输入"$D$4"，单击选中"图表输出"复选框，最后单击"确定"按钮。此时，工作表的 D4:D11 单元格区域中将显示二次指数平滑的数值和图表，如图 11-66 所示。

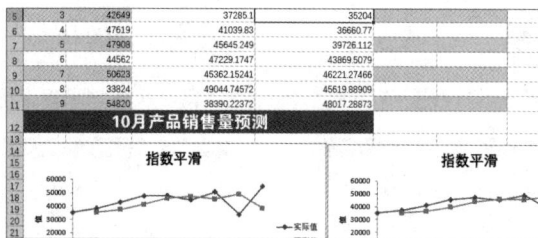

图 11-66 ｜对表格中的数据进行指数平滑预测

③ 美化图表。将两个图表的样式更改为"布局 4"，然后设置第一次指数平滑图表的图表区填充颜色为"橙色，个性色 2，淡色 80%"，设置第二次指数平滑图表的图表区填充颜色为"蓝色，个性色 5，淡色 80%"。

④ 计算预测值。选择 E5:E11 单元格区域，在编辑栏中输入公式"=2*C5-D5"，并按【Ctrl+Enter】组合键计算 a 值，然后选择 F5:F11 单元格区域，在编辑栏中输入公式"=0.3/(1-0.3)*(C5-D5)"，并按【Ctrl+Enter】组合键计算 b 值，如图 11-67 所示。

⑤ 查看结果。选择 E12 单元格，在其中输入公式"=E11-F11*1"，然后按【Enter】键查看计算结果，如图 11-68 所示（效果文件 / 第 11 章 / 产品销量预测表 .xlsx）。

图 11-67 ｜计算 a 值和 b 值

图 11-68 ｜计算 10 月产品销量预测值